聖の大地

旅するオットー

前田 毅
Maeda Tsuyoshi

国書刊行会

聖の大地　――旅するオットー

§目　次§

第一部　旅するオットー　――聖の大地

第一章　「旅するオットー」――オットー宗教学の原風景

第二章　〈最初の本格的な旅〉――ギリシア旅行

第三章　〈最初の大旅行〉——聖地を巡る

第四章　〈二度目の大旅行〉——聖の原郷

第二部　オットーの遺産――「マールブルク宗教学資料館」博物誌

第九章　宗教学資料館の展開

凡例

一、本文中、（　）内の小さい活字で組んだ文言は著者による注記。

二、引用文中、（　）内の小さい活字で組んだ文言は引用者（著者）による注記。

ただし活字が本文と同じ大きさの文言は原著者によるもの。

三、引用文中の省略記号について

……は、数語句ないし一、二行の省略。

（中略）は、数行以上の省略。

第一部　旅するオットー

——聖の大地

第一章　「旅するオットー」――オットー宗教学の原風景

一―一　はじめに――「旅するオットー」への問い

ルードルフ・オットー Rudolf OTTO（1869-1937）は、幾たびも遠く長い旅を繰りかえしている。ある時は青春の理想郷への瑞々しい憧憬に誘《いざな》われ、ある時は異界への一途な好奇心に心躍らせ、またある時は神学生の自己確認の想いを心胸《むね》に秘め、信仰家郷への熱い想いに駆られて、そしてある時は東方世界への美的憧憬を色濃く滲ませ遥かな異教世界を遊歴し、さらにある時は時代と祖国の責務を担い職務にも急き立てられ病軀をおして、ギリシアへ、パレスチナへ、北アフリカへ、インドへ、そして遥か極東へと幾たびも世界各地へ旅立っている。

それも、ときにはロバの背に揺られ聖地めざして荒野を経巡り、あるいは急峻の岩稜に修道院群を訪ね歩き、あるいは異教の祭礼を追ってマルクトの雑踏を縫い歩き異形の儀礼に瞠目し、またときには現代史の変革現場に際会し歴史の波濤に身を強張らせ、さらには異教の宗教者たちとの邂逅を愉しみ、儀礼に参加しみずから修行の実践にも励み、しばしば何カ月も、ときには一年近くにもおよぶ大旅行を試みている。かくして、「オットーは神学者では最初の世界旅行者になった、といっても間違いではなかろう」（Schinzer, S. 3）との指摘もあながち誇張ではない。

これら数多くの旅は、異境の多様な文化との心揺らぐ出会い、家郷の福音主義神学には望むべくもない歴史と生活に深く根ざした伝承儀礼の実像や異教の神秘との邂逅がもたらした独自の実存変容など、いずれもまことに興味深く、独自な宗教理念の醸成、オットー宗教学の構築に果たしたその意義は大きい。

ルター派の信仰世界から出立した神学生オットーは、異境の多様な宗教世界との出会い、とりわけ西方キリスト教とは懸隔した異教世界との生きた出会いの旅のなかで、神学の重い教理の鎧も、宗教哲学の固い理念の衣も脱ぎ捨て、宗教の生ける現実の鼓動に耳傾け共振する宗教学者へと姿を変えてゆく。そして、異界の招きに慄き綴られた旅路の誌《しるし》は一様に、宗教理解のラディカルな変容物語を生き生きと語り告げている。

ともあれ、そこに記された「旅するオットー」の心象は、豊饒なる〈聖の大地〉を映し出し、オットー宗教学の原風景を照射し、独自な宗教的実践活動の情熱の在処を告げ、かの「聖」の裸像を読み解く鍵として貴重である。

＊　＊　＊

「旅するオットー」――この言葉に格別な意味を背負わせるつもりはない。

一神学青年の若い情熱から推し進めた旅の冒険に、信仰者の巡礼行を安易に重ね合わせ、信仰覚醒の実存的磁場を過剰に読み込ませるつもりはない。また、もっぱら私的な情熱に導かれて異教世界を遊歴する若き宗教研究者の、学的なフィールド・リサーチを旨とはせぬ私的な旅の記録に、宗教現象の精緻なフィールド・ノートを過分に期待するつもりはない。

「旅するオットー」――その読解作業を進めるにあたっては、必ずしも当初から帰結を見通した確たる筋書きを持ち合わせていたわけではない。練り上げた方法論を下敷きに十全の資料を遺漏なく調えた上で取り掛かったわけでもない。

しかしそれでも、ある程度の見通しは早くから想定されていた。

私が基本的に踏まえ想定していた「旅するオットー」の相貌、その解釈姿勢や射程については、「旅するオットー」を追い続ける作業のなかで、ときには幾分変奏を帯びはしたが、しかしその通奏低音はほぼ変わっていない。その基調の輪郭をはじめに確認しておきたい。

まずこのテーマをめぐっては、もっぱらそれが胚種する〈主題〉の豊かな意味に光を当てるに努め、〈方法〉自体をそれとして顕示的に掲げ論じるつもりはない。むしろ主題的な方法論議からは自覚的に距離をおくよう努めたい。それは基本的に、豊饒な〈事実〉のダイナミズムに背を向け、それを図式的な解釈柵で囲いこみ理論の蛮刀で裁断しがちな、事実を置き去りにした眼高手低の声高な解釈の独り歩きを忌避することを願うからである。

とはいえ、ただ「旅」のごとき一見素朴な生《なま》の人生経験を採り上げ、いまだ学的衣装を纏《まと》わぬ裸の世界理解にあえて光を当てようとする理由には、そして、いまの問いの方向を確認するためにも、少なくとも以下の点には触れておく必要があろう。

それを、ここでは二点だけ指摘しておきたい。

ひとつは、言うまでもなく旅の経験が、オットーの独自な宗教理念の醸成、宗教学の構築に看過しえぬ重要な役割を果たしたと思われるからである。

とりわけ、旅先の、西欧近代のキリスト教とは掛け離れた宗教世界との出会いに注目するのは、ルター派の信仰世界から出立した神学者オットーの宗教理念が異教世界との出会いのなかで揺動し、熔解を余儀なくされ変容を遂げてゆく、そしてそのなかから独自な宗教理念が発酵し、新たな宗教学的視座が湧出してくるように思われるからである。

宗教研究の世界で、宗教経験の核心的表象として「聖」の観念が採り上げられ、オットーの「聖なるもの」はその規範的な解釈パラダイムとして注目されてきたが、たとえばこの「聖」観念の誕生、発酵は、ルター派の宗教的出自とともに、北アフリカを旅行中の、とあるシナゴーグの体験に由来するとされている。そして東西の比較宗教学へと結晶してゆくインド宗教世界への覚醒も、また、かれが創設した「マールブルク宗教学資料館」の構想が芽生え、「宗教史資料集」の企画に参画したのも、中東世界からアジアにかけての旅の経験と深くかかわっている。さらにまた、かれの宗教的な実践活動の中心となった「宗教人類同盟」の組織づくりへの情熱も、旅に培われた広く深い経験的な世界認識《コスモロジー》に根ざしており、かつそれを成功に導いたのも、幾たびもの旅で培われた多岐にわたる豊かな交誼の賜でもある。さらには政治世界への参画なども旅の経験と無関係ではない。

いずれにしても、オットーの旅は、宗教の本質理念として知られたその独自な「聖」の観念を生み出し、また比較宗教学の具体的な遂行と、さらには宗教的実践活動の展開を打ち出すことになった、オットー宗教学のいわば〈母なる大地〉であり、そして何よりも、神学から宗教学的問題圏へと傾斜してゆくオットー宗教学の誕生の秘密も、その根は、こうした旅の経験のなかに宿されているように思われるからである。

ただし、私が「旅するオットー」に注目するのは、たとえば〈聖の原体験〉なるものを素朴に実体化し、いたずらに〈聖観念の誕生地《ルーツ》〉捜しを愉しむためではなく、この体験の裾野に展がる曠野に舞い降りて、オットーの独自な宗教理念と宗教学の初発の発酵模様を尋ね、こうした体験を生み出すことになった、いわば〈オットー宗教学の原風景〉を確認するためである。

一―二　オットー解釈の問題

もうひとつは、オットー解釈の方法論的反省にかかわるものである。

知られているように、オットーの宗教的素姓をめぐっては、たとえば〈ルター派〉なのか、〈敬虔主義者〉なのか、それとも最終講義で述べているように、家庭の信仰同様〈ルター派の敬虔主義者〉なのか、あるいは仲間内でみずから称していたように、〈ルター派的なベネディクト会士〉（Frick,（G-3）. S. 14）なのかといった議論が見られる。

またその学問領域にかんしても、その本質は神学なのか、それとも宗教哲学なのか、あるいは宗教（史）学なのか、はたまた宗教現象学[1]なのかといった、それ自体としては必ずしも生産的とは言いがたい議論が繰りかえされてきた。

そして宗教研究の世界では久しく、宗教の本質理念であれ宗教経験の解釈技法であれ、およそ宗教的世界の本質的な意味が問われるとき、それがオットー宗教学とは無縁な地平で語られることは稀であり、他方では、たとえ主題的には論じないとしても、オットー宗教学の成果をいわば不問の下敷きにして語られ問われることは稀ではなかった。

もっとも今日ではこのような発言のストレートな受容はほとんど見られなくはなったが、しかし古典的な宗教学の世界ではそれがひろく承認されてもいた。たとえば宗教現象学の方法が問題となるとき、それをめぐるオットー自身の主題的な自己規定は見られないにもかかわらず、かれの宗教学はこの系譜に属するものと位置づけられ、その宗教経験の分析は、しばしば宗教現象学的分析の代表例として紹介され、ときには範例として称揚されもする。とりわけ「宗教の本質」が問われる際には、かれの「聖」の観念は欠かすことのできない不動の指標としてひろく受容されてきた。

しかしオットー宗教学は、その圧倒的な評価、広範な受容とともに、他面では多くの批判をも招くことになった。たとえば主著と目される『聖なるもの』（一九一七）は、発刊直後から名著として世の脚光を浴び、早くから宗教学の古典として揺るぎない地歩を確立し、宗教研究の星座に格別な光芒を放つことになったが、しかし同時に激しい批判の渦をも巻き起こし、その後も批判の餌食に晒され続けてきた。

たとえば神学や宗教哲学の世界では、ガイザーやシェラー、あるいはファイゲルなどによる批判[2]がよく知られているが、一見神学や宗教解釈とは無縁にみえる現象学者フッサールも、『聖なるもの』を「宗教的なるものの現象学の端緒」として高く評価しながらも、しかし同時に、その現象学的分析を不透明にしている「オットーのなかの形而上学者〈神学者〉なるものの存在」への批判的な指摘も怠っていない[3]。

また宗教学ないしは宗教史の分野では、ベトケ[4]やクルト・ルードルフ[5]の批判に代表されるように、学的認識枠を逸脱した神学的理念の存在、実証的検証作業の不備や直感的理解の恣意性など、その「擬装神学」の禍が指摘され、総じてその〈非科学性〉が繰りかえし指弾の的となっている。そしてこうしたオットー批判の視点は、宗教研究者の大方の了解事項としてすでに定着している観がある[6]。

かくして、その方法にしろ内容にしろ、オットー宗教学を少なくとも無条件に受容するといった現象は、今日ではほとんど見られないのが実情でもある。そしてオットー宗教学をもはや栄光の遺物として評価済みの陳列棚に据え置き、主題的な検討対象として論じることは棚上げし忌避するのが一般的でもある。とは言え、それでいてオットー宗教学の成果は、他面ではなぜか密かにときには安易に受容し、真摯な検証もなしにあたかも保証済みの果実として巧妙に援用されることも稀ではない。

しかし、こうした学問的に怠惰な忌避はさておき、いずれにしろ従来のオットー解釈の多くは、賛否いずれにおいても、オットー宗教学の核心をなすある本質的な一面を素通りしているように思われる。そして、この数多《あまた》の批判の喧噪のなかに掻き消されたもののなかに、ひろく宗教研究の世界にオットーが突きつけた刺激的で生産的な、ある基本的な問題が控えているようにも思われる。

そのひとつに、たとえば宗教経験における知覚的世界の問題を指摘することができよう。

ちなみに、聖典や教理のような信仰理念のストレートな表現を対象とし、そこに込められた信仰体験の内面的な深みにもっぱら光を当てる、いわば「信仰の内面的な本質論」や、あるいは宗教経験の普遍的な本質をひとえに理念的に掘り下げる、いわば「宗教の理念的な本質論」などは、いずれも「宗教の本質」を問うに不可欠な基本的な作業と見なされている。しかし、主として伝統的な宗教哲学の世界に見られる、宗教経験のもっぱら内面的な本質への、言葉の意味世界を主題とした、この種の理念的に研ぎ澄まされた本質論が素通りしているか、あるいは捨象しがちな世界として、たとえば知覚的世界のような宗教経験のより直接的、具象的な地平に注目し、かつそれを宗教経験のたんなる一要素としてではなく、むしろ宗教の生ける現実の本質的な要素、ないしは基層的な世界として主題化する途が、オットー宗教学の根柢に宿されているように思われる。

この知覚的世界への注目などは、オットー宗教学の隠れたモティーフをなすものでもあり、宗教研究に対するオットーのきわめて生産的な遺産のひとつであるように思われる。そして、多くの批判を招くことになったオットー宗教学の理論構成の曖昧さや、非実証的な直感的理解といった問題は、この知覚的世界への傾斜が招いたある意味必然的な代償でもあり、知覚的世界が秘めもつ宗教的秘義への犀利な着眼、こだわりがもたらした自然な結果ではないだろうか。しかるに数多のオットー解釈は、その学的な認識枠を逸脱した非実証的分析や主観的な神学的理念の存在などに向けた、それ自体としてはもっともな批判とひき換えに、オットー宗教学の基底を彩るこうした豊饒な可能性をも切り捨ててしまっているように思われる。

不幸にして素通りされたこの種のモティーフを呼びかえし、豊饒な宗教解釈の可能性を宿したオットー宗教学の不透明な基層に改めて光を当てるには、何はともあれ、数多のオットー解釈の轍に切断され掻き消されたかれの宗教研究の原像をよび覚まし、それを導いている宗教理念の裸像を確認する作業が求められよう。理論構成の曖昧さや、直感的理解の非実証性、あるいは神学的モティーフを未整理のまま温存したその「擬装神学」の非科学性、宗教理念の主観性といった問題の批判的検証作業に終始するのではなく、むしろ、そうした問題性をも必然的に生みだすことになった、かれの宗教研究の解釈学的前提に立ちかえり、その不透明な基層に光を当てる必要があるように思われる。

そしてたとえば、圧倒的な受容とともに批判をも招くことになった、その不透明な「聖」の隠れた豊饒な理念を問い正すためには、もっぱらかれの比較的纏まった著作の理論的詮議立てに腐心する数多のオットー解釈の伝統的流儀とは袂を分かち、それらの轍《わだち》に踏み固められていないオットー自身の裸足の足跡を辿って「聖」観念の発酵大地へと赴き、「聖」の観念へと結晶してゆく不確かな宗教理念の裸像を、その発酵土壌から確認し直す作業が求められる。

最後にいまひとつ、宗教研究の世界で近年先鋭的に問われており、今日の宗教研究の世界では問わずに素通りすることは許されないかのごとき観がある、ひとつの問題にも触れておく必要があろう。

近年盛んな宗教学の伝統的な言説体制への批判作業の進展にともない、宗教経験の固有の本質を問う、いわゆる「宗教本質論」は、そのアプリオリに実体化された「宗教の本質」観念への異議申し立てによって根底的に疑問視され、また宗教の本質規定として措定された「聖」の観念も、その没歴史的な普遍観念への系譜学的な批判の試みによって、「宗教の本質」規定の雛壇からの退場を余儀なくされている観がある。「聖」の観念や「宗教本質論」は、その実体化された普遍観念が系譜学的に批判的に問い質され、その没歴史的な解釈地平の歴史化の試みが求められている。いわゆる「聖」や「宗教の本質」観念の、そしてそれらの類概念たる「宗教」なる理念の〈コンテクスト化〉、〈歴史化〉といった方法論的反省が、伝統的な聖観念や宗教本質論に、ひいては宗教経験の独自性を措定しその内在的意味の解明をテーマとする「宗教現象学」の世界にも、その方法論的基盤に決定的な揺動をもたらし、自己解体的な批判的検証を求めている。

この問いかけを前にしたとき、いま触れてきた古典的なオットー解釈をめぐる問題そのものが、ある意味ほとんど色褪せたものに映りもする。ともあれここでは、従来のオットー解釈の図式そのものの根本的な批判的検証が求められている。オットー解釈においても、オットーの宗教理念や宗教学的営為の思想的出自そのものを先行諸思想や時代境位のなかに尋ね直す営みの洗礼を抜きにしては、措定された解釈対象そのものの実在性が根本的に疑問視されかねないと言えよう。ここではオットー宗教学の前提そのものの解体的検証を迫る営みが求められている。そして、そうした営みがある意味強迫的に求められるような状況が顕在化するにいたってすでに久しいとも言えよう。

そしてこのことは、オットー宗教学の今日の位置をも物語っている。すなわち、かつては、たとえば宗教現象学の世界を中心に、神学的モティーフを温存した宗教理念の現象学的反省の不徹底ぶりや存在論的視角の欠落などが指弾の的になっていたのに対して、今日のオットー批判は、アプリオリに措定された「聖」観念のコンテクスト化、そしてこの聖観念が問われた宗教本質論の没歴史的な地平そのものの歴史化の試みを軸に展開されているように思われる。

ところで歴史的・文化的状況を捨象して構築され実体化された宗教言説のこうした脱構築的な解体作業は、宗教的言説がその生成の現実的コンテクストの地平を捨象して問われる実体論的解釈の陥穽を埋める作業としては不可欠ではあるが、しかしその作業も、当の解釈対象の固有の意味世界の解読作業を踏まえなければ、学説史的なレッテル貼りや外在批判、ないしは印象批判に流れる危険性を孕んでいるように思われる。そうした意味で、たとえば「宗教」

概念が西欧近代のプロテスタンティズム的理念を下敷きに形成されたものであるならば、その西欧近代的宗教理念を自己批判的に検証し直す場合にも、たとえば、そうした宗教理念の代表的事例を、その固有の意味内容の——解体的視角を取り込んだ——具体的な解読によって検証してみることがやはり求められる。同じように「聖」観念のコンテクスト化においても、代表的な聖観念の具体的な理念内容の徹底した再検証が求められるべきであろう。

かくして、オットー宗教理念の、系譜学的な批判視角を取り込んだ、それでいていわば〈内在的〉な検証作業がやはり求められるのであるが、その際、数多のオットー批判の鳥瞰図をなぞる途は辿らず、諸々のオットー解釈の伝統的図式はひとまず横に措いて、オットー宗教学の具体的な生成場面に立ち返り、かれの宗教理念の裸像とでも言うべきものを読み解く作業に私はこだわりたいと思う。そしてオットーの裸の「聖」の理念を問い正すためには、いわば出来上がった〈宗教学者オットー〉の比較的纏まった理論的テキストの分析よりも、まずは「聖」観念の学的構築以前の発酵大地へと赴き、「聖」の観念へと結晶してゆく不確かな宗教理念の裸像を、その生成場面から確認し直す作業が求められるように思われる。

ともあれ、「旅」の経験に見られるような、学的体系へと結晶化する以前のいわば裸の実存理解に注目し、数多のオットー解釈の詮議立ての轍に踏み固められていない「旅するオットー」の裸足の足跡を辿って、かれ自身にもいまだ不確かな〈聖の大地〉へと赴き、宗教理念の発酵現場に発露するいまだ学的衣装を纏わぬ生地《きじ》の世界理解を手掛りにすると、宗教的素姓や思想的出自などの即自的な検証作業や、あるいは大上段に構えた学的領域の位置づけをめぐる議論などが陥りがちな、オットー宗教学のダイナミズムを特定の立場や方法論に依拠した固定的な解釈鋳型に嵌めこみ手馴れの解釈鋏で不用意に裁断し切り捨ててしまうといった、図式的解釈の陥穽を避けることができるように思われる。

ともあれ、重い理論の鎧に身を固めた体系陣営から繰り出される大言壮語の解釈競技には与《くみ》せず、むしろそれら声高な喧噪に掻き消されたオットー自身の豊饒な〈事実〉に立ち返り、「旅するオットー」が事実の寡黙な口から呟くオットー宗教学の微かな発酵音色に耳傾けることにしよう。

「旅するオットー」を聴聞する旅に踏み出すにあたり、ひたすらな聴聞を旨とし、声高な自己主張や解釈の飛翔は慎むこと――このことを心に留め、この自戒を手放さぬよう心がけたい。

一―三　「旅するオットー」の概要――代表的な旅・旅の資料《オリジナル》

〈旅の達人〉オットーは、幾たびも遠く長い旅を繰りかえし、世界各地に足跡を残し、多くの瞠目すべき経験を積み重ねている。その豊饒な軌跡の輪郭を把捉するために、数多くの旅のなかから、まず確認しえた〈代表的な旅〉を採り上げてみよう。

○代表的な旅

〈最初の本格的な旅〉…「ギリシア旅行」。一八九一年期末休暇。

〈最初の大旅行〉…「エジプト、エルサレム、アトス山への旅」。一八九五年春。

〈二度目の大旅行〉…一九一一―一二年。（これには二段階）

①「テネリフェ島と北アフリカへの旅」…一九一一年三月二六日―七月末。

②「アジア旅行」…「インド、ビルマ、日本、中国への旅」。一九一一年一〇月初旬―一二年七月末。

〈三度目の大旅行〉　　　　…「インド、エジプト、パレスチナへの旅」。一九二七年一〇月一八日―二八年五月一四日。

こうした〈本格的な旅〉、あるいは数カ月から一年近くにもおよぶ〈大旅行〉のほかにも、期末休暇を利用した〈比較的大きな旅〉や、休職休暇を利用した休暇旅行、あるいは招請をうけての講演旅行などが試みられている。

「英国旅行」　　　　…一八八九年期末休暇。〈最初の比較的大きな旅〉

「ロシア旅行」　　　…一九〇〇年期末休暇。

「アメリカ旅行」　　…一九二四年秋。ハスケル講義（オバーリン大学）講演旅行。

「キアーヴァリ旅行」…一九二五年夏学期。ジェノヴァ湾への休暇旅行。

「スウェーデン旅行」…一九二六年。講演（ウプサラ大学、オスロ大学）旅行。

これら数多くの旅の足跡を逐一追跡し、その行程を遺漏なく確認するのは必ずしも容易ではない。ましてや旅するオットーの胸裡に分け入り、その心裡の綾を十全に写しとるのは容易ではない。まず何よりもそれに必要な正確な資料の確認が困難であるからである。ちなみにオットーの旅の記録は、雑誌に掲載されたごく一部の例外をのぞき、その大部分は公表、公刊されていない。

しかしまた他面では、その大半（とりわけ草稿類）は一般的には非公開ではあるものの、さいわい数多くの旅の記録が「アルヒーフ」として遺されている。まず一次資料として、オットー自身の手になる幾つかの詳細な旅日記（手稿やタイプノート）と、旅先の送信・受信を含めた数多くの書簡類、さらには帰国後の報告書のオリジナル（報告書類）などがあるが、ほかにも同行した友人の記録や回想など、あるいは旅先のスケッチや記録写真、さらには旅の準備に用立てた諸品（たとえば紹介状、許可書、書状、名刺、連絡電報など）や、旅先で入手した収集品（多種のパンフ、ポスター、交通機関のチケット、各種入場券、領収書）など実に多種多様な資料が遺されている。

オットーは、旅先で資料を小まめに収集し保管している。たとえば旅日記では、旅先で採取した多種の植物標本が採取日と思しき箇所に添付されており、みずから描いた多くのスケッチやスナップ写真も添えられているが、ほかにも、たとえば日本の衆議院傍聴券（外国外交官傍聴券・明治四五年三月二五日）や、領収書（京都・堀内歯科医院、明治三八年一二月二二日。これは日付や患者名（ミストル・シルレル）から推して、オットー自身のものではなくシラー氏から貰ったものであろう）、さらには旅館（宮島）の使用済み割箸の箸袋の類いなどまであり、その多岐にわたる収集品は、「旅するオットー」の収集情熱、あるいは収集癖ぶりを窺わせ興味深い。

「オットー・アルヒーフ」（HS 797, OA）に収められたこれら非公開、未公表、さらに多くは未整理のオリジナルから、旅の足跡を辿りその経験内容を再構成し確認することによって、旅の客観的内実はもとより、ときには道中揺れ動く旅人の心胸の鼓動を聞き分けることも不可能ではない。ともあれ「旅するオットー」の心象を窺うには、こうしたオリジナルの整理、解読が不可欠である。

以下、「旅の資料」の代表的なものを挙げてみよう。確認しえた旅の記録のオリジナルは、ほぼつぎの四種に大別しうる。

○**旅の資料《オリジナル》**：詳細リストは、巻末の補遺『ルードルフ・オットー：文献目録』参照。

①Rudolf-Otto-Nachlaß（HS 797）に収められた日記、書簡、メモなどの手稿類、記録写真。
HS 797/566（1891）, 567（1911）, 572・572a（1911-12）, 580（1895）, 591（1889）, 692（1900）, 705（1927-28）, 715（1928）, 716（1927）, 739（Fotos）usw.

②Rudolf-Otto-Archiv（OA）に収められた書簡、記録、収集諸資料、報告書類。
OA 352・353（1895）, 378（1927-28）, 379・380（1911-12）, 386（1912）, 1051（1925）, 1266（1921）usw.

③*Die Christliche Welt*（ChrW）など雑誌掲載の公表された旅便り。
ChrW. Jg. 25. 1911.（Nr. 26, 30, 31, 32, 33）; Jg. 52. 1938.（Nr. 24＝OA 382）; Jg. 55. 1941.（Nr. 9=OA 383）usw.

④旅の同行者、友人、教え子たちの記録や回想。
HS 797/577（W. Thimme）, 578（K. Flemming）, 579（Emil So）, 590（Schülerin Ottos）, 735（B. Forell）usw.

一—四　旅への序奏——旅立つ前に

オットーは自己の人生と学問について、みずから主題的に言及することはなかった。しかしそれでも、最初の神学試験（1. theol. Examen）志願のためゲッティンゲンに提出した履歴書（HS 797/582 : Vita zum ersten Examen, 1891）で、若き日の想いを比較的詳細に（九頁にわたって）記している。少年時代、学生時代の経歴と思考の歩みを記したこの自己申告は、かれの家庭環境、学校生活、宗教生活の有り様を告げる唯一の直接記録でもある。〈本格的な旅〉に先だつ日々の若き神学生オットーの経歴と心的構図の輪郭を、まずこのペン書きの自筆記録[7]から汲みとっておこう。

ハノーファー近くのパイネで工場経営者であった父ウイルヘルム Wilhelm と母カロリーネ Caroline は、一三人の子宝に恵まれた。一八六九年九月二五日、その一二番目に生まれたルードルフ Karl Louis Rudolf Otto は、「父方、母方ともにニーダーザクセンの家系で、家族、近親者、友人という狭い範囲で、質素な市民階層と小都市という単純な生活環境のなかで育った」。(8)

すでにパイネの最初の学校（高等小学校）時代に、私には「牧師」になろうとの想いが生まれていた。そして早い時期にその想いは確固たる決心になった。すべてのものに対するいまだ神学的ではないが非常に旺盛な関心は、教会的、神学的といった類いのものが私の狭い視野のなかでは突出していて、それと結びついていた。どんな書物でも――私は手にしうる書物ならどんなものでも読む――、その物語のなかの登場人物が信心深くて、しかも「カトリック」でも、ユダヤ教徒でも、異教徒でもないことが確信できないうちは、私は安心して読むことができなかった。(HS 797/582. S. 2.)

この読書姿勢からも窺えるように、オットーは福音ルター派の厳格な信仰心のもとに育った。そしてこの宗教的素地は、かれの宗教理解の基層をなすものとして、生涯にわたって通奏低音として響き続けることにもなる。

このこと自体は格別注目するに値しない。しかしその少年が、たとえばのちには「宗教人類同盟」の推進者になってもいる。この事実は興味深い。家庭の厳格な正統信仰と、諸宗教の協調を図る宗教人類同盟への参画と、ここには際立った対照が見られ、明白な懸隔がある。この懸隔を招いたものとして、この間の宗教意識の変容が注目されるが、それを招来した素因を尋ねようとすると、おのずと「旅するオットー」に直面することになる。

一八八〇年、父が二つめの工場を設けていたヒルデスハイムに移り住み、その年の復活祭にオットーはギムナジウム、アンドレアヌム校のUntertertia（九年制ギムナジウムの第四学年）に入学を認められている。そしてUntersekunda（同ギムナジウム第六学年）に進級した一八八四年の復活祭に福音ルター派教会で堅信礼を受け、四年後ギムナジウム生活を了えている。

この学校時代は、以前ほど私には素晴らしくも楽しいものでもなかった。私にはほとんど友人がいなくて、たいていは自分だけが頼りで、他のことはすべて私には馴染みがなく興味がなかった。書物が私の最良の友人であり、のちにはとくに「英語の文献」、なかでも歴史小説とイギリスの小説が。学校の課題は私にはほとんど苦労の要らないものだった。そのために、私が今日まで厳密な体系的作業の習慣を身に付けるに至っていないのは残念なことだ！（S. 2.）

すでにパイネでラテン語とギリシア語の個人レッスンを受けていた。その故かどうかは定かでないが、ギムナジウムでの学業は何ら困難なく熟《こな》すことができた。しかしこのことが後の研究手法に重要な瑕疵を招くことになった、とあえて告げている。

たしかに、明確な方法論的彫琢を施し、個別事象を組織的・体系的に理解・構築する手法を身につけるよう努めなかったとのこの然り気ない自己申告は、のちに批判を招くことになった、透徹した方法論的吟味の不備、個別事象の論理的解析の不全といった類いの学的手法の問題点の出処を窺わせる発言として興味深い。しかし、ギムナジウムでの学業の容易な遂行が、その代償として「厳密な体系的作業」の訓練不足を招いたかに聞こえるこの自己評価は、必ずしも正確な発言とは見なし難いようにも思われる。少なくとも「旅するオットー」を尋ねていると、それとは違った解釈の可能性が浮上してくる。

すなわち、かれの学的手法に窺える厳密な方法論的吟味、論理的彫琢の不全の傾向は、この申告のように学的修練の不全に帰するものというよりは、むしろ、錬磨した方法論的操作の即自的な主題化が、その代償として、事実の生き生きした表象からの乖離をもたらしかねないとの反省的視点と結びついているように思われる。そしてそれ故にこそ、厳密な方法論的作業や、対象への客観的アプローチの安易な実体化から距離をおく途をオットーはむしろ自覚的に選択しているように思われる。

若い神学青年の然り気ない発言にあえて口を挟まざるをえなかったのは、「旅するオットー」を視野に入れたとき、この自己評価が、数多のオットー解釈同様、オットー宗教学の基調の査定材料としては必ずしも有効なものとは見なし得ないように思われるからである。

つぎの発言にも留意しておきたい。

宗教の授業は、「私が幼い頃に十分に体験したものとは反対のものであった」。にもかかわらず、否むしろそうであったが故に、「私にはこの科目はいつも好きで貴重なものであった」。ここには、家庭の宗教的な躾を特徴づけていた信条主義の厳格な信仰心から、より開放された世界理解への飛翔の予兆が読みとれる。それを告げるかのように、高学年ではたとえば当時のダーウィニズムの議論に夢中になってもいる。

ただしそれは、当時のダーウィニズムに代表される自然科学的世界観へのストレートな接近を、したがって生来の福音信仰からの離脱の試行を意味するのではない。むしろそれは、ダーウィニズムへの、そして当時の自然科学的世界観に窺える反宗教的思潮への抵抗に根ざしており、その思潮からいかに信仰を守るかという護教的志向に導かれてのものである。このダーウィニズムとの対決が告げているのは、生来の信仰心からの離反というよりは、むしろ偏狭な信条主義に閉ざされた精神からの脱却という開放的な視角の覚醒の事態であると言えよう。ちなみにこのダーウィニズムとの対決は、ギムナジウム時代の友人たちとの議論として立ち消えることなく、のちに学的収穫として結実する(9)。そしてこのことは、時代の自然主義的思潮との対決が、若き神学生オットーの重要な思想的課題であったことを告げてもいる。

一八八八年、ギムナジウム卒業資格試験を済ませ、エアランゲンで五学期《ゼメスター》、ゲッティンゲンで三学期神学を学ぶことになるが、しかし夏学期からの学生生活の最初の地に選んだのは、ゲッティンゲンではなくエアランゲンであった。

エアランゲンを選んだのは、そこに私の友達がおりそこの兵役が楽で快適だと話に聞いていたからである。しかし主たる理由はいささか別なものだった。すなわち私は学校、教会、家庭をとおして保守的な厳格な信仰心というかたちで教育されており、この信仰様式が自分には最善にして唯一のものだと思われたからである。（S. 3.）

みずから告げているように、エアランゲンを選んだのは、リッチュル学派の牙城として知られるゲッティンゲンの自由な神学的立場に早くから感染されるのを危惧し、正統信仰擁護のための知見を習得しうると思われた保守的な学びの場に身を置くためである。ここでも、その後の学生生活でも色濃く影を落としているのは、やはり家庭の厳格な聖書信仰、とりわけ母のそれである。この福音ルター派の厳格な正統信仰の呪縛ゆえであろう、翌八九年夏学期にゲッティンゲンに移る際には躊躇《ためら》い迷い続けている。そして結局はそのゲッティンゲンでの生活は夏学期のみで打ち切られ、すでに冬学期（WS 89/90）にはふたたびエアランゲンに舞い戻る。

その前にオットーは旅立っている。すなわち、夏学期だけ身を置いたゲッティンゲンを後にし、冬学期からはふたたびエアランゲンで学ぶことにしたこの八九年の期末休暇を、オットーは英国で過ごしている。あきらかにそれは、確認しうるオットーの「はじめての比較的大きな旅」（Schinzer）である。

この「一八八九年の英国旅行」を語る資料としては、一冊の日記帳（HS 797/591 : R. Otto, stud. theol. Eine Reise von Hildesheim-Erlangen über England. 1889 September）が遺されている。

ただし、この旅日記を前にして、この後繰りかえされるオットーの旅の基調を窺い知ることができはしまいか、はたまた、かれの宗教理念の萌芽を秘めた土壌の匂いが漂い始めていはしまいかと期待するのは性急の誹《そし》りを免れない。たとえばその訪問地は、ドーバー海峡に隔てられているとはいえ、同一言語グループ（西ゲルマン語群）の同じ類いの宗教文化圏でもある。道中二〇歳を迎えた身近な文化圏へのこの旅に、若い神学生の世界理解を峻拒する異界との衝撃的な際会や、その出会いを介しての刮目に値する実存変容は望みがたい。事実、この日記を繙いて格別興味ある発言に出会うことは、ましてや新たな宗教理念の芽を匂わせる格別の収穫を読みとるのは困難である。ともあれ、かれをこの旅へと誘ったのは、先の履歴書の発言から察するに、ギムナジウム時代の孤独な魂が親しんだ英語の書物、とりわけイギリスの歴史小説と文学書の故でもあろう。ちなみに、旅先の多くの経験は、オットーの場合、後の学術的な著述のなかで直接、間接を問わず触れられることが多いが、このイギリス旅行の経験にはそれが見られない。また唯一シンツァー R. Schinzer を例外として、数多のオットー解釈はいずれも、この旅には触れていない。そしてシンツァーにしても、ひと言旅の事実を指摘している（Schinzer, S. 3）のみで、その内容にはまったく触れていない。

かくして、私たちもまたつぎのより本格的な旅へと先を急ぐことにしよう。

帰国後迎えたエアランゲンで、おそらくはじめてオットーは本格的に神学研究に打ち込むことになった。そしてそのなかで、少年時代に家庭、学校、教会で培われ唯一最善のものと受けとめてきた、みずから律法主義的と称した生来の信仰理解と神学観が揺らぎ始める。それを招来したのは、とりわけフランクFranz Reinhold von Frankとの出会いである。聖書に対するフランクの比較的自由な立場、総じてかれの主観主義への接近によって、確固とした正統信仰に亀裂が走り、想定していた神学研究の軌道修正を余儀なくされる。かくして、エアランゲンでの神学勉強の幕引きを、オットーは苦渋に満ちた言葉で締め括っている。「私は足元の地盤を失った」。

ともあれ、オットーがゲッティンゲンを避けてエアランゲンに行った目的は果たされなかった。希求してやまなかった神学の聖書主義的な基礎づけは得られず、逆にそれと距離をおき、それから離脱する途に立たされることになったのである。いずれにしても、またもやかれはエアランゲンを後にし、一八九一年夏学期には、かつて躊躇し拒みつづけた、かのゲッティンゲンにふたたび入学手続きをとっている。

そしてその夏期休暇に、かれはふたたび旅立っている。あたかも新たな地平を希求し古い軌道との訣別を告げるかのように、家郷を後にし遥かな青春の憧憬の地、ギリシアへと。

オットーの〈本格的な旅〉は、ここから始まる。

第二章　〈最初の本格的な旅〉――ギリシア旅行

二―一　「ギリシア旅行」（一八九一年）――資料解題

一八九一年の期末休暇に、オットーは、二人の友人とコルフ島（ケルキラ島）を経てギリシアに旅をする。〈最初の本格的な旅〉として注目されるのは、この一八九一年の「ギリシア旅行」である。

この旅については、基本的に二つの資料が遺されている。

①HS 797/566：Rudolf Otto, Reise nach Griechenland. Tagebuchblätter und Briefe. 16. Aug.- 9. Okt. 1891.

（Maschinenschriftl. Transkription v. Dr. Günter Strachotta. Bremen.）（HS 797/566の引用は頁数のみを記す。Rs. は右頁）

②OA 384 : Reisebriefe Rudolf Ottos aus Griechenland. ChrW. Jg. 55. 1941. Nr. 9/3.3. Sp. 197-198.

まずオットー自身のものとして、旅先からの書簡を含めた比較的詳細な一冊の日記帳①（HS 797/566）と、短い雑誌記事②（OA 384）の都合二つの旅日記がある。また旅を共にした友人カール・ティンメの弟ウイルヘルムによる手書きの回想（HS 797/577 : Wilhelm Thimme, Erinnerungen an Rudolf Otto）にも、僅かではあるが旅の経緯が記されている。なお、この旅の読解の試みとしては、唯一シンツァーの、それも簡単な発言（Schinzer, S. 6f.）を指摘しうるのみである。

このうち、没後雑誌に掲載された②OA 384（ChrW）は、①のごく一部（Corfu, 31. 8. 1891. S. 6-7Rs.）に内容の恣意的な選択を施した二次資料で、結局信頼しうるオットー自身のオリジナルは①(HS 797/566）のみである。それゆえこの旅の内実を読み解くには、この一冊の日記帳の解読が不可欠であり、かつそれで事足りる。

なおRudolf-Otto-Nachlaß（HS 797）に収められたこのオリジナルも、正確には、書簡と日記の手稿を後年（一九八五年）編集しタイプで打ち出したコピーノートで、それには数多くのタイプミスとともに、判読作業に起因すると思われる編集上の基本的な誤記も少なからず散見される。手稿は元来は四二枚の書簡と日記から成っているが、その一部は欠落していて、このタイプノートはそのうちの三—三三枚を収めたものである。ただし内容的には旅立ちから帰郷までの旅のほぼ全容を収めている。①(HS 797/566）には、このノートのほかに、ノートにも収録されている母宛の書簡二通（Pertisau am Achensee, 16. 8. 1891; Penteli, Kloster Hagios Georgios）のオリジナルも収められている。なお日記には、もともと旅先の各地で採取した植物（オリーブ・オークの葉、唐松の小枝、木蔦《きづた》の茎など）の標本が幾つも添えられていた。これは後の旅便りでもしばしば見られる特徴である。

Karl Thimme　Heinrich Hackmann　Rudolf Otto

ノート冒頭には、旅を共にした三名（K. Thimme, H.

Hackmann, R. Otto）の、アテネのスタジオで写した記念写真が一葉添えられている。古代遺跡の柱脚図を背に、精悍な髭面のハックマンが中央に腰かけ、向かって右には貴公子然としたオットーが帽子と身の丈をこえる牧杖を手にし、左には着帽のティンメが書物を手にして立っている。

二―二 旅の助走

オットーは私の兄カールと親しくしていて、兄とハックマンと一緒に、一八九一年晩夏、兄がそこで家庭教師をしていたコルフ島から、一部はかなり危険なギリシア周遊旅行をしている（ペロポネソス半島を通って、アテネとデルフォイへ、大部分は徒歩とロバで）。（W. Thimme, HS 797/577.）

八月一三日、ミュンヘンを発ったオットーは、バイエルン・アルプスやチロル山中のハイキングを愉しんだのち、ハックマンと共にアドリア海を南下。八月下旬ギリシアへの渡航基地ブリンディジから最初の訪問地コルフ島に向かい、そこでカール・ティンメと合流し数日間滞在後、イオニア諸島沿いに南下しペロポネソス半島に到着。まずオリュンピアを訪ね、そこからカラブリタを経てミュケナイ（ミケーネ）へと半島横断を試みたのち、アテネに滞在（帰路も含めると延べ一〇日間）。アテネからはさらにデルフォイ（デルフィ）を目指してアッティカ地方を北上し、テーベ、パルナッソス山へと足を運ぶ。ボイオティアからフォキスへの旅の最終地デルフォイを経て、イテアから船でコリントスに向かい、再度アテネに滞在。一〇月初めにはギリシアに別れを告げ、エーゲ海を横断、イズミルに寄港しダーダネルス海峡を通ってイスタンブールに到着。ここから鉄路ブダペストに向かい、一〇月九日、ブラチスラバからウィーンへのドナウ航路を愉しみ、冬学期が始まる一〇月後半には予定どおり故郷で旅の疲れを癒している。「一部はかなり危険な」とカールの弟ウイルヘルムも記しているように、それは名所旧跡を眺め歩く物見遊山にはほど遠く、多くは徒歩かロバで、それもいささか危険な長距離の行程を経巡る文字どおりの冒険旅行であった。同行したのは二人の友人ハインリヒ・ハックマン Heinrich Hackmann とカール・ティンメ Karl Thimme である。この三人の青年はその後生涯にわたって深い友情で結ばれることになる。その意味でもこの旅は、オットーの実存遍歴を彩る重要な起点のひとつでもある。ちなみにティンメは、つぎの一八九五年春の旅にもふたたび同行している。「兄は快活で冒険好きで、現代ギリシア語に堪能だったので、旅の道連れとしてオットーに歓迎されたのだ」(W. Thimme)。

そのティンメが領事の家庭教師として滞在していたコルフ島で、オットーとハックマンはかれを訪ね合流する。かくして青年三人のギリシア冒険旅行は、ここを起点に繰り広げられることになる。

しかしオットー自身の旅の助走は、それに先だつミュンヘンでの日々にすでに始まっている。オットーをこの旅へと駆り立てたものを嗅ぎ分け、旅の初発の心象風景を確認するためにも、旅日記をその最初の頁から繙き、コルフ島に先立つ日々に遡ることにしよう。

アーヘン湖畔　ペルティザにて　一八九一年八月一六日　日曜日

お母さん！

二日間のとても素晴らしい晴天の後に今日ふたたびやってきた雨天にもかかわらず、日中僕らは素敵な時を過ごした。僕らはかなり激しく揺れる湖を漕ぎわたり、ときには淡い緑の、ときには黒雲を映した濃紺の波を眺め、怪しい雲行きのなかでとりわけ印象深い周りの山々を眺め愉しんだ。

ミュンヘンを僕は一三日に発った。ミュンヘンの日々は瞬く間に過ぎてしまった。僕はほとんど出かけなかった。外出したのは一度だけ、英国庭園《エングリッシャーガルテン》に。でもそこでは僕はまったく動かず、滝のそばに腰を下ろしたままオデュッセイアに読み耽った。何と素晴らしい！　オデュッセウスがコルフ島に漂着し、カール・ティンメを、じゃなかったアルキノオスを訪ねた件《くだり》は。マックス（弟）かヨハンネがきっとそれをあなたに読んで聞かせたはずです。美術展にも行ったが、覚えているのはウーデの「エジプトへの逃亡」と、ベックリーンの「若い牧神パン」と「竜」だけだ。（中略）

ミュンヘン滞在の最後のひと時、僕の好きなロットマンの作品群を見るために、ふたたびノイエ・ピナコテークに急ぎ駆けつけた。あー、素晴らしい、これらギリシアの絵画は！　自然そのものがこんなに美しいなんて、まるで信じられない。見てみたい！　そのかなりの部分を、そう――万事順調にゆけば――僕は旅行中に目にするだろう。（S. 3f.）

八月一三日にミュンヘンを発ち、バイエルン・アルプス山中のコッヒェル湖からペルティザへの「長い道程の素晴らしいハイキング」を愉しんだ後、一五日、チロル山中のアーヘン湖畔に到着し、そこで友人ゲーリックスと、旅を共にするハックマンに合流する。そして嬉しいことには、ハックマンが、「ノルデン（ニーダーザクセン州）とミュンヘンからのいいニュースを持ってきてくれていた。それには僕らのギリシア旅行のためのマイヤー牧師の一包みの紹介状も添えられていた。牧師はエーリヒスブルクの高等学校教頭で、長くオリエントに滞在し、多くのギリシア人、とくに神学者たちと親しい」（S. 3）。

翌一六日、母にこの手紙を書き送っている。

旅日記の巻頭を飾るこの手紙で、オットーは、ミュンヘン滞在中、己の心胸に去来したものを青年らしい甘えた饒舌で母に語りかけている。ほとんど外出せずに過ごしたミュンヘン滞在中、例外的に訪ねた英国庭園と美術館《ピナコテーク》での想いに触れたその饒舌な筆遣いは、かれをこの旅へと駆り立てたものの所在を告げていて興味深い。

バイエルンの首都への御上りさんの多くが辿るように、ミュンヘンでかれもまず英国庭園を訪ねている。しかしそこでかれは、英国庭園詣での一般客のように広い庭園を逍遥しその伸びやかな自然な佇まいを眺め愉しむことはせず、庭園の片隅に腰を下ろしたままもっぱらオデュッセイアに読み耽って過ごし、コルフ島にこれから友人ティンメを訪ねようとしている自分を、コルフ島がモデルとされるスケリア島でパイエケス人の王アルキノオスを訪ねた、かのオデュッセウスに擬して、古典世界への憧憬に身を委ねた無邪気な自己陶酔をユーモラスに愉しんでいる。しかしここで語られているのは、同時にまた、オットーをこの旅へと駆り立てているものの素性であり、青年オットーの憧憬の理想郷ヘラスへの溢れる想いでもある。

ミュンヘン滞在中、かれはノイエ・ピナコテークも訪ねている。しかも二度にわたって。最初の訪問時には、ウーデの作品と、「牧神パン」、「波遊び」、「海辺の邸宅」など、もっぱらベックリーンの作品の気ままな感想を愉しみ、「ベックリーンはひどく悪趣味な感じを与えようとも、その核心はウーデと共通だ」とし、かれらに共通する「その素晴らしい率直さと瑞々しさ」に心惹かれているが、なぜかロットマンには触れていない。しかし二度にわたるノイエ・ピナコテーク詣ででかれの心を占めていたのは、心急ぎ再度駆けつけた事実が語っているように、いずれもある同じ想いに惹かれてであったように思われる。現実の景観には目もくれずオデュッセイアに読み耽った英国庭園同様、ここでもオットーは、この美術館が誇る数々の収蔵品の鑑賞を愉しんだりはしていない。再度の訪問でもっぱらロットマンの作品に心惹かれその印象に託して語っているのは、これから訪ねようとしているギリシアへの押さえ難い憧憬の想いである。そこでかれが目にしたのは、おそらくロットマン——この画家もオットーより半世紀以上前（一八三四年）にギリシアを旅している——のギリシア風景画シリーズであり、「マラトンの戦場」や「古代都市シキュオンとコリントス」だと思われるが、それらが告げているのはいずれも、人びとの現実の営みや歴史的世界とは無縁な、遥かな眺望のなかに溶けこんだ悠久の自然の佇まいである。つまり美術作品の印象に託して語られているのは、ここでも、この旅の目的地への、そしてこの地へとかれを誘ってやまぬものへの熱い想いであり、歴史的世界との離別にいまだ傷つかぬ悠久の自然への素直な憧憬の想いである。ちなみに、ピナコテーク訪問者であればまず足を運ぶであろうアルテ・ピナコテークについては、オットーはなぜかまったく触れておらず、訪問の事実を告げる記述そのものが見当たらない。

ともあれオットーは、旅立ちにあたってここで、この旅へとかれを誘ったものの在処をも告げていることになるが、そこには、神学研究の途を歩み始めた若い神学生が直面していた神学的な自己確認の願いや決意は見られない。また異界への好奇心や、ましてや、後の旅では顕在的な異教への宗教学的・宗教史的関心も告げられていない。むしろ青春の理想郷ヘラスへの素朴な自己陶酔にも似た一途な憧憬のみが若々しい筆致で饒舌に語られている。ここからしてこの旅は、少なくともその出立時点においては、古典的教養を身に纏った、時のドイツ青年のみずからの精神的家郷への瑞々しい理念的憧憬に導かれた感傷旅行の装いを呈している。

八月下旬、最初の訪問地コルフ島めざして、オットーたちはアドリア海を南下する。

ブリンディジ　一八九一年八月二五日　火曜日

ご覧、時は瞬く間に駆けてゆく！　この間僕は文字どおり一字たりとも書く暇がなかった。たくさんの美しいもの、興味深いもの、見たいもの、行きたいところ、片づけたいことが一杯ありすぎて、どうやってそれらを狭い範囲にうまく納めたらいいのか、ひどく訝《いぶか》しい。（S. 4Rs.）

ギリシア航路の基地ブリンディジから、オットーははじめての見聞に酔い痴れている旅先の若々しい興奮を母に書き送っている。そして初見の世界へのこの素直な感情移入は、憧れの世界を目前にした期待に満ちた高揚感のたんなる一時的な発露ではなく、実はこの旅の道中をつらぬく視線であり、それはまた後の旅にも通底する姿勢でもある。

ブリンディジを出航し、二人の青年はいよいよ最初の目的地コルフ島に向かう。

二―三　旅の起点コルフ島

友人カール・ティンメは、フェルス領事の家庭教師としてコルフ島に滞在していた。したがって、ハックマンとオットーにとって、この島の訪問はギリシア語に堪能な頼もしい旅の助っ人と合流するためであった。そしてそれは予定どおり実現し、かれらは早速領事の家族から夕食に招かれ歓待されている。

しかしオットーにとっては、コルフ島訪問の本意は、そうした現実的な要請であるよりは、何よりもまず、オデュッセイアの世界への憧憬に導かれ、その憧憬の物語の世界に一刻も早く現実に身を置くことであった。そしてかれは、数日間滞在したコルフ島の出来事を、ようやくこの島を離れる直前になって、まるで溢れる想いを押さえかねたかのように語り始めている。

コルフ島　一八九一年八月三一日　月曜日

僕らの汽船テセウス号の出航直前に、僕はやっと少し書き始めている。出発の時がきた。今日はハックマンの誕生日。僕らはかれと本当の意味でのヘラスへの旅を始めているのだ。

ここは素晴らしかった。古い神殿に面したこの壮麗な広場は巌《いわお》の渚を見下ろす高台にあり、周りはオリーブに覆われ、下の方からは古い神殿の泉のせせらぎが聞こえてくる。この聖域にはおそらく妖精《ニンフ》がふさわしかろう。そこではナウシカアの遊び友だちのような乙女たちが洗い物をしていて、下の方には穏やかな海が横たわっている。この海は、かつて嵐の冬にオデュッセウスの筏をその平らな岩礁に打ち当てて壊したまさにその海で、日暮前の暗がりに白い飛沫《しぶき》を立てていたが、いまはうっとりするような色とりどりの縞模様をなしている。（中略）

下方にはどこまでもオリーブの老木が続き、海に沿って途が上っていっている。褐色の髪をし見事な大きな黒目の素晴らしく可愛い少年が、海面すれすれの岩のなかに入り込んだ小さな洞窟の聖所、聖ソフィア教会に僕らを案内してくれた。そのただひとつの小窓からは海以外は何も見えない。夜、僕らは高台にいた。海と山と雲がひとつに溶けあっていた。すでにブリンディジからの航海で僕らを導いてくれた華麗な星だけが、はじめぽつんと輝いていた。風が、岩の高台の上で、白い小さな教会の周りの糸杉越しにかすかにさらさら音を立てていた。見事な光景だった。次第に広大な星空全体が現れてきて、星が一つひとつ大きな弧を描いて流れ落ちていった。僕は故郷の愛する人たちに想いを馳せ、かれらに神の祝福を願った。（S. 5-5Rs.）

この旅への決定的な誘因となったオデュッセイアの世界への憧憬は、スケリア島のモデルと比定されるこのコルフ島滞在によってようやく現実のものとなった。憧憬の世界に現実に身を置くことのできた青年の心の昂ぶりは、つぎの書簡でもひきつづき饒舌に語られている。（その一部は、のちに雑誌 ChrW にも掲載されている。［カッコ］内は、ChrWではカットされている部分）

ゲーリックス君！

二日前から僕らはコルフ島にいる。［それは僕らのほんとうの旅の出発点で、ありがたいことに健康で、このこれら見なれぬ世界の印象をふんだんに享受できる。この海、この山々、湾、樹々！　素晴らしい、素晴らしい！　とにかくすべてがこの上なく素晴らしい古代の栄光に照り映えている。］魅力あるオデュッセイアのなかでもいちばん魅力的な箇所はここを舞台にしていて、そのはじまりは、第六歌の勇敢な英雄の難破と、スケリア島のオリーブ林でのかれの［幸運な］救助の件《くだり》だ。まあそこを読んでみたまえ。あれほど素晴らしい箇所《ところ》はない。

昨夜僕らは海岸に行った。あのことがことごとく起こったのはここのはずだ。岩壁が碧い海に垂直に落ち込んでいる。山狭には神殿の廃墟。その下方には涼しげな岩窟からほど遠からぬところに澄んだ泉。その周りのファンタスティックな形の素晴らしい幹、広がった枝、透けて見える葉の覆いをもったまことに堂々としたオリーブの老木。穏やかに静まりかえった遥かな海の眺望。前方は煌めき、背後は菫《すみれ》色。赤みをおびたアルバニアの山々の無数の入江のなか、島嶼と岩礁に沿ってカーブを描いている。アルキノオスのそれとそっくり同じはずの山羊たちが樹下で草を喰《は》んでいる。しばらくして水瓶を手にした乙女たちがやってきて、ナウシカアとその幼友だちがきっとそうやって運んだように、泉で水を汲み頭上に載せて帰って行く。

ナポリの海と海岸の風光を想い出してみたまえ。そうすれば君は海岸の急斜面の丘のある素晴らしい眺めを想い浮かべるだろう。ここの上に礼拝堂を建てようという気にさせたのは、至極もっともな自然な感情だ。ここではここ以外の何処よりもよく神を近くに感じられる。ギリシアでは、とくにただ一人で神と共にいるために山頂を探し求めた男の名をとって、しばしば山頂や山岳聖域がアギオス・エリアス、聖エリアスと呼ばれている。

(S. 6-6Rs.)

ここでもオットーは、繰りかえし自然の眺望を、ときにはその自然に抱かれた人びとや動物の状景を描いている。しかしかれが見ているのは、現実の山や入江や海でもなければ、働いている人びとや食する動物の現実の生きる営みでもない。目の前に展開する自然模様も、そこに生きる人びとや動物の営みも、現実のそれとしては語られていない。少なくともコルフ島の客観的な現実はここには語られていない。かれの描写をとおして私たちが目にしうるコルフ島は、ヨーロッパ文化に侵蝕されたヨーロッパ人好みの現実のリゾート地ではなく、ひとえにコルフ島がモデルと言い伝えられるオデュッセイアのスケリア島、すなわち、もっぱらアルキノオスやナウシカアが住み、オデュッセウスが漂着したスケリア島である。そしてそこでは、人びとは自然と融和し、いまだ自然からの離反を運命づけられておらず、またその自然は、歴史との離反が招く、かのコスモスからの転落の悲劇を経験してはいない。もっぱらオデュッセイアの世界へと転化して語られたこのコルフ島報告から、この旅へと導かれた青年オットーの心象風景を、まず第一に、このようなものとして確認しうる。

しかし同時に、オットーはまた、はじめて触れた異郷の街の現実の佇まいと人びとの日常の営みにも惹き寄せられ、その印象を同じ手紙でつぎのように記してもいる。(［カッコ］内は、ChrW ではカットされている部分)

一日中僕らは街をほっつき歩いていた。ここには変てこなものがある。エアランゲンでは三軒おきに一軒の小さなビアホールがあるように、ここには余所よりも地味で貧相な教会か礼拝堂がある。［通りは人群れで溢れている。長く垂れたすり切れた黒い衣服を纏い、高い鉢形の帽子を被り日傘をもった司祭たち、長いニッカーズ、ゲートル、爪先が嘴《くちばし》状の靴、赤いぼろ服を身に着けたコルフ島人、バレリーナに似たフスタネラ（白木綿の男子用スカート）を身に着け、短いマントを背中にだらりと垂らし、悪趣味なパリス（ギ神）のローブを身体の前に当てたアルバニア人――たいていはイタリア語とギリシア語訛りの分かりにくいフランス語を話す愚図のならず者――。この上品な街の、ものすごく狭くておまけにぞっとするほど汚く、しばしばひどく嫌な匂いのする通り、狭い路地、坂道、階段、片隅をごちゃごちゃになってゆっくり移動している。」僕らは素晴らしい大広場に面した［一等］地に宿をとっている。左手には円柱で飾った邸館《パラッツォ》が。前方には、三つの頂きのある狭い海上遠くまで突きでた急斜面の高い見事な糸杉のある半島に、ヴェネツィア人と英国人に占拠された古城があり、それはいささかベックリーンの「死の島」を想い起こさせる見事な景観である。（S. 6Rs.-7.）

自然眺望への美的陶酔を語ったその青年は、コルフの街の雑踏の人間模様を語り始めるや一転して、かのオデュッセイアの世界への憧憬の眼差しとはまるで相容れぬ醒めた世間観察者に変貌している。ここに窺えるのは、主として自然描写に見られたロマンティックな感情移入とは対照的に、もっぱら人びとの営みが呈している卑俗な世態に対する好奇心旺盛な醒めた観察者の視線である。この視線を、青年オットーが旅先で見せる心象風景の第二の特徴として指摘し注目しておきたい。ちなみに掲載誌『キリスト教世界』では、自然描写と対照をなすこの人間模様の醒めた現実描写の部分はなぜか削除されている。そしてこの恣意的な編集によって、オットーの生身の感性の特徴ある一面が切り捨てられ、旅するオットーの鼓動が聞き分けにくくなってもいる。この旅日記の読解にあたって私がオリジナルにこだわるのは、この故である。

ともあれ、ここから、この旅を始めた青年の眼差しの特徴として、神話的自然の理念的美化とともに、現実世界への醒めた観察者の視線をも指摘しうるが、しかしこの一見矛盾する両者の奇妙な対比の基調をなしているのは、やはり、いまだコスモスを喪失していない自然《ピュシス》への憧憬であり、歴史的現実への参画にいまだ傷つかぬ牧歌的理想郷に安らぐ、夢見る〈精神の自然状態〉への賛歌であろう。ちなみに、コルフの宿から望見しうる半島の古城を語るとき、ヴェネツィア人と英国人に占拠されたその歴史には言及しても、同時にそれを「ベックリーンの〈死の島〉を想い起こさせる見事な景観」として賛美し、歴史的現実よりは理念的なその美的表象に想いを掛けている。あるいは、歴史的現実をも、現実の人間的営為としてではなく、それが没歴史的な美的表象で理念化されて捉えられている。

ちなみにオットーが幾つものヴァージョンで知られる「死の島」のいずれかを、たとえばバーゼル美術館（一八八〇年収蔵）か、ライプチヒ美術館（一八八六年収蔵）のそれを実見していたかどうかは確認できない。あるいは、この良く知られた作品が、当時ドイツの多くの家庭の居間の壁面に好んで飾られていたことからすれば、オットーが目にしたのが美術館のそれであったかどうかも定かでない。

ところで、ギリシアではじめて触れた家郷のそれとは異なったコルフ島の宗教を、オットーはどのように見ていたのであろうか。この島からの書簡には、めずらしく私たちの期待に応え、この地の宗教現象についても、それも比較的詳細に記録されている。かれが目にし心動かされたのは、この島の村の献堂式と、島の中心都市コルフ（ケルキラ）の旧市街にある、コルフ島の守護聖人の聖遺骸を擁した聖スピリドン教会（アギオス・スピリドナス教会）の聖スピロ（スピリドン）祭との二つの宗教習俗である。

僕らがここで格別興味を覚えている教会生活を、すでに何度も覗くことができた。ここに来たすぐその日に、僕らは聖母マリアの被昇天を敬う隣村の「パナギア祭」を訪ねた。それはバイエルンの献堂式のような、なかば教会的、なかば世俗的な祭りである。信者たちが教会に流れ込んできて、聖像に接吻し、かなりな造りの洗礼盤や、くっ付くほどひどくべとべとに汚れた！物乞いしている托鉢僧と尼僧の献金箱に銅貨を寄進し、それから教会にすぐ接した祝祭会場へ出ていった。

そこでは楽団が楽器を鳴らし演奏しており、石炭を燃やした火の上で——おお、なんて残酷な——真っ二つにぶった切った小羊が杭に刺され直火で焼かれていて、この地の美味しい赤ワインがそれにたっぷりと垂らされていた。見事なオリーブの老木の下での色とりどりの光景。大きなクリノリンスカートを纏い、太いお下げ髪を頭に巻きつけ、金のネックレスと鎖ですっかり飾り立て色とりどりに着飾り、頑なに沈黙したまま並んで座っている農婦たち。別のところでは歌っている男のグループ。それはそうと、かれらの歌いっぷりは一風変わっていた。見事なバスがゆっくりしたリズムでいわば全体のバックをやっている間中、力強いテノールの歌い手がただ一人メロディーを奏でていて、それを一人か二人が不意にうまく補って歌っていた。たしかに無邪気な愉しげな内容にもかかわらず、全体が節度をもった並外れて厳粛な響きを帯びていて、俗謡よりはむしろゆっくりしたパイプオルガンの協和音のように鳴り響いた。帰り途でもっと沢山こうした歌を僕らは聞いた。(S. 7-7Rs.)

コルフの主教会、聖スピリドン教会は、余所のたいていのプライベートな教会と似たもので、それも聖人スピロ自身を擁するものである。聖人の所有者は教会と聖人への施しものでたっぷり収入を得ている。……聖人は完全な褐色のミイラ姿で、ガラス張りの陳列ケースに入れられ、大きな銀製の棺に納められて祭壇の前に安置されている。その棺の高価な飾り立てや聖人自身の高価な装いと、それはひどく対照的だ。僕がいた時ちょうど、太鼓腹の司祭が、聖遺骸にむかって、ほんの二、三人の百姓に連禱をするために棺を開け、かれらの名前がその最後に応唱されるよう沢山のお金が寄進されるところだった。それから百姓たちは聖人の足に接吻することも許された。(やっかいな手順だこと! もっと巧く届くように、人びとは台座によじ登り跳ね蓋の間からガラスケースのなかに頭を突っ込んだ。) 最後に、聖人の足に触れ損なうことのないように、百姓たちのために司祭が一本の白い長いテープをカットして、棺の長さの沢山の切れ端をつくってやった。それが何の役に立つのか、そんなこと僕は知らないよ。

毎年三回盛大なスピロ祭が催されるが、その時には街全体が楽隊の演奏する音楽とともに練り歩く。それからスピロも高価な新品のスリッパをいつもコルフ女から貰う。でもそれは口づけの所為《せい》ですぐに古びたものになってしまうのだ。その古くなったものは沢山の切れ端に切断され、信徒たちに分け与えられる。スピロの代願で癒される子どもたちは、年中司祭の衣を纏い、髪もそれと同じように長くして駆けずり回る。(S. 11Rs.- 12Rs.)

宗教現象のこうした主題的な描写は、この旅日記全体をとおしても必ずしも多くはない。むしろ稀である。しかもそれが語られる時は、その宗教史的素姓や宗教的意味の詮索にはほとんど触れず、せいぜいその現象的な成り行きの、いわば〈興味ある事実〉のみが描かれている。若い神学生は、ここでは教会行事の神学的〈意味〉には格別触れてはいない。それにひき換え、そこでの人びとの習俗的な振舞いに心惹かれ、その具体的な成り行きを詳細に描き、その姿態のありのままを彷彿とさせている。したがって、ここからすぐさま若い神学生の神学の生成模様を読み急ぎ、神学理念の性急な解答を求めることは慎むべきであろう。

オットーがここで魅せられ「格別な興味」を覚えているのは、その事実の宗教史的確認や、異郷の教会の宗教的営為に見られる家郷のルター派教会にも繋がる宗教理念の深みではなく、むしろもっぱら、世俗的ともいえる素朴な宗教習俗の日常の営みであり、パナギア祭では、なかば教会的、なかば世俗的な村の献堂式の祭りに集って饗宴を愉しみ、聖スピロ祭では、祭りに参列して代願による現世利益的な癒しを求める人びとの、いずれも素朴で自然な人間的振舞いである。たとえば前者は、今日でも、バイエルン地方とかぎらず、たとえばマールブルク近郊の村落などドイツ各地でも見かける、村の〈十字架の道行き〉の日のあの愉しげな状景を彷彿とさせるものでもある。

ともあれ、素直な共感を込めてこれらを見つめる神学青年の、時の神学世界を席捲していた冷静なリッチュル主義者のそれとはおよそほど遠いこのナイーブな視線に注目しておきたい。なぜならここには、「旅するオットー」の、その後の旅にも通い合う独自な感性が滲みでており、かつまたこの感性のモノローグに、オットー宗教学の原風景が密やかに語り込められているからである。

二―四　ペロポネソス半島横断

あらたにティンメを加えた青年三人は、「ケファァリニア島に、もしかするとイターキ島に」寄港し、つぎの訪問地ペロポネソス半島に向かっている。ただし、手紙で予告されているこれらの島に、とりわけオデュッセウスの故郷、イターキ島に実際に寄港したかどうかは確認しえない。また上陸したのはおそらくパトラス（パトラ）と思われるが、それもオットーの間接的な記述から推察しうるのみで定かではない。いずれにしろ、ペロポネソスに到着した青年たちは、まずオリュンピアを目指している。

オットーたちは西海岸のピルゴスから約二〇キロの「埃だらけの長い道程を歩き続け」た末、ようやく夕方オリュンピアに到着する。

僕らは〈オリュンピア〉にいた。廃墟が明るい輝く陽光のもとに展がっていた。僕らの足もとには緑は美しいが水の乏しいクラデオス渓谷の蛇行が。右方にはアルカディア山岳の前方の丘陵が。一番近くには緑の松、明るい緑色のプラタナス、無花果の木を頂いた魅力的なクロノスの丘が。その下でクラデオス川がアルフェイオス川に流れ込んでいた。それは壮観だった。影になった深いクラデオス峡谷の絶壁から抜け出て、滔々たるアルフェイオスの聖河を僕らはことごとく目にとめた。この河に僕らは潜って愉しんだ。神殿の下、ヘルメス神の足もと、ゼウスとペロプス廟の間、アポロンとペイリトオスの間で瞬く間に時は流れていった。

見事な大作！　ゼウス神殿の破風の堂々たる中心群像。その際立ったコントラスト。優美な博物館の列柱越しのオリュンピアの丘と蒼空の眺めはなんとも美しく、稲妻の光る雷鳴と雨をはらんだ黒雲がそれを途方もなく美しいものにしていた。そして夜がやってきた。強烈な輝きが弱まると山がつぎつぎと優しい姿を現してきた。空は薄らぎ、雲の群れが一層和らいできた。僕はゼウス神殿の一片の円柱の上に寝そべって見上げた。碧い大地の上に美しい色彩が円天井のように展がっていた。沈みゆく夕陽の方向は黄金色だ。南東の暗闇にはイリスが七色に輝いていた。

——これぞ古《いにしえ》のオリュンポス、古典古代だ。この下であるものを別のものが押しやり入れ代わっていった。エリス、ヘラス、ヘレニズム、ローマと。最後が教会だ。それから地震と洪水がやってきてすべてを覆ってしまった。——ヘラ神殿の柱廊を仰ぎ見た眺めは素晴らしい。フイリッペイオンは下の方だ。よく保存されたスタディオンの門を潜りぬけ歩き回るのは面白い。純粋ビザンティンの十字架が架かった説教壇のあいだの、教会の入口の間《ま》と身廊をとおって祭壇のある場所と大理石の司教座（？《ママ》）に上ってゆく感じは、一風変わっていて言い表しがたい。

しかしオリュンピアのオリュンピア（オリュンピアの冠たるもの）はゼウス神殿だ。その柱脚はすべての上に高く聳え立っている。地震がその円柱の破片と柱頭を辺り一面にばらばらに撒き散らしてしまった、高くかつ広くに。こんな巨大なアーキトレーヴが、どうやってこんな処にきたのだろう！　今では、マスチックの茂みと、木苺の蔓《つる》と、無花果の木がその周りや上に生い茂っている。オリュンポスの柱人自身とかれの見事な玉座は、もはや何処にもその姿を留めていない。かれの響《どよめ》きだけが時おり遠くから轟き、かれの純潔な娘、明るい蒼空も、黒い雲につづいて、夜になってふたたび山々と木々とオリュンピアの神殿のうえに展がっている。（この後に、ゼウス地区で採取した「オリーブの葉二葉とオークの葉一葉」が貼り付けられている。）（S. 9-10.）

オットーがオリュンピアを目指したのは、言うまでもなくその一〇年ばかり前（一八七五―八一年）、E・クルティウスの指揮するドイツの考古学者たち（ドイツ考古学研究所）による大規模な発掘によって改めて日の目を見ることになったその遺跡を訪ねるためである。そしてこのゼウス神殿を中心とした古代遺跡の威容を前にして、かれは何はともあれ、「壮観、壮観！」と率直に感嘆の声を上げている。

しかし、オリュンピアの遺跡を語るその口調からは、その歴史的な偉業やそれが告げる人間的営為への称賛はなぜか聞こえてこない。むしろ、それらをとりまく状景全体が没歴史的な美的な霞に包まれて浮かび上がっている。そして、その美的な状景はまた悠久の自然景観のなかに溶け込んでもいる。ここでは人間の営みとその歴史的所産は、自然の一点景としてその流れに包摂されている。歴史に棹さすなべての遺跡は、歴史を超えた自然の摂理に包み込まれている。「素晴らしい」のは、「壮麗」なのは、自然のなかにそれに抗して強く打ち込まれた人間的偉業や歴史的栄光ではなく、むしろ、その歴史の刻みをも静かに包みこみ変わらず輝き続ける悠久の自然《ピュシス》の佇まいである。そしてこの自然に対して、オットーは、とりわけ天空へと連なるその壮麗な広がりと刻々と変容するその多彩な輝きを、つまりはその空間と色彩の美的表象を壮麗なる存在として賞嘆している。

してみれば、ゼウスの聖域オリュンピアの歴史遺跡を前にしてかれの裸眼が射止めているのは、発掘によって確認された人間的偉業の壮麗な結晶ではなく、むしろノイエ・ピナコテークで心惹かれたロットマンの描くギリシア風景に近いもののように思われる。そして、古代都市を遥かな遠景として自然景観のなかに包みこんだ牧歌的理想郷の風景画から匂ってくるその特異な没歴史的な感性は、歴史の地ギリシアを旅するオットーの変わらぬ視線であり、同時にそれはオットー宗教学の裾野に展がる独自な歴史理解の生地の模様でもあるように思われる。

しかしそれと同時に、これらオットーの生地の世界理解とは異質な、むしろそれと対極をなす新たな視角がこの旅の展開につれて次第に顔を出してくる。あらたにかれの心を捉え始めているのは、異郷で出会った人びとの人間的な素顔であり、それは、憧憬のギリシアの眼《まなこ》には予期していなかった、古代ヘラスの相貌とは相容れぬ、歴史に傷ついた顔が織りなす人間模様でもある。そしてそれらとの出会いが、没歴史的な夢幻境への憧憬に理念化された青年オットーの心を揺さぶり始めている。

それらに惹き寄せられ、それら密かに己を異化しつつあるものの正体を見定めでもするかのように、麗しい自然の佇まいとは異質な、歴史の襞を歩む人びとの些細な日常的営為の数々を、その後繰りかえしオットーは書き記している。それも素直な共感をこめて。

たとえば、オリュンピア行き鉄道のとある駅では、歩き疲れたオットーたちをパンとチーズでもて成しながら、父が受けたトルコ人の蛮行を語るクレタ出身の駅長の訴えに聞きいり、妻を暴行しようとしたトルコ人を殴り殺してちょうど今逃げてきたアルバニア人の怒りに耳傾け、またピルゴスでは、アフリカで見つけた輝く小石をダイアモンドと思い込みその確認を求めてきたのに、たんなるクリスタルだとティンメに言われ、目に涙を湛えんばかりに落胆している純朴な労働者の「純真な涙ぐましい話」を記している。さらにカラブリタ渓谷への小旅行では、カラブリタ行き鉄道の建設に勤しむモンテネグロ人、イタリア人、フランス人など民族の入り交じった労務者たちの、客人を歓迎する一途に親切な純朴な振舞いを、オットーは異邦人労務者を見下す偏狭な神学精神とはほど遠い、柔らかい人間的な共感をもって綴っている。

オリュンピアと並ぶもうひとつの遺跡の地ミュケナイめざして、青年たちは旅を続ける。しかしその旅路は、冒険の緊張は愉しめはしたが、それ以上に予期せぬ危険と過剰な苦痛を伴うものでもあった。たとえばその途中に試みたカラブリタ渓谷への小旅行も、その冒険のひとつである。

その旅路はほんとうに酷いものだった。ぽっかり開いた洞穴の淵を通り、真っ暗なトンネルを潜り、激しく揺れる板の足場を渡り、そしてほとんどいつもぐらぐらしたがれ場の上を通ったのだ。とりわけ壮麗で素晴らしかったのは、トンネルを抜け出し橋の上に出て峻険な岩の峡谷に入ったところだ。遥か下方に小川がザアザア音立てて流れ、絶壁が僕らの前後に高く聳え立ち、上方からは奇麗な星が降り注いでいるだけだった。——いつまでも攀じ登ったり滑り落ちたり探し求めて僕らは疲れはて、そして目指す塒《ねぐら》にはいつまでも辿り着けなかった。ようやく灯《あかり》が見えてきた。例の恐ろしいペロポネソスの野犬が遠吠えしていた。僕らはバカディに着いたんだ。

胡椒と塩を振りかけた革のように硬い焦げついた骨付きの肉にありつけた。それから僕らは疲れはてた身体をベンチとテーブルの上で休めたかった。でもそこではイタリア人労務者たちが酒盛りをやっていて、事が進まなかった。(中略)

とうとう眠れることになった! やれやれ、今夜は! 親切な人たちが二つのテーブルの上に沢山の刺し子縫いの掛布団を拡げ、寝床のやり繰りをしてくれたわけだ。やりきれない思いで僕らはその上に身を横たえ、殺虫剤の鞴《ふいご》で無駄な努力をし、われらが運命に身を委ねた。それは僕ら三人には狭かった。僕は狭いベンチで寝ようとやってみた。でも当然ながら寝るなんてことは叶わなかった。僕が一晩中やっていたのは、床を覆っている下品な笑いと瓶の破片のなかに転げ落ちないよう、狭いテーブルの上でバランスをとり続けることだけだった。

(S. 13Rs.-14.)

ディアコプトからカラブリタへの沢登りにも似たこの行路は、たえまない危険と苦痛を伴うものであった。おまけに、歩き疲れた果てにようやく見出した小屋では、鉄道建設のイタリア人労務者たちが酒盛りをやっている有り様で、結局は、その片隅のベッド代わりの狭いテーブルの上で、虫の襲撃と酒盛りの喧噪のなかで眠れぬ一夜を過ごさざるをえなかった。

九月八日朝カラブリタを発ったオットーたちは、アロアニア山脈の狼が出没する広大な石の荒れ地をロバで踏み分け、日没頃稜線に辿り着き、「羊飼いの夜営小屋で薄ら寒い夜を過ごしてのち、日の出を待つためにちょうど朝焼け時に頂きに登った」。その後、眩暈がするほど高い急斜面の巌壁が立ちはだかるステュクスの滝の傍らを通り帰途につく。

「陽は沈み暗くなってきた。すると木立の間からアギオス・ヨルギオス修道院が思いがけなく姿を現してきた。そしてまもなく僕らは親切な修道士の手厚いもて成しのもとに匿われた」。（この文面の後には、ステュクスの苔が貼り付けられている。）翌日、親切な僧院長に暇を告げて後の荒涼たる山岳地帯のさらなる山歩きは、「地形と天気はお手上げだった」と溢《こぼ》しているように、「荒れた石の山腹、左には切り立った高い絶壁、右の遥か下方には薄暗い海。それにくわえてどしゃ降りの雨に風が吹く」なかを、「二、三時間ずぶ濡れになって小径や回り道や獣道を」歩くものとなった。

さらなる旅路で、僕らは雨でずぶ濡れになって水車小屋に逃げこんだ。大きな部屋がひとつだけ。部屋の真中には食事の設備、その左方には木枠ベッドがひとつ、それ以外には何もない。ロバを連れた百姓が五人すでにそこに避難していた。その家の主は、親切にも僕らが煙草を吹かしながら周りをとり囲んでいるその火に点火してくれた。かれは見事なブドウの房と炙ったトウモロコシの穂軸をもってきた。それは暗い隅できらきら輝く火を囲んだ賑やかな光景だった。僕ら〈ヨーロッパ人〉と百姓たちは、広いフスタネラのどの面にも少しでも火が当たるようにたえず身体の向きを変え、水車小屋の奥さんは地面にしゃがみこみ、薪をくべ、トウモロコシの穂軸を裏返し、水車小屋の娘のちびちゃん〈マリアちゃん〉は僕らの間に入り込んでくる。そして水車がコトコト音を立て、別の隅では時おりロバがのんびり耳でピシャッと音を立て、外はどしゃ降りの雨。（S. 20Rs.）

危険で困難な旅路の始終がまことに仔細に延々と書き綴られているが、こうした辛い道行きにおいても、自然景観を述べるとき、きまってオットーは伸びやかな空間の広がりと光と影の色彩の輝きを軸に、理想郷に仕立てたその牧歌的な状景を繰りかえし筆にし、自然へのロマンティックな一種汎神論的な陶酔の情を露に滲ませている。それと同時に、この自己陶酔的な自然描写の筆は、この自然のただなかで出会った異郷の人びとの人間模様を描くときには、たとえば雨宿りの小屋の場景に見られるように、一転してその過剰な美意識を振り払い、抑制したリアルな、それでいて暖かい人間的共感に包まれたものになっている。そして旅日記の筆致は、旅の展開につれて前者から後者へとその力点が移っているように思われる。

ともあれ、ペロポネソス横断の旅もその目的地ミュケナイで幕切れとなる。ただしミュケナイの印象をオットーから聞くことはできない。オットーはつぎのように記し、そこに落葉松の小枝を挟んでいるだけである。「馬を駆って——ああ、こん畜生め！——それからさらにネメアのアギオス・ヨルギオスと、神殿遺跡のあるヘラクレイアに行き、ネメア駅へ。そして、そこからミュケナイに行った！」(S. 20Rs.)

二—五　中部ギリシア巡り

アテナイ　九月一八日　金曜日

もうすでに一週間アテナイにいる！　しかも盛り沢山の内容。アクロポリスの丘、テッシオン、サラミス島、……ディオニュソス劇場。ここで描写できるのは僅かだ。月夜のニケ神殿、パルテノン神殿、ディオニュソス神殿の玉座。オピストドモスの列柱の合間越しのプニクスの丘やアレオス・パゴスの丘、ピレエフス《マ》とサラミス《マ》島。キュノスーラ、ブシッタリア島、クセルクセスの御座の眺望。その背後のアイギナ島やアギオ・エリアスの眺め。その上方には、日没時には黄金色に輝き曇りには薄暗くなる蒼空、そして海と、ケーピソス河畔のオリーブ。これらを心に刻み込んではおきたいが、記述しようとは思わない。ここで一番素晴らしいのはこの列柱越しの眺望であり、小さなアクロポリス博物館のパルテノンのフリーズのプレートである。でも月とジュピター――それは〈僕らの星〉のことだが――の光のもとで、ハドリアヌス門越しにすらりとしたジュピター円柱を眺め、ディオニュソス劇場でソフォクレスを聞くのも素晴らしい。小さく感じがいいのはリュシクラテス記念碑で、人気《ひとけ》のないアカデミーはとても愛らしく、ビザンティン様式の教会群のなかのゴシックの英国教会は心から敬虔な気持ちを呼び起こす建物だ。ミューズの丘の上の天文台は感じがいい。毎日僕らが繰りかえし感じている印象の幾つかは、斯くの如しだ。（S. 21Rs.）

デルフォイからの帰途の滞在もふくめると延べ一〇日間、したがって旅行中もっとも長く滞在したアテナイ（アテネ）の記録は、その長い滞在期間、そして何よりもその数々の名だたる歴史遺蹟から予想しがちな感動の度合いに比して、なぜかまことに素っ気ない。ひとつにはそれは、たしかに書誌的な要因（この日の記録の末尾部分は、その文章の中断からみて少し欠落しているように思われる）も働いていると推測される。しかしそれでも、記録部分の内容そのものが、この地の見学者が誰しも目にする事実の羅列と、それの美的状景を綴った通り一遍の印象にとどまっている。また、そこからティンメと試みたサロニカ湾のクルージングもごく簡単な記述にとどまっている。

それにひき換え、このアテネを離れたとたん、その記述は一転して生気をとり戻し輝きを帯びている。かくして、私たちもまた、ここに見られるオットーの心意に素直に寄りそって、足早にアテネを後にし、ギリシア旅行の締め括りとなるアッティカ・ボイオティア・フォキス巡りの旅を追うことにしよう。

ペンテリコン山腹のアギオス・ヨルギオス修道院

お母さん！

……外では泉水がさらさら音立てて流れ、修道院の階段の白い大理石が夜の暗闇のなかに仄かに光り、星は天空に黄金色にかかり、まもなく山々の背後に姿を現すはずの月を待っている。アテネから僕らは日没直前に此方に辿り着いた。喧騒、雑踏、埃の不愉快な落ち着かぬホテルとちがい、何と素晴らしいことか！　ついにふたたび癒しの水のような緑の木々。そして広大な台地を備えたこのアッティカの素晴らしい山岳と丘陵の眺望は、優雅にその姿をかえ、ついには山の多い島嶼にいたる。そしてそれよりももっと素晴らしいのは、西方の暗い雲を浮かべた空に、雲間にはぎらぎらした陽の光はなく、深紅色の光が急勾配の山越しに見られるだけだ。僕は高原の頂きの、近くには花盛りの銀梅花がある明るい緑色の一本の傘松の下に長い間座って、眼前に展がる雄大な景観を心に留めようと試みるとともに、北方遥か彼方の故郷のあなたのことを想ってもいた。（中略）

「四時だ」と従者の仲間が言う。日の出に山頂に間に合うよう、かれは僕らを起こそうとしたのだ。そこからさらに徒歩でデケリアに向かう予定だ。デケリアには本物の森とオークがあるはずだ！　もう一度森を見て、オークの低い灌木の形だけでなく、いたる処に生い茂った様を目にするのは何と嬉しいことか！　それからさらにボイオティアに向かい、太古のテーベへ。それからパルナッソス山に入り、デルフォイへ。それから、それから、そして故郷へ！　万歳！　ご機嫌よう！（S. 23Rs. - 24Rs.）

アテネの喧騒砂漠に渇いた旅人が、まるで自然の癒しの水を口にし蘇生したかのように、ペンテリコン山腹の修道院の快適な客室から、オットーは弾む心を母に書き送っている。それはすでに繰りかえし見てきたように、「眼前に展がる雄大な」自然景観であり、綾なす色彩に微妙に身を包んだ悠久の自然の眺望であり、神話的な牧歌的理想郷であり、かつまた、その自然からの追放をいまだ経験していない夢見る〈自然的〉精神の楽園の詩《うた》でもある。それにひき換え、ここで経験したはずの一六世紀の修道院生活については、自然のなかに溶けこんだ修道院の佇まいとそこからの美しい自然の眺望以外何も記していない。

二〇日山腹の修道院に宿をとったオットーたちは、翌朝八時苦労のすえペンテリコン山頂に辿り着き、マラトンやサラミス、はたまたアッティカ全体の眺望を愉しんだのち、そこからパルニス山地越えにアッティカ地方を北に向けて踏破し、さらにテーベからデルフォイを目指してボイオティア地方縦断の旅を試みる。そして道中繰りかえし語り記しているのは、自然景観の饒舌な賛歌と、旅先で出会った人びとの、リアルなときにはユーモラスな観察記録である。

旅の足跡を追うことにしよう。

ある時は森で夜を明かし、またアルバニアのある田舎町では、まるで「キュクロプスのような」風貌の住人の親切な申し出に甘えて、提供された息子夫婦のベッドを遠慮なく占拠もし、そしてある時は、「ヘリコン山が僕らに送ってよこした湿っぽい挨拶」、すなわちどしゃ降りの雷雨で「最後の糸にいたるまでずぶ濡れに」なり、わずかに難をのがれた「水泳パンツと毛のシャツとヴェネツィア風掛け布団を身に纏って」日記を記したりしている。そして、そうした日記では、この地に点在する聖地遺跡にも触れてはいるが、その記述はまことに素っ気ない。それにひき換え自然描写では、現実の自然の過酷な仕打ちに悩まされているにもかかわらず、いぜんとしてその美的な恵みの賛歌が続いている。それゆえその変わらぬ賛歌の反復に付きあうことは控え、ここではまず旅人の目に映った人びとの営みを記録しておこう。

オットーは、「自分の教区民を救おう」と心配って、「ろくでもない音の玩具」を旅人の生命の危険を回避する旅のお守りとして一個五〇フランで旅人に押しつけている「快活な司祭」と出会い、宿の世話になっている。オットーはそこで、その愉快な試みを揶揄しながらも、かれとワインの乾杯を重ね、キリスト教事蹟を素材としたたわいない駄洒落の遣り取りを延々と愉しんでいる。そしてつぎの旅先では、「壊れたトウモロコシの武器で遠吠えする犬どもから僕らの身を守ってくれた」毛皮を紡ぐおばあさんの親切な道案内に感謝し、さらにある時は、泉に屯す洗濯女たちの、かのナウシカアの妖精《ニンフ》たちとはあまりにもかけ離れた現実の姿態をつぎのように書き留めている。

美しい今日のギリシア人女性は少なくて、それよりもアルバニア人女性が大勢近くの泉の辺で洗濯をしていた。この地方のまことにカラフルな光景。女性は老いも若きもひどくぼろぼろではあるが色彩豊かな布切れの裾を高く絡げ、沸かし湯を苦労して運び、洗濯物を叩きしゃべり笑い、皆水はけの悪い泉のひどい泥濘《ぬかるみ》のなかにいた。

(S. 26Rs.)

さらに旅人たちは古都レバディアで寛いだ休息の日曜日を過ごし、そこからパルナッソスの麓を通り、「この地の旅の流儀にしたがい、ロバに乗って」デルフォイに向かう。しかしこのロバにはオットーはよほど手を焼いたとみえて、結局は「太い棍棒」に頼る以外に統馭しようのないこの動物にしきりに悪態をつき、ついには、「実際には歩いて行った方がましだ。そして実際僕らはしばしば歩きもした」と嘆いている。それでもここでこの「頓馬野郎」に頼らざるをえなかったのは、「二日間の雨でどの途もとても通れなくて、水曜日のコリントス行きの船に間に合うよう、いささか急がねばならなかった」からである。

その道中目にした赤ん坊の受洗光景に、オットーはいたく興味を掻き立てられている。

今朝、僕らは洗礼を参観した。それはまるで一篇の物語だった！〈まるで子牛が殺されるみたいだ〉とはハックマンの感想だ。司祭たちは袖を捲り上げ、大きなエプロンを掛けた。それから焚香と、頭の天辺から足の爪先までの塗油が始まった。そうこうするうちに、ひとりの女が水と熱湯を大甕に注ぎ、こんどは司祭がなおも瓶ごと全部の香油を注いでから、赤ん坊を引っ摑まえて、赤ん坊と三回十字を切り、パチャパチャ音を立て、赤ん坊をまるごと首まで油水のなかに三回浸け続けた。その間、時おり誰か二、三人が実に機知に富んだ適切な冗談を言ったりもした。洗礼は、これに立ち会う名付け親が周りに立っている立会人たちにコインを振舞って終わった。僕らも一枚受けとった。——ともあれ非常に興味深かったのは、そこではそれだけ一層多く、原始キリスト教会の沢山の素晴らしい仕来たりが荒っぽい形で保持されていたことである。(S. 28Rs.)

ここには、オットーの興味深い宗教理解が端的に告げられている。かれがこの原始教会風の純朴な荒っぽい「三度の浸礼」に興味を覚えたのは、そこに、神と人を結ぶ「素晴らしい仕来たり」を読みとり、その無骨な一篇の物語が告げる聖なる物語の「素晴らしい率直さと瑞々しさ」にいたく心惹かれたからである。想い起こせば、オットーはノイエ・ピナコテークで、ウーデの聖なる物語の絵を前にして、その「素晴らしい率直さと瑞々しさ」を賛美していた(Vgl. S. 3Rs.)。

ちなみにオットーは、修道院を幾つか訪ね歩き、この旅ではじめて修道院生活を経験している。しかしそれは、つぎのギリシア旅行(一八九五)のように、巡礼の心も宿したある種の参与調査を意図したものではなく、いわばやむを得ず主として宿泊所として何度も修道院で夜を過ごさざるをえなかったからである。そしてそこで描かれているのは、修道院の佇まいの美的な状景以外は、修道士たちの親切なもて成しのみであり、また修道院への言及自体簡潔な事実描写に終始し、修道院そのものの宗教史的詮索や神学的・宗教学的解釈の試みは見られない。

ともあれオットーは、旅先で宗教現象の幾つかを目の当たりにして、その歴史の重みや聖職者の聖なる営みよりは、むしろ民衆の伝承的な宗教習俗に注目し、かつ、その世俗的な、ときには卑俗な習俗にこめられた素朴な宗教性の純朴な発露に心惹かれている。しかもそれは必ずしもギリシアの宗教習俗に固有な世俗的符牒の故ではない。それはその観察対象の属性の故ではなく、むしろそれを目にしているオットー自身の視線の問題であり、その独自な感性の故である。そしてここにギリシアを旅する若き神学生の宗教理解の裸像が映し出されている。

宗教とならぶ、歴史と自然についての新たな発言にも耳傾けておこう。九月二九日には、ギリシア中央部の旅の最終地デルフォイで、あたかも歴史と自然をめぐるこの旅の心象風景を取り纏めるかのように、オットーは記している。

昨晩から僕らはここにいる。神殿の廃墟はおよそつまらなくて、カスタリアの源泉は枯渇し、その下流にいるのは汚らしい形《なり》の洗濯婦たちと、殴り合うくだらん連中で、村はといえば不潔で狭苦しく、およそ詩情などまるでない。しかし自然は壮観で変わらぬ姿を留めている。この岩壁、周りの山々。谷あいと丘陵にはオリーブが、そしてブドウ畑も。パイドリアデス峡谷は灰色がかって赤みをおび切り立って堂々としている。碧い湾が遠くに豊かなオリーブの台地越しに見晴らせ、その眺望を遮るアルカディアの山々は菫色だ。（S. 29Rs.）

目にした現実のアポロン神殿跡はおよそつまらなく、パルナッソス山の岩壁の割れ目から湧き出る霊泉カスタリアの現実のそれは枯渇していた。おまけに泉に憩う妖精《ニンフ》たちは、汚らしい身なりの言い争う洗濯女に姿を変えていた。憧憬の伝承と栄光の歴史的遺跡は、およそ詩的な趣とは無縁な干涸らびた落ちた偶像であった。辿り着いた目的地デルフォイで目にしたギリシアの現実は斯くの如くであった。「しかし自然は壮観で変わらぬ姿を留めている」。

翌日、かれらは長い徒歩旅行のすえ、とっくに日が暮れてから辿り着いたイテアの友人宅で、中部ギリシア旅行の最後の夜を過ごす。翌一〇月一日、コリントス湾上をコリントスへ向かい、そこから列車でアテネへと引き返しふたたびアテネに滞在。しかし、その古いホテルで記したギリシアでの最後の日記には、アテネの印象も旅の終わりを迎えた感慨もなぜか残さず、「ふたたび、外出しないで寛いでいる！　それは、僕らが列車から降り立った時の気持ちのすべてだった」と記しているのみである。

そしてオットーはギリシアに別れを告げる。

ギリシアでのノートの最後に、サロニカ湾上からの遠のくスニオン岬の最後の姿を目にとめながら、オットーはこの青春の憧憬の地への惜別の辞を書き留めている。

いま、汽船《ふね》はもう一時間も碧いサロニカ湾を航海している。遠くアクロポリスがしだいに小さくなっている。

――さようなら、ギリシア！

東洋を、イズミルとコンスタンティノープルを経て帰郷するのだ！　アテネのリカベトスの丘とアクロポリスの丘がいまはとっくにスニオン岬の背後に姿を隠してしまった。陽は地峡の頂きに黄金色に輝き、西方と北方の頂きを赤く装い、海は紺碧で、島嶼とスニオン岬は菫色だ。〈懸崖《オリュンポス》〉に影を落とし古代のスニオン神殿〈ポセイドン神殿）がまだ完全な姿を見せている。その列柱は仄かに白く輝いて蒼空に屹立している。黄色く染まった最後の夕焼けがいま次第に消えてゆく。夜がすべてを包みこむ。僕はこれから故郷へ手紙を書こう——。（S. 31.）

その後、イズミルに六時間寄港し、ダーダネルス海峡を通ってイスタンブールに到着。イスタンブールからブタペストへの鉄路の旅の後、ドナウ汽船でウィーンへと帰途を辿る。なお、帰途はじめて目にした東洋の印象を、ドナウの船上で記した旅日記の最終日付のノートに簡単に記している。そこには私たちが期待する「魅惑的なメルヒェンタッチのコンスタンティノープル」の報告はなく、黒い糸杉と緑の広葉樹のなかのサライの街の「堂々たるドームと優美なミナレットを備えたモスク」の魅惑的な光景のみが記されている。

一〇月中旬には予定どおり故郷に帰り着き、下旬から始まる冬学期に備え故郷で寛いだ時を過ごしている。この旅の後、オットーは最初の神学試験の準備を始める。

＊　＊　＊

読みおえた神学青年の旅日記はまるで文学青年の紀行の趣で、およそ宗教現象のフィールド・ノートからはほど遠い。それはいかなる意味でも宗教観察を主眼とはしていない。むしろ宗教現象への言及はごく稀で、おまけにそれが触れられる際は、対象を見据えた客観的観察ではなく、情緒的享受に包まれている。その点では、同じくギリシアを訪ねながらも、アトス詣でを織りまぜた次回のギリシア旅行の記録とは決定的に違っている。したがってここから直接、青年オットーの宗教理念の確たる構図を読みとり、オットー宗教学の鮮明な原図を汲み上げることは困難であるように思われる。

しかし同時に、ここで告げられている世界理解は、オットー宗教学の萌芽を宿した原風景の遥かな裾野として、その後のかれの宗教理念の発酵を彩り、その独自な宗教理解を育んでゆく沃野をなすものでもある。いずれにしても、宗教の理念的世界に身を置く若い神学生が、はじめてのギリシア旅行によって触発されたもののひとつとして、宗教の理念的世界ではなく、他郷の宗教現象の現実の習俗的な営みへの関心と、それによって招来された宗教の知覚的表象への開眼を指摘しうる。そしてそこに、オットー宗教学を彩る宗教経験における感性的、知覚的世界への特異な傾斜の予兆を読みとることができる。

しかしいまはこのことを確認するにとどめ、〈オットー宗教学の原風景〉の隠れた見取り図の描出を急ぐ心をなだめ、そして何よりも、使い古した硬直した解釈図式がくり出す騒音で耳妨げることなく、オットーみずからの寡黙な事実をして語らしめ、旅するオットーの問わず語りの呟きにひとえに耳傾けるよう努めたい。

ともあれ、この聴聞の旅はその第一歩を踏み出したばかりである。

第三章　〈最初の大旅行〉――聖地を巡る

三―一　ふたたび旅立つ前に

帰国後、オットーはゲッティンゲンで神学の勉学に励むが、一八九五年にはふたたび、アドリア海を南下するかれの旅姿を見かけることになる。この新たな旅へと出で立つ神学青年の心胸の裡を窺い知るには、この二つの旅の間の青年オットーの歩みを尋ねておくことが必要であろう。

この間のオットーの心的彷徨を伝える資料としては、オットー自身の手になるオリジナル（「履歴書」HS 797/582）のほか、門下生や友人の回想（W. Thimme, K. Flemming, Emil So）や、なかばオフィシャルではあるが二次資料の「ゲッティンゲン・ドキュメント」などを指摘しうる。その「ドキュメント」は、この間のオットーの経歴をつぎのように報じている。

一八九一年夏学期から九一・九二年冬学期にかけ、ゲッティンゲンのシュルツ、スメント、クノーケ、チャッカート、ヘーリング、ドゥ・ラガルデ、ヴィーズィンガーのもとで学ぶ。九二年三月二六日、第一次神学試験

"pro venia concionandi"に優の成績で合格し、カンヌのドイツ人教区の副牧師を務めたのち、九三年復活祭までエーリヒスブルクの神学校に通う。一八九五年一月二四日、第二次神学試験"pro ministerio"にも成績、優で合格。

ギリシア旅行から帰国後九一・九二年冬学期まで、オットーはひき続きゲッティンゲンで神学の勉学に勤しむ。ゲッティンゲンではスメント Smend のもとで旧約聖書釈義学を学び、かつて（一八八九年夏学期）その護教論に感銘をうけた組織神学者シュルツ Schultz の講義にもふたたび足を運んでいる。すでにエアランゲンで、聖書に対し比較的自由な立場をとるフランクの影響をうけ、それまでの確固とした正統信仰の聖書原理が足元から揺らぐのを経験していたが、いまやかれは神学作業の新たな基盤を歴史的批判に見出す。正統信仰に対して破壊的としてかつては避けていた歴史的批判が、歴史のなかに信仰の確固たる基盤を与えるものと映るにいたったのである。

しかしこの期あらたにオットーを強く惹きつけたのは、やはりリッチュルの後継者ヘーリング Theodor Häring の講義であろう。それは、『聖なるもの』をかれに捧げているというよく知られた事実からも窺えるが、このリッチュル学派の若い教授に惹かれたのは、そのアカデミックな学術作業以前に、まずかれの人間性、すなわち「かれの判断における慎重さ、立場を異にする人びとに対する敬意、他人がもっているものすべてに対する承認」、つまりは一切の偏狭さから自由な、他の立場、信仰に対するその開かれた心の故である。そしてヘーリングのこの柔らかな開かれた共感の精神《こころ》は、まさしくオットー自身の宗教理解と宗教研究の基調として容易に指摘しうるものでもある。ともあれ神学生オットーの神学理解に対するヘーリングの影響は無視できないが、しかしそれは神学研究の方法論上の影響（リッチュル主義）に収斂されるべきものというよりは、より基本的に、ヘーリングの学問の基調を彩るその開かれた精神がオットーの感性の基調に響き合うものであり、それゆえ両者の人間性と世界理解の姿勢に通底する共鳴板であった、と読むのがより事実に近いように思われる。

このことは、オットー宗教学の生地の塑像を読み解くうえでも重要である。

たしかに大学生活の神学学習の到達点の特徴としては、かれ自身のその後の神学展開の方向からみても、やはりリッチュル学派への接近を指摘することができよう。しかしそれは、特定学派の排他的な受容や、それとの緊密な方法論的協調をストレートに意味するものではない。むしろゲッティンゲンでの神学学習の重要な成果として注目すべきは、かれの宗教的出自を色濃く彩っていた福音ルター派の宗派的束縛からの脱皮の姿勢であり、その正統信仰からの解放方途の発見である。そしてその方途の確認に歴史批判的研究への接近が寄与したのは事実であるが、この見出された神学作業の新たな基盤は、オットー自身の感性の特異な傾向と深く結びついているように思われる。

そのひとつとして、絵画、音楽、さらには建築といった芸術的表現世界への強い関心を指摘することができ、その基調に芸術的感性への生来の特異な傾斜の素性を読みとることができる[10]。そしてそれはまたかれの神学研究に独自な彩りを添えることになるとともに、神学理論の論理的整合性を追い求める神学者や、自己の信仰確認に腐心する偏狭な信仰者の道を歩み通すことなく、むしろ儀礼や宗教芸術といった宗教現象の感性的諸表現形態の輝きに心ときめかす宗教学者の相貌を深く刻みこみ、異教世界との生きた出会いに誘われ異境へと旅立つ「旅するオットー」を生み出すことになった誘因とも無縁ではない。しかしその誘因の恣意的な詮索は、いまは慎もう。

いずれにしろ、ゲッティンゲンでの神学学習が実を結び、一八九二年三月第一次神学試験に合格し、オットーは望みどおり教会に仕える道を歩みだす。すなわち、その後しばらく徴兵に服し、南仏カンヌの在外ドイツ人福音教会の副牧師を務めたのち、九三年の復活祭までエーリヒスブルクの神学校に通っている。その結果九五年一月には、目指してきた第二次試験にも合格している。ただし試験準備のために通ったこの神学校《ゼミ》での日々は、このゼミに参加し

「ほとんど毎日会っていた」友人ゾンネマン Emil So(nnemann) の簡単な回想からかすかに窺えるのみである。すなわち、この友人に、オットーは「そのすぐ後に実行した」旅行計画のことを生き生きと語っている (HS 797/579. S. 4f.)。この回想が告げているように、神学試験に合格したその春、オットーはこの計画を実行し、ふたたび南へ旅立つ。

三―二 〈最初の大旅行〉「エジプト、エルサレム、アトス山への旅」――資料解題

一八九五年春、オットーは二人の友人と旅に出る。

生涯にわたって繰りかえされた旅のなかでも、とりわけ〈本格的な旅〉と呼ばれるものとして三つの大旅行を指摘しうるが、その〈最初の大旅行〉とされるのが、この九五年春の「エジプト、エルサレム、アトス山への旅」である。この旅でも、オットーは例によって旅先から数多くの旅便りを書き送り、詳細な旅日記を綴り、また旅先で手にした諸々の資料を収集し、目にした多様な景観や場景を多くのスケッチ、写真にも収め、それらを纏めて一冊の旅便りとして遺し、のちにはそれらに手を加え詳細な旅便りを雑誌に掲載してもいる。

まずオットー自身の手になるものとしては、一冊の詳細な書簡集 ①(HS 797/580) と、帰国後求めに応じて雑誌に掲載した長い旅便りのタイプ原稿 ②(OA 352)、ならびにエルサレムで迎えた聖金曜日の祝祭に触発されて綴ったタイプ刷りのメモ ③(OA 353 : KARFREITAG IN GROSS-LAFFERDE. von R. Otto) の都合三つの記録が遺されている。

また旅を共にした友人カール・ティンメの弟ウイルヘルムをはじめとする幾つかの回想 (W. Thimme, K. Flemming, Emil So) も、僅かではあるがこの旅に触れている。またこの旅にかんしては、その事実の紹介や、オットー宗教学の生成に占めるその意義をめぐる解釈の試みも幾つか指摘することができる (Vgl. Boeke, Schinzer, Boozer, Almond,

Kraatz (C-4))。ただしこれらはいずれも、この旅の主題的な読解の試みではない。
　このうち旅の委細を告げるオットー自身のオリジナルの基本となるのは、①HS 797/580と、②OA 352の二つの記録である。それゆえこの旅の事実を告げる正確なデータを明らかにするために、まずこれらの書誌を確認しておこう。

①HS 797/580 : Briefe von der Reise nach Cairo Jerusalem und dem Athos um Ostern 1895. Zusammen mit Thimme und Hollmann. / Rudolf Otto, Cand. min. [Reisebriefe, R. Otto, Adr. : Verschiedene, Dat. : 1. 3 - Mai 1895.]

これは旅先の数多くのスナップ写真やスケッチ、収集した資料をも収めた一冊の詳細な書簡集であり、種々の宛先に送り届けられた旅便りである。最初の日付は一八九五年三月一日（母宛のハガキ：Leipzig, 1. 3. 1895. Liebe Mutter !）、最後は五月一六日（日記：Donnerstag. 16. Mai）となっている。ただしオットーがこの一冊のノートに纏めたのは、正確には旅の翌年である。

　冊子の内容の中心をなすのは、ほとんどがペン書きの書簡と日記であるが、そのほかに約一〇片《ひら》の押花や押葉、四〇葉をこえる写真、幾つもの名刺、紹介状や許可証、証明書、地図、さらにはスケッチなども含まれており、その分量は一六二枚のＢ５判用紙で一五九項（ボーゲン形式で、二頁に一つのナンバー）におよぶ。なお表紙裏と最初の頁に記された献辞（Meine Mutter !）が告げているように、オットーはこの美装の冊子を母に捧げている。

②OA 352 : Briefe von einer Reise nach Ägypten, Jerusalem und dem Berg Athos um Ostern 1895. von Rudolf Otto.（Typoskr. 1 Vorblatt, S. 1-85. dazu S. 62a.）

この一冊のノートは、週刊誌 *Der Hannoversche Sonntagsbote. Evangelisch-lutherisches Volksblatt für Stadt und Land.* 1.

Jg. Hannover 1897 に連載（Nr. 5, 2-3 ; Nr. 6, 2-3 ; Nr. 8, 3-4 ; Nr. 9, 3-4 ; Nr. 10, 2-4 ; Nr. 11, 3-5 ; Nr. 14, 3-4 ; Nr. 15, 3-4 ; Nr. 16, 2-4 ; Nr. 22, 4-5 ; Nr. 23, 4-5 ; Nr. 29, 3-4 ; Nr. 31, 4-6 ; Nr. 32, 4-6 ; Nr. 35, 3-6 ; Nr. 36. 3-4）された旅便りのタイプ原稿（Ａ４判、二九行、実質八六頁）である。[11]

このタイプノートは、原稿作成に際しカーボン紙を使用してコピー用に作成し手元に遺したものと推測されるが、数多くの（ときには一頁に二桁にもおよぶ）タイプミス（たとえば死海 das Tote Meer が紅海 das Rote Meer に。これは隣り合ったキーのタイプミスであろう）や、随所に見られるペン書きの訂正に加え、誤記、加筆箇所なども少なからず散見される。

なお巻頭に添えられた依頼者の牧師宛に記した「前書き」（Lieber Herr Pastor !）には、本来私的なメモであるこの旅便りを公表するにいたった経緯や、これに託した想いが記されている。

牧師様、復活祭のオリエント旅行の手紙を「日曜便」に載せたいとお望みなのでしょうか？　もちろん結構ですよ。なにか特別大したものを提供できればいいのですが。この種の旅便りは、慌ただしく記され、はっきりしているのはほんの一瞬だけの、本当にいい加減な束の間の代物です。たしかに私は友人たちがこれらの手紙を私のために取って置いてくれたことに感謝しています。私にはそれらはとても大切です。というのは、それらを書いた時の印象や気持ちや状況がその手紙に結びついて遺っており、再読すればふたたび蘇ってくるからです。でもそれは他の人たちにも可能でしょうか。

では、ご覧に入れましょう！　オリーブ山頂で、ヨルダン河畔で、ガリラヤ湖畔で、はたまたそこへの道中どんな気持ちだったかが分かれば、いくらか愉しいかも知れません。私たちがウィーンから旅立った様子から始めましょう。私たちはトリエステに行こうとしていました。ところが予期せぬことが起こったのです。

ルードルフ・オットー

この二つの資料のうち、具体的な解読にあたっては基礎資料として基本的に②OA 352を選ぶ。それは資料②が①HS 797/580をベースにしつつも、公刊用に整理するに際し加筆・削除を含めて大幅な修正をほどこしたものであり、その取捨選択を含めた修訂作業のなかに、旅のさ中には見えなかった固有の視点が込められてもいるからである。

しかし旅の只中で記された資料①には、資料②ではカットされた書簡をはじめ、多くの写真やスケッチ、パンフ、あるいは押花などに見られるように、道中独特の臨場感を生き生きと告げる生の素材が収められている。したがって、それらをカットした整理された資料②からは窺いにくい、道中揺れ動くオットー独特の感性を嗅ぎとるには、資料①との照合が求められる。かくして、まず資料②に依拠して事実内容の客観的把握を試みるとともに、それを資料①と照合することによって細部の個別事実を補完確認する方法を採る。

三―三　旅立ち

一八九五年春、復活祭に、オットーは二人の友人と旅に出る。一人は学生時代の友人ホルマン Hollmann、あと一人は古くからの旅仲間カール・ティンメである。そのカールの弟ウイルヘルムが語っている。

オットーにいっそう興味を覚えるようになったのは、かれが一八九五年春、ふたたび兄と一緒にエジプト、パレスチナを経てアトス山に到るかなり大きな旅をした時だった。兄はこの旅のことを魅力的に語る術《すべ》を心得ていた。オットーはこの旅の資金をローンで立替えていた。兄は快活で冒険好きで、現代ギリシア語に堪能だったので、旅の道連れとしてオットーに歓迎されたのだ。（W. Thimme, HS 797/577. S. 1f.）

この回想から察するに、前回のギリシア旅行（一八九一年）にひき続き、ふたたびカール・ティンメを旅の道連れに選んだのは、カールの「快活で冒険好き」という旅において重宝なその気性の故ではあるが、同時にその優れた語学力が旅の遂行に貴重な助っ人として期待されていたからでもある。カールの語学が旅にいかに有効であるかは、その堪能な現代ギリシア語にかんしてはすでに前回の旅で実証済みである。しかし今回は、それに加えてさらに別の言語の才が期待されていた。今回はとくに「アラビア語の面倒を見てもらう」ためであった（二―一参照）。

そしてこのことは図らずも、オットーが学生時代に携わったアラム語とアラビア語の力量がこの旅仲間の助けを必要とするレベルのものであったことを匂わせるとともに、この旅のねらいのひとつが、その不十分な「アラム語とアラビア語の言語研究」のためでもあったことを告げてもいる。(12)

では、オットーの旅便りを道案内に、復活祭のオリエント旅行に旅立つことにしよう。旅便りは、「前書き」の予告どおり、ウィーンからの旅立ち（リュブリャナ、三月五日付）から始まっている。

トリエステまで列車で二時間の、リュブリャナ　一八九五年三月五日

ほんとうに何と苛立たしい事故だこと！　あなたは生まれて此の方一度でもリュブリャナのことを何か聞いたことがありますか？　僕も聞いたことがない。ところでいま僕はそのリュブリャナで、騒々しいスロベニア人た

ちに混じって、とても深い雪に閉じ込められていてこれ以上進めないでいるのだ！　行く手に立ちはだかる忌々しいカルスト山地が雪に埋もれていて、トリエステ行きの列車が通過できないのだ。だからおそらくはものすごく迂回して、クラーニ経由でポンテバに上がり、それからヴェネツィアに下って、そこから船でトリエステに行かざるをえないのだ！　おまけにトリエステはすぐに行けるほどとても近いのだ！

（OA 352. S. 1: Laibach, 5. 3. 1895.）

前回のギリシア旅行では、すでに旅立つ前から理想郷ヘラスへの瑞々しい憧憬が告げられていて、その一途な想いはすでに旅日記の冒頭から饒舌に語られていた。それに比べ、ここには、多感な青年の旅日記の巻頭を飾るにふさわしい異境への夢見る憧憬の高揚した吐露は見られない。この旅の前回とは違った趣がここからも予感される。しかし実際のところは、それは単純に、旅のはじまりから予期せぬトラブルに見舞われたからでもあろう。

しかしオットーは、この余儀なくされたルート変更に不満を述べながらもすぐにそれも受容し、車窓の雪景色や車中の人間模様などの見聞を愉しみ、さらにはトリエステへの陸路を断たれたお蔭で寄り道することになったヴェネツィアの「メルヒェンの世界」に酔い痴れている。

そしてその記述には、前回の旅同様、饒舌な状景描写の傾向がすでに顔を出してもいる。すなわち、まず異国の自然景観に見入り、その美を率直に賞美し、出会った人びとの人間模様を暖かい眼差しで見つめ、かつその場景をユーモラスな、軽妙な筆致で詳細に綴ることを始めている。また異国の魅惑的な風光への過剰な美的陶酔も前回の旅と変わらない。

たとえばヴェネツィアでは、「サン・マルコ大聖堂の屋根上から、大理石の柱廊越しに、小広場《ピアゼッタ》を越えて穏やかな海にいたる光景」を愉しみ、鉄路の長旅の疲れをカナル・グランデのゴンドラに揺られて癒し、夜のヴェネツィアの神秘的な「メルヒェンの世界」への美的陶酔にさっそく身を委ねている。

ヴェネツィア　三月六日

ああ、とても素晴らしかった！　もう夜の一二時半だ。でも僕は君にまだこの素敵なメルヒェンの世界から挨拶を送らないといけないんだ！

一一時すぎ、僕らは鉄路で到着した。そこで長旅で疲労困憊した僕らを受け入れてくれたのは、休養して元気をとり戻すには打って付けのゆったりしたゴンドラの肘掛け椅子だった。そしてこの魅惑的な大小の水路を通り抜けたのだ。半月がすべてを穏やかな柔らかな光で包み、その光のなかを、魔法の城のような神秘的な古い宮殿が僕らの傍らを通り過ぎてゆく。とても静かに滑らかにゴンドラは進む。漕手の規則正しい拍子だけが、あるいは角を曲がる時の注意を促す一声が、時おりは同じように静かに傍らを滑るように進む他のゴンドラのざわめきが、先日来のトラブルの後の五感全体をかぎりなく心地よく包みこんでいた夜の静寂《しじま》を破る。それはまるで夢のようで、この夢を誰もあえて言葉で遮ろうとはしない。……

――ついに僕らは入り組んだ大小の水路から抜け出した。突然僕らの周りにファンタスティックな世界が開けた。教会、円屋根、尖塔、無数の明かりを備えた岸が広くぐるりと開け、その光が波の上に揺れている。――サン・マルコ大聖堂の屋根から、こんにちは。僕はこの屋根の上で、なかばかじかんだ指でこのハガキを書いている。ここにも雪が積もっているが、強い陽射しで溶け円柱と繰り形から溢れてザアザアと流れている。……――つい今しがた、ゴンドラが僕らをトリエステ汽船の船縁に運んできたばかりだ。僕はまったく別の陸《おか》へとさらに旅立つ前に、もう一度このメルヒェンの世界を素早く一瞥するために、その前にまだカナル・グランデのもう一部を漕ぎ上ってもらいたいとの想いを諦めきれなかった。流しのミュージシャンのバンドが大声で歌っていた。僕らはじっと停まってしばし耳傾けた。僕らの向かいには、薄明かりにサンタ・マリア・デッラ・サルーテ聖堂がまるで絵のように美しく水面から聳え立っていた。その見事なドーム、幾重もの張り出し、波間に姿を消している広い大理石の階段が月明かりに輝いていた。オリオン座が煌めく宝石のように、丸屋根の優美な美しい明かりとり塔の形に合わせて、その周りにぴったり寄り添っていた。

——上の方でものすごい騒音が起こる！　錨が上がる。僕らは船出し、ヴェネツィアの明かりが消え始める。

(OA 352. S. 3f.)

深夜一二時頃、このアドリア海の女王に別れを告げ、当初海路の起点と予定していたトリエステから、タリア号はいよいよアフリカ大陸めざして長い海路を辿る。まずアドリア海を南下し、南への渡航基地ブリンディジに寄港。そこから一路イオニア海を南下する。目指すはアレクサンドリア。そこからカイロに向かうのだ。

そのタリア号船上で、航海模様を詳細に記した長い書簡をオットーは幾たびも認《したた》めている。ここでもかれは、流れゆく自然景観への饒舌な美的描写を愉しみ、船内で出会った船旅一行の人間模様を、押さえがたい好奇心をその筆遣いに率直に滲ませて具《つぶさ》に報告している。そのブリンディジへと向かうアドリア海上での、はたまたアレクサンドリアめざして南下するイオニア海上でのオットーの人間観察ぶりを窺ってみよう。

たとえば「ブリンディジまで」のタリア号船上報告（三月八日、姉宛）では、船旅仲間の顔触れを辛辣な皮肉もこめてユーモラスに紹介している。まずは、「イタリア語しか分からないダルマティアの住民で、食事中はナイフを使い両肘で頬づえをつく老練な生粋の船乗り」の船長。そして、食事時にこの船長の隣に座る「カイロ見物の予定で、ついでにエルサレムにも〈立ち寄る〉ことを望んでいる」下手な英語を喋りたがるベルリン出身のご婦人二人。さらに、「長い黒衣に身を包み、黒い縁なし帽を被り、なびく白髭を蓄えた気品ある老神父さん」。かれはヴェネツィア近郊のラザロ修道院出身の、アルメニアのベネディクト会修道士である。神学青年オットーは、かれと「イタリア語、ギリシア語、フランス語のちゃんぽんで、神学問題をめぐって素晴らしい歓談のひと時」を愉しんでいる。そして結果的には、「ここのほんの二、三人のなかでも、どんなに多くの違いがあることか！　誰でも他の人とは思想、利害、個性などすべてにわたって違っている」と文化の多様性の素朴な発見を実感をこめて呟き、この日の船便りを、「明日ブリンディジでまた何が起こるか、ひどく愉しみだ！　じゃあ、今日はこれで、さようなら！」と締め括っている。

ブリンディジから乗り込んできた船客たちも、オットーの人間観察の新たな餌食にされている。しかし船上でオットーがもっとも愉しんだのは、修道僧や聖職者たちとの神学談議であり、心打たれたのは信仰の痛みを秘めもつ信仰者の心胸の裡であるように思われる。

たとえば三月一〇日付の便りでは、ブリンディジから乗り込んできた「たいていは奥さんと子ども連れのアメリカ人聖職者たち」には揶揄的な筆致で軽く触れるにとどめ、一方、語り合った老修道僧については、僧衣に包まれたその心胸の痛みに想いを馳せ、共感の想いを滲ませ記している。

ブリンディジ南方　三月一〇日　日曜日

前甲板で、一頭の雄牛とポーランド系ユダヤ人の間に、白い髭と利口そうな瞳の着古した長い黒僧衣を纏った誠実な老人を見つけた。かれはオーストリア出身の聖母マリアの僕《しもべ》会の〈退職〉修道僧で、エルサレムへの巡礼に出かけているところだ。かれと話すにつれて、かれが、きっと若い頃真剣に課題を学んだが、あまりにも考えすぎて頭がおかしくなってしまった類いの神学者だということがわかった。かれはありとあらゆることについて自分自身の意見をもったがために、カトリック教説に対立する重大な〈異端〉信仰に陥ったのだ。

聖職者の身分はキリストによって任命されたのではない。教皇の無誤謬性は神への冒瀆だ。そもそもルターという男はまったく勇敢な人だった。理性は至高の師で教皇をも凌ぐもので、人間における神の声であり、「人は人間よりも神に従うべきだ！」ますますかれの心裡がはっきり現れてくる。ラテン語聖書、ローマ教理問答、哲学からの引用がつぎつぎと口を衝いて出てくる合間には、さらにかれ独自の深遠な思弁の様々の言い回しが。

――斯くの如く、それはいつまでも続いた。（OA 352. S. 8.）

翌日、この老修道僧の寝そべって修道士の職務日課書を一心不乱に読み耽る姿を見かけ近づいてゆくと、かれはさっそく語り始め、かくしてかれらの神学談議はこの日も続いた。

かれの話はふたたび昨日の方向に進んでいった。「私は教皇を敬い、かれの肖像画を持っています」。――かれは祈禱書のなかに教皇レオとダビデ王の二枚の肖像画を挿んでいた。――「でも人間が無誤謬であろうと望むのは罪であり不正です。ダビデ王はそうではなかったのです。かれも罪を犯していたのですが、でも悔い改めたのです。かれはエジプトのアブラハム（おそらく創世記、第一二章一〇―二〇節のアブラハムの方便の嘘を、かれは念頭においていたのだろう）や、ヤコブや、旧約聖書の多くの信心深い人たちと同じように罪を犯した。神が人間の罪と恥辱にもかかわらず、それによってご意志と御計らいを遂行なさったということは素晴らしい秘蹟です。悟性はその根本を究めることはできない。われらが心はそれをただ甘受しうるのみ」。ここでかれは一瞬口を閉ざし、それからかれの言葉と考えは混乱した。僕はかれをひとりにしてやった。可哀想な老人よ！　どんな葛藤と不安が、この男の判断力を狂わせたのか！　――

(OA 352. S. 11f.: An Bord der Thalia. / Liebe Mutter !)

三―四　カイロ――コプトとの出会い

エジプトのカイロ　一八九五年三月一二日　火曜日

――昼頃、エジプトの陸地が素晴らしいライトブルーの海をすぱっと切り裂く明るい一条の帯となって姿を現した。

要塞やまるい珍奇な風車や灯台が、浜辺の椰子の木が、そして最後に巨大な腕のように港の周りをとり囲む長い堤防がしだいに見えてきた。大きな三角帆を備えた素早い小綺麗なボートが僕らの船の前を突き進んで行き、まるで浮世離れした眺めだ。船は投錨した。そして船がゆっくりと陸沿《おか》いに向きを変えている間、眼差しは埠頭沿いの色とりどりの光景に注がれ吸い寄せられていた。(OA 352. S. 13.)

三月一二日昼頃アレクサンドリア港に投錨したタリア号の船客は、無事アフリカ大陸に足を踏み入れることができた。そしてそこから鉄路二五〇キロばかり彼方のカイロを目指す。「すべてが目まぐるしく移り変わる。ついには陽が真っ赤に沈み、足早に暮れゆく暗がりが周りを覆い、巨大な月が上り星が見事に輝く」(S. 14)　夜の闇をぬってカイロに到着した時は、すでに深夜だった。

カイロ訪問は、エルサレム、アトスとともに、この旅の主たる目的のひとつであった。ここカイロに一三日から一〇日間滞在し、灼熱のもと雑踏のなかを連日隈なくかけ巡る。そして何度かは砂漠を越え遠くの遺跡へも足を運んでいる。それもたいていはロバの背に揺られて。「そもそもここでは毎日二、三度はロバの背に座らざるをえないのだ。というのも、この灼熱のもとでは、徒歩ではここの路地の雑踏のなかを動けなくなるからだ」。

カイロの宿は、異郷にあって「賑やかなドイツ語に包まれた」快適なドイツ人ゲストハウスであった。しかし、そこを拠点に日ごと繰り出したカイロの街とその近郊での見聞は、この宿のアットホームな快適さとは対照的に、心の平衡を激しく揺さぶる、初見の異界との衝撃的な出会いの経験に包まれている。

このカイロでオットーを待ち受けていたのは、たしかにかれの予想と期待を遥かに超えるものであった。それも到着してほど遠からぬうちに、その衝撃がかれの心を包むことになる。

カイロでまず強く心惹かれたのは、三月一四日のコプトとの出会いである。まずコプトとの心打たれる出会いを告げる二つの報告を、詳細をいとわず確認することに努めよう。そのひとつは、コプト教会で典礼を目にした時の感動の記録である。

カイロ　一八九五年三月一四日　（[カッコ]（HS 797/580）は、《OA 352》に対応する記述）

——狭いごちゃごちゃした路地をさ迷って、僕らは窓のない長い壁に空いた丈の低い円形の門扉に辿り着いた。それはかなり長くのびた狭い暗い通路に通じており、突然明るい陽の射す広い中庭へと開かれている。赤いフェズを被り、ひらひらした衣服を身に纏った褐色の男の子たちがたくさん、ここ教会の柱廊広間の前で戯れ、賑やかに燥《はしゃ》いでいる。

それは「コプト教徒」の主座教会である。コプト教徒は古代エジプト人の子孫で、移住してきたアラブ人のもとにごく少数が踏みとどまり、かれらのキリスト教を、勢力は衰微したものの、イスラームに対抗して忠実に守ったのだ。

教会の右手には総主教の住まいがあり、左手にはかなり大きな国民学校があって、生徒たちはちょうど一五分間の休み時間中だ。この大きな主座教会はいささか変わったモダンな建物である。でもそれにもたれ掛かるように建っているもうひとつ別の小さな教会は、珍しい形のひどく古いものだ。

今しも日々の公祈禱が始まろうとしている。僕らは中に入る。僅かの狭い窓越しや開け放たれた戸口から、一条の光が薄暗い堂内に射し込んでいる。十字架と輝く真珠層でできた装飾とで飾られた、古くなり日焼けした障壁の背後には、天蓋のもとに幅広い祭壇があり、その上には燭台二灯と祈禱の際に聖餐杯が置かれるひとつの聖櫃のほかには何もない。壁際の床全体に敷き詰められた絨毯のうえに、暗闇にも消えず色鮮やかなガウンに身を包み褐色もしくは黒のターバンを被った年寄り、若い衆、少年たちがすでに蹲《うずくま》っている。側面の聖堂の脇戸際には、長い絹のマントにすっぽり身を包み顔を隠した、はっきり上流階級の者とわかる女性がひとり、他の者と同じように床に胡座《あぐら》を組んでしゃがみ込んでいる。

物乞いが撞木杖《しゅもくづえ》に縋って、座っている人たちの間をひとりずつ回って少しずつ進んでゆく。祭壇と聖書朗読台のところでは、見事な濃い紫色の繻子《しゅす》の衣服を纏った老司祭が聖餐の準備万端を整えようととり仕切っており、かれの頭のターバンからは長い黒いショールが肩と背中に振り掛かっている。真っ黒のおまけに大変美しい僧衣を身に纏って、礼拝で何も役目のない他の聖職者たちは、心待ちげに壁に寄り掛かっている。その時すらりと垂れた白衣を全身に纏った首座司祭が聖堂から出てきた。かれの周りを三、四人の子供たちがとり囲んでいる。そして、《礼拝《ミサ》が始まった。詩篇詠唱と祈禱のあと、コプト語とアラビア語の聖書朗読といった一連の多彩なきらびやかな儀式《セレモニー》がつづき、最後に聖餐式が執り行われた。聖体拝領《コムニオン》の前に、司祭も会衆も手を握りあい互いにお辞儀して接吻を交わす原始教会の平和の接吻で挨拶を交わす。礼拝の終わりには、司祭の手に接吻し、祝福を受けるために会衆が皆聖堂の正面入口に急ぐ。

僕にはすべてが類いなく感動的であった。こうした祈禱、仕来たり、これら聖餐式の全様式はキリスト教の最古の時代にまで遡るものである。それはまるで原始教会そのものの生きた営みの一幕が目の前に再現されたかの如くであった。》（S. 15f.）

［礼拝が始まった。多彩なきらびやかな儀式、集い、動き、行き来する人びとの美しい姿、衣装と素晴らしい色彩の交錯。そしてこれら聖堂内の蠟燭だけの、あるいは戸枠の光と闇の交錯した、あるいは燦々たる陽光の輝きの、といった刻々と移り変わる光の様。それらはいずれも並はずれて自然で飾り気がなく、いささかも洗練されてはいないが、それでいて生来の素晴らしい気品ある感情に根ざしていて、正真正銘の威厳に満ち、完璧に美しい！　これら儀式の一部はなんと自然で美しいことか！

司祭たち同士の、聖別式の直前には全信徒同士の平和の接吻が繰りかえし行われる。かれらは互いに右の肩越しにお辞儀しあって両手を握りあう。掲げ香炉をもった司祭が会衆全員の間を隈なく一巡し、一人ひとりの額に触れてまわる。奉献（パンと葡萄酒の奉納）の後、パンのひとつが聖体拝領用に選び出され、ひとりの輔祭の手で全会衆に配られる。ありがたいことに僕も聖体のパンの施しに与った。最後に会衆全員が聖堂入口に押しかける。そこに司祭が立ち、両手で一人ひとりの頭を撫でてお辞儀し、一人ひとりに最後の祝福の挨拶を施す。」

（HS 797/580. S. 41b.）

「僕にはすべてが類いなく感動的であった」。

オットーがこのコプト典礼にどれほど深く心打たれたか、それは容易に理解しうる。しかしそれは、キリスト教の原初の姿をとどめたその歴史的価値の故ではない。また洗練されたきらびやかな調琢美に対してでもない。この「まるで原始教会そのものの生きた営み」に心打たれたのは、いまだ洗練されておらず、様式美の過剰な調琢や粉飾の洗礼を受けていないが故に生々しく発動している、その儀礼の並はずれて自然で飾り気のない、生来の素晴らしい気品の故である。そしてそれは、旅するオットーが繰りかえし告げる祭儀の美学でもある。

その典礼に激しく心打たれた「いささか変わったモダンな建物」の主座教会は、状況から推して聖セルギウス教会（マル・ギルギス）と推量されるが、ここではその具体的名称は、「それにもたれ掛かるように建っているもうひとつ別のひどく古い小さな教会」の名称同様、告げられていない。

この礼拝のあと、さらにもうひとつ「まったく予期しなかった思いがけない」嬉しい事態がオットーたちを待ち受けていた。すなわち、「日曜日には総主教がみずから礼拝を執り行うのかという質問に対して、その親切な教師は答えて曰く。〈かれに訊ねよう。僕と一緒にいらっしゃい〉と」。司教館を訪ね、総主教に拝謁できるよう、先の国民学校の教師が配慮してくれたのである。かくしてオットーたちは総主教に迎えられ、コプト教会について面談することになった。

オットーがこの謁見のひと時をどれほど大きな期待と緊張につつまれて迎えたかは、控室で総主教の登場をまつ緊張した様子や、それにつづく以下の謁見記録からも容易に窺い知ることができる。

僕の付添人が身を屈め右手を胸に当てて隣室に赴いたが、すぐ引き返してきて、総主教みずからがすぐ御出座《おでま》しになるだろう、と告げた。僕らは起立して待った。するとふたたび戸が開き、ゆっくりと重々しい足どりで「猊下《げいか》」が入ってこられた。聡明な瞳の、黒い髪と肌で縁どられたやさしい温和な褐色の顔。白い帽子の周りに黒いターバンが巻きつけられていて、襞《ひだ》のある僧衣も黒い。かれは手を差し出し自分の右手に座るよう告げた。教師は背を屈めてかれの前に立ったまま通訳していた。ふたたび召使が現れ、ごく小さなカップにいつもの黒褐色のコーヒーを淹れた。「猊下に私共の心からの挨拶をお伝え下さい」と僕は通訳に頼んだ。その返答は、「猊下があなた方の幸せを願っている」とのことであった。僕らはコプト教会について話し合いはじめた。

僕はコプト教会の古い歴史を讃え、コプト教会と他の教会の間に大きな違いと対立がないかどうか訊ねた。「違いはごく僅かです」とかれは威厳をもって答えた。「そして、かつての鋭い対立ももうありません。昔はあらゆる面で些細なことでいちいち言い争って、キリストの福音の核心である相互愛を忘れていました。しかし今では福音そのものをより正しく追い求め、遵守し始めています」。

このように、まだしばらく話のやりとりや、旅行の目的と期間、故国と職業についての質問が続いた。それから父親のような心遣いのこもった接見が終わり、僕は親切な案内人に感謝をこめて別れを告げ、帰途についた。

(OA 352. S. 17: Cairo, 14. März.)

この謁見報告には、総主教とコプトへの敬意が率直に滲みでている。そしてコプトに注がれたこの敬意は、言うまでもなく、それに先立つかの主座教会での典礼の感動によって呼び起こされたものでもあった。

ともあれ、コプト教会の典礼の生き生きした参与報告から、コプトの典礼に、その儀礼の美学にオットーがどれほど深い感銘を受けたか容易に読みとれる。

ここには、西欧近代のキリスト教とは異質な異端コプトのセレモニーを批判的に観察するルター主義者の姿は見当たらない。ましてや、異端を見下す西方キリスト者の藪睨みのオリエンタリズムも見られない。むしろ、家郷の宗教にはもはや望めない、そこでは失われてしまった、その「並はずれて自然で飾り気がなく、いささかも洗練されてはいないが、それでいて生来の素晴らしい気品ある感情」なるものに強く心打たれ、かつそうした本来の儀礼の喪失を、福音派教会の祭儀の瑕疵として自覚するにいたってもいる。そして、この自覚を招きよせたまったく異形のキリスト教に対する開かれた関心の扉は、さらに異教世界全体へと開かれた精神を育み、宗教学者への変容の予兆をすでに告げ始めているようにさえ思われる。

それはたしかに、西欧の近代神学を身に纏った福音神学の若き研鑽者の心を激しく揺さぶるものであった。しかし、それはたんになれ親しんだ身内のキリスト教とは別の姿にはじめて触れて、初見の異種のキリスト教に興味を覚えたということに尽きるものではない。たんに見慣れぬ異界とのはじめての興味深い出会いがもたらす知的関心を告げるものではない。むしろ、それとの出会いをとおして、みずからが帰属するキリスト教ではもはや見失われた貴重なものを発見するという自己検証と自己覚醒の経験であり、したがってそれはより深く、世界理解の変容を迫る異界との感動的な出会いの経験を秘め語ってもいる。

家郷のキリスト教とは異なる宗教世界への、それもその理念の表象世界ではなく、もっぱら儀礼なり信者の瞠目すべき振舞いといった宗教の具象的な表現形態へのこの知覚的な驚きと共鳴を、コプトとの出会い以降も、かれはこの旅のなかで繰りかえし告げてくる。

宗教のこの祭儀の美学の覚醒、感銘にも心しておこう。それは、ここで神学生オットーは、信仰理念の論理的深みや宗教的行為の倫理的峻厳ではなく、むしろそうしたドグマティークへの傾斜によって見失われた当の儀礼的なるもののシンボリズムの深みに激しく心動かされ、かつこの儀礼が告げている宗教の知覚的表象の世界を宗教の基本的な要素としてあらたに発見しているようにも思われるからである。

いずれにしても、このコプト体験はこの旅のもっとも重要な経験のひとつであるが、同時にその経験が告げる宗教の知覚的世界への覚醒は、その後の旅にも共通して見られる特徴で、ここからオットー宗教学のモティーフや方法の原像、宗教理念の裸像をも垣間見ることができるようにさえ思われる。

三—五　カイロ——イスラームとの出会い

コプト体験とならんでもうひとつ、カイロ滞在中の重要な経験として、イスラームとの出会いを指摘することができる。三月一七日、オットーは街頭でズィクルを参観し、「喚き叫ぶデルヴィーシュ」を目の当たりにし肝を冷やす。

カイロ　一八九五年三月一八日　（[カッコ]（HS 797/580）は、《OA》に対応する記述）

昨晩、《僕らは「喚き叫ぶデルヴィーシュ」を見た。ぞっとするようなひどい連中！　このおよそ聖者のなかでも変人の最たる輩《やから》は、木曜日の夜毎、カイロの、周りにベンチを据えた戸外の公開の低い舞台で、見物人のために「ズィクル」と呼ばれる「祈禱」を捧げる。とんでもない祈禱だ、これは！

かれらは、シャイフ、あるいは僕らの言い方では僧院長である、かれらの指導者を輪になってとり囲んでいる。

そしてコーランの長い章句の一節を鼻声で朗唱したのち、突然全員でムハンマドの信仰告白の半節、「ラー・イッラーハ・イッラッラー・エルアクバル《ママ》（アッラーフ・アクバル）！」（アッラーのほかに神なし。アッラーは偉大なり）を絶え間なく繰りかえす連禱をごくゆっくりしたテンポで始めた。その際かれらは拍子をとって、ヒューヒュー鳴るフルートの音に拍子を合わせて、頭をたえず一方から他方へ振り回す。次第にフルートが早くなり、二、三の者がティンパニーとタンバリンをもち、拍子はますます荒々しくなり、頭がますます早く振り動き、やがて言葉は長くのびた掠れた唸り声になる。突然かれらは静かになったが、でもそうなるとうまく続かない。そこで今度はかれらは立ち上り、ものすごい勢いで立ったりしゃがんだりして上半身全体を揺さぶり始めるということを最初からもう一度始める。

その動きはほとんど一つひとつの動きの見分けがつかぬほどすさまじく早くなり、音楽はますます荒々しくなり、言葉は完全にいり乱れ、ついには喉をゴロゴロ鳴らした"hu, hu"（すなわちEr, Er つまり神《カミ》）という籠もった声だけが響き、とどのつまり疲労困憊してこの不気味な「礼拝」は終わる。》

こうした「ズィクル」は、いまこの神聖月にはとても沢山行われる。ほとんどすべてのパシャと、とりわけ高位聖職者は夜ごと自分の家や中庭でズィクルを催す。ただそれらは一般に、「喚き叫ぶデルヴィーシュ」のそれよりはずっと大人しく穏やかなものだ。（OA 352. S. 21f.）

［僕らは「喚き叫ぶデルヴィーシュ」のところにいた。この身の毛がよだつような輩《やから》は、木曜日の夜毎、周りにベンチを据えた一種の舞台で、心付けを出す見物人のために「ズィクル」と呼ばれるかれらの祈禱をやっていた。かれらはシャイフの周りに輪になって立ち、コーランの長い章句の一節を鼻声で朗唱したのち、ムハンマドの信仰告白「ラー・イッラーハ・イッラッラー・エルアクバル！」をゆっくり唱え始めた。

その際かれらは、鼻にかかったフルートの音に拍子を合わせて頭を一方から他方へ振り回す。〈次第にフルートが早くなり、二、三の者がティンパニーとタンバリンをもち、拍子はますます荒々しくなり、頭がますます早く振り動き、やがて言葉は長くのびた掠れた唸り声になる。〉つぎにかれらは立ち上がり、長い黒髪をびゅんびゅん振りながら腰を屈めてものすごい勢いで上半身全体を揺さぶる、という同じことを最初からもう一度始めた。最後にはほとんど一つひとつの動きの見分けがつかぬほどすさまじい早さで飛び上がったり身を伏せたりし、それに合わせて荒々しい音楽が鳴り響き、かすれた声で Hu, Hu（＝er, er つまり神よ！）と叫んだ。それは言い表しがたい異様な劇で、これを前にしてはどんな宗教感情の方法論も不安になろう。」

（HS 797/580. S. 54b.）（〈HS〉内は OA 352と共通の記述）

そして一九日夜にはイスラームの長老《シャイフ》の豪邸に招かれ、その中庭で、この神聖月に夜毎催される「喚き叫ぶデルヴィーシュ」のそれよりはずっと大人しいズィクルを参観したあと、「千夜一夜に描かれているようなホール」で、シャイフ・アル-サダトご本人に拝謁する。

——広い中庭の、節くれだった一本の巨木の枝々から下方に張り巡らした、広いテント用麻布の下のランプとランタンの明かりのもとに、ベンチに腰掛けたり地面にしゃがんだりして沢山の人が集まっていた。皆お祭り用の多彩な衣装とターバンを身に着けている。かれらは冗談口をたたき、笑い、ピスタチオの種や甘い菓子をぽりぽりかじっている。集まりの中央にデルヴィーシュのグループが立ち、フルートとかれらの幾人かが歌っている歌の拍子に合わせて身体をあちこち振り回している。おかしな「宗教」歌だ、これは！　ある時はコーランの一節、ある時は愛の歌、ある時は「あなたは主、見よ、私はあなたの僕《しもべ》」、そしてある時は「私の心は愛に煩っている！　でも我慢が私の医者だ！」と。

——やがてまた召使がやって来て、額と胸に手を当て、どうぞお入り下さい、と言う。かくしてかれの主に「拝謁の栄に浴する」こととなる。……そこは「千夜一夜」に描かれているようなホールである。（中略）

シャイフご本人の登場が告げられる。僕らの緊張は極点に達する。

遠くで力強い咳払い、洟《はな》を啜る音、激しい息遣いが聞こえ、扉が開き黄色い絹のカフタンに身を包んでよたよたした足どりの太った御方がのろのろとやってくる。僕がまだ事の仔細を摑みかねているうちに、友人ホルマンが僕を突《つつ》いて囁く。「この御方はまるで『フリーゲンデ・ブレッター』誌（ドイツの挿絵入り風刺週刊誌、1845-1944）から出てきたばかりみたいだね」。僕はこの厳かな瞬間に噴き出さないようにするため、すんでのところで舌をぐっと飲みこんだ。ほんとうにこの腫れ上がった丸々太った顔、白い袖から突きでた赤らんだぶよぶよの手、頭の周りに輪を巻き付けたようなでっかいターバン、恵まれたたっぷり太った身体だこと！　『フリーゲンデ・ブレッター』誌にでてくる有名な〈パシャ〉とまるでそっくりだ！　荒い息遣いと激しい咳込みを大きな赤いハンカチに包みこんでから、かれは、恭しく身を屈めいとも真剣な面持ちでかれの前に立っている者たちを歓迎した。

謁見が始まる。「シャイフ・アル＝サダトは、敬愛する殿方にお会いして感激している」。「私たちは猊下に拝顔の栄に与れて望外の幸せです」。「どうか、ひとえにシャイフの身もとに栄光と幸運がありますように」等々。両方に深々とお辞儀してから親愛の情をこめて座るように勧め、もう一度赤いハンカチにかなり大きな音を立てて洟をかむ。やっとエジプトの状況という個別問題と、この世の救済という普遍的な問題をめぐってアラビア語とフランス語での長い接見が実現する。僕らがまだ何もわからないことについての話題は二人の付添人にまかせて、三人の召使がかなりの蓋つきグラスに入れて、金で刺繡した重い素晴らしいクロスで覆われたお盆に載せて出してくれた、仄かに香るシャーベットを僕らは黙々と味わう。(OA 352. S. 23ff.: Mittwoch. 20. März 1895.)

コプトとの出会いとは対照的に、イスラームとの最初の出会いは、たしかに肯定的な様相を帯びてはいない。たとえば、かのコプトの総主教と、このイスラームのシャイフとの二人の描写の落差。前者の緊張した敬虔なる筆致と、それとは対照的な、後者の距離をおいた皮肉をこめた観察的な描写。ここにも、コプト典礼描写とデルヴィーシュ描写との落差同様、評価の差が滲みでている。そしてこのカイロの経験に、宗教学者オットーのイスラームに対する否定的評価の遠因を言い当てる発言も見うけられる[13]。

この発言は、オットーのイスラーム理解をめぐる一事実の指摘としては、たしかに必ずしも妥当性を欠くものではない。しかしそこには、オットーであれ、イスラームであれ、あるいはオットーのイスラーム理解であれ、その観察対象についての不用意な評価の値踏みが働いており、さらには解釈者自身の一種の神学的判定の一人歩きが窺える。そしてこの種の神学的判定は、このカイロ経験の意味を、少なくとも「宗教学者」オットーのカイロ経験の本質的な意味を歪曲しかねない。オットーのこのイスラーム経験の意味を読み取るには、まずこうした不用意な神学的裁定の勇み足を慎む必要がある。

ともあれ、このイスラームとの最初の出会いが告げているのは、その表面的な現象から類推しがちな、イスラームに対する否定的な神学的判定ではない。むしろここで注目すべきは、宗教経験の理解における神学的視角、神学的論評そのものの後景化ないし失墜の事態が兆しているという事実である。かれの帰属する宗教とはまったく異質な宗教の生ける現実との出会いによって、これまでの宗教の倫理的裁定や神学的判定のリトマス紙そのものが色褪せ変容し、このまったく異なった心の琴線に触れる「異様な劇」の重みを正確に読み解きうる新たな解釈レンズの必要性に迫られている。そしてそのレンズの必要性から、神学徒オットー自身の変容が迫られてもいる。

この「言い表しがたい異様な劇を前にしては、どんな宗教感情の方法論も不安になろう」との呟きには、こうした想いが込められていたであろう。

この異様な劇を前に立ち竦《すく》むオットーの喫驚した眼には、その方向はいまだ定かでないにしても、伝統的な組織神学者の宗教解釈からの離陸の内的要請に促された、神学者から宗教学者への飛翔の兆しが読みとれる。それと同時に、宗教をその信仰理念の深遠、教理内容の峻厳さから見ることによっては素通りされることになる、現実の宗教の生き生きした知覚的表象に吸い寄せられ、そのミステリーに目覚めた者の好奇に満ちた感性の飛翔が窺える。ともあれ、神学者から宗教学者への変容を招来することになるのは、カイロ経験が惹き起こした信仰の理念内容から儀礼の知覚的表象への視角のシフトチェンジの事態でもあると言えはしまいか。

カイロ滞在中、オットーは街の雑踏を後にし砂漠を越え、遠くの古代遺跡へも何度か足を運んでいる。まず一四日朝には、ロバの背に揺られ遠く離れた「カリフの墓」を訪ね、その「果てしなく荒涼とした丘陵の連なりによってカイロと世間から遮断された」古いモスクのミフラーブ（壁龕《へきがん》）の孤独な静寂のなかで、はたまた螺旋階段を登り辿り着いたそのほっそりした高いミナレットの塔上から、カイロの街や、その背後にどこまでも展がる砂漠を見やって、黙して語らぬ歴史の無常に感傷的な想いを馳せている。また一八日には、ロバで五時間かけて「モーセの泉」へも出かけている。

そして二〇日にはギザを訪ね、クフ王のピラミッドの頂部に立つ。

このギザ最大のピラミッドの頂きに立ったオットーの心胸にこの時去来したのは、砂漠のなかの古代遺跡探訪を繰りかえすなかで聞こえてきた人間的営為の儚さ、歴史の無常への感傷であろう。しかしそれと同時に、旅のなかで繰りかえし響いていた変わらぬ自然の讃歌と、悠久の時の流れへの想いの通奏低音がこの時ひときわ高まり、コスモスの崇高性と神秘への想いとなって新たな変奏曲を奏でるのを耳にすることができる。ここで、その想いに改めて耳傾けておこう。

一八九五年三月二〇日　水曜日

クフ・ピラミッドの頂きの高みから、こんにちは！　大人の身の丈の半分ほどもある何百もの階段を僕らは登ってきた。古人《いにしえびと》がこの大建造物を遥かな昔に仕上げたのだ！　時は、ここでは化石となって凝固し、永遠《とわ》となっている。このピラミッドの麓では、どんな人びとが、いかなる時が流れていったことか！　そしてピラミッドそのものは亡びることなく、その最初の日々のままに立ち尽くしているのだ！

何たる眺望！　左方には、くすんだ黄色い砂漠が果て知れぬ襞《ひだ》をなして、灌木も茎も葉っぱもない裸の数かぎりない丘陵と山脈の連なり越しに、灰色と死の大陸を何処までも何処までも拡げている。そして右方には、波うつ緑の野原、高い並木、活き活きした命と繁茂を宿した光り輝くナイルの渓谷が、ひたすら煌めく川に沿って上下の方向に見渡すかぎり展がっている。（OA 352. S. 25f.）

翌二一日もオットーはカイロの雑踏を離れる。この日は列車と帆船《バーク》、さらにはロバの背と乗り継いで、ナイル西岸の古都メンフィスに向かい、「ファラオの栄光の都」の遺跡を訪ね、ラビュリントス（迷宮）やティイのマスタバ墳などを訪ねる。

一八九五年三月二一日　木曜日

これを、僕が今まさにその上にいるラムセス大王の胸部から、君に心からの挨拶を送る。かれはここの素晴らしい椰子林のなかに眠っていて、かれの見開いた巨大な眼《まなこ》で緑の梢の合間から輝く蒼空を見ている。かれの高い王冠はかれから離れ落ち、地べたのかれの枕元に横たわっている。三千年もの間かれはこのように横たわっている。かれの花崗岩の容貌は変わらず、その胸部にある王の名はどんな雨にも洗い流されてはいない。周りの椰子の風にざわざわ音を立てしなやかに揺れる様は、なんと素晴らしいことか！　ここでは誰しも詩を作りえよう。

(OA 352. S. 26.)

この日、ラムセス二世の巨像を訪ねた際、オットーは「大王の胸部から」友人に心からの挨拶を書き送っている。それはたしかにコミカルな語呂遊びまがいのユーモラスな挨拶で始まっているが、しかし一見若者の稚気で包んだその挨拶に込められているのは、やはり歴史と自然への想い、あるいは無常な歴史を包みこむ悠久の自然のロマンティックな香りである。このメンフィスへの途上でも、オットーは、歴史の襞を織りこんだ悠久の自然景観や、そこでの人びとの営みも興味深く書き連ねている。前者は感嘆の想いで、一方後者はユーモラスに、かつシニカルに。しかしいまはそれらを深追いすることはよそう。

かくして、「僕らの素晴らしかったカイロの日々は終わった。今朝、僕らはさらなる旅路に就き、いまはスエズ運河沿いのイスマイリアを経由してポート・サイドに向かっている。——あと二日すれば僕らは聖地にいるだろう」。

三月二三日朝カイロを発ち、イスマイリア経由で鉄路ポート・サイドに向かう。ポート・サイドからは海路、港町ヤフォを目指し、二五日には第二の目的地エルサレムに到着する。

三—六　死海、ヨルダン騎行

三月二五日、予定どおりエルサレムに到着したオットーたちは、ヨハネ騎士団の宿泊所《ホスピス》に身を寄せる。しかし聖週間までにはまだ数日の猶予がある。おそらくはその故であろう。程なくして二八日にはかれらはふたたびロバに跨がり、死海への三日間の旅に出る。

途中、エルサレムからやってきた多くの巡礼者たちと共に、マルサバの洞窟僧院、聖サバス修道院に宿をとる。翌朝、世話になった僧院の佇まいと周辺の様子を、簡潔にしかし巡礼者たちの挙措を共感の想いを滲ませリアルに記録している。

エルサレムと死海の間の、聖サバス修道院にて　一八九五年三月二九日

——この俗世を遠く離れたすさまじい荒地に、千古の昔から隠修士や隠遁者が住んでいる。ここの岩稜に、大規模の奇異な聖サバス修道院が建っている、というよりはむしろへばり付いている。ひとつの岩棚が他の岩棚とはかろうじて階段と狭い通路で結ばれており、独居房は岩のなかに掘りぬかれ貼り付いている。そのごたごたしたもの全体の周りを、歩くというよりはむしろ這って潜らざるをえないひどく低い木戸二つだけを備えた高い塀が取り囲んでいる。

ここに入るのを許されているのは、男だけだ。エルサレムからここへもやってくる数多くの女性巡礼者たちのためには、ずっと平地に突き出た非常に大きな方形の「女の塔」が建てられている。その塔は今日はロシア人女性で一杯で、そのなかには、修道院に泊まっている男の連れ合いと一緒に復活祭をエルサレムで祝い聖地をことごとく巡拝するために、ボルガを下り、黒海、地中海を経て遠くからやってきたひどく年老いた婆さんたちがいる。いま彼女たちは僅かな蠟燭の薄明かりのなかに座って、賛美歌とやわらかい響きの美しい民謡を歌っている。僕ら少人数のキャラバンの側にいるのは敬虔なカトリックのドイツ婦人二人で、彼女たちも僕ら同様、死海とヨルダン川を見にきている。彼女たちは、塔のなかにはもはや空きがなく、修道院規則が例外を認めていないので、僕らのガイドの護衛のもと、道端の小さな洞穴の、彼女らのために修道院から運ばれてきたクッションとマットの上で夜を過ごす。それにひき換え僕らは垂直にそそり立つ渓谷の見事な眺望を見晴らせる美しい円天井のある客室に泊まることを許されている。（OA 352. S. 33f.）

修道院を後にしたオットーたちは、死海の辺《ほとり》に辿り着く。

——死海の辺で——規則正しく磯波がさらさら音を立てている。東岸のモアブ山の上に黒い雲が棚引き、西からは碧い空が近づいてくる。光と影が、入れ代わり立ち代わり、荒涼たる平原と移りゆく光のなかに、ある時は緑に、ある時は透き通るように鮮やかに輝く水面の上を動いてゆく。僕らのロバは縛られてのんびり立って休んでいる。僕らは塩分を含んだ白砂に寝そべり遠乗りの疲れを癒した。砂漠の荒涼たるユデヤ丘陵が僕らの背後に横たわっている。今日僕らはヨルダン川をしばらく遡って、それから明日エリコを通ってエルサレムに戻るつもりだ。（OA 352. S. 33.）

死海では、しばらくロバを休め砂浜に寝そべり遠乗りの疲れを癒しただけで、すぐにその西岸を後にしている。すでに二時頃にはこの岸辺を離れ、急勾配の山道をロバでゆっくり上り下りしてヨルダン平原に出る。ここでは、難儀したロバの手綱さばきにもようやく慣れて、青年たちは互いにキャラバンの「先頭になろうとの滑稽な功名心から全力疾走で駆ける」若やいだスリルを無邪気に愉しんでもいる。

近くのヨハネ修道院出身の若い修道士を道案内に、まもなくかれらは「ヨハネがイエスに洗礼を授けたとされるヨルダン河谷にやってきた」。

ここイエス受洗の地、ヨルダン川はおそらくはこの死海詣での主たる目的地のひとつであったろう。それを告げるかのように、オットーは、その周辺の「防御壁のように険しく聳え立つ東岸と、平らな西岸、死海から遥かガリラヤの山々の頂きへと展がったパレスチナの美しい高山風景の眺望」を、これぞ「その昔イエスの双眸が目にしていたもの」との想いに心胸を熱くし、宿願を果たした巡礼者の眼差しで感慨深げに眺め遣っている。

その意味では、この死海騎行はイエスゆかりの地を訪ね歩く聖地詣での趣を呈しており、同時に、その人の教えを守り生きる修道者たちの聖なる命の営みを訪ね歩く信仰確認の旅でもあったであろう。

たとえば、エリコの廃墟見学をおえてのエルサレムへの途上、預言者エリヤが隠れ住んだケリテとおぼしき渓谷で、僧窟の隠修士たちへの想いをこめてオットーは語っている。「目眩《めまい》を起こしそうに裂けた褐色の絶壁が僕らの上に頂きへと聳え立ち、すぐ左手には、泡立って流れる下方の深い急流に向かって急勾配で下っており、無数の洞穴が上下にぱっくり口を開けている。そのほとんどが昔はこの人里離れた処で神に仕えることができると信じた隠修士の居房であったのだ」(S. 37) と。そしてかれは、その僧窟の前に佇む「くる日もくる日もそこで籠を編み祈りを唱えながら俗世から離れて生きている」老修道僧の姿を彼方に見かけ、思わず騎上から挨拶を送り、それに対する「ミサのためにゲオルグ修道院に上がってゆく日曜日以外は他の人を見かけることのない」この隠修士の、「額と胸に手を当て堂々たる態度で」送ってよこした丁重な答礼に感じ入ってもいる。俗世を峻拒し神と共に生きる人びとの挙動と、かれらへの敬意をこめた応対のこうしたたび重なる描写は、この死海騎行が、修道僧の心胸に触れ、その信仰の生ける現実を確認するある種の巡礼行の試みでもあったことを告げている。

しかし、この三日間の死海詣ででオットーがもっともストレートに魂の昂揚感に浸ったのは、実は私たちの期待とは裏腹に、そうした聖地詣でや修道士たちとの出会いの経験ではなかった。聖地で出会い目にした宗教現象によって呼び覚まされた直接的な宗教経験ではなかった。

オットーの述懐に耳傾けておこう。かれはまず、「この三日間でもっとも素晴らしかったのは、ヨルダン川からヨルダン河床を横切ってのエリコへの騎行だった」(S. 35) と告げ、騎行中に覚えた至高経験のひと時を、帰り着いたエルサレムの宿泊所で振り返っている。

エルサレム　一八九五年三月三〇日　土曜日

——夜になった。僕らはヨハネ修道院の親切な老修道僧たちに別れを告げた。その修道院の挨拶を送るかのような次第に小さく消えゆく鐘の音が僕らの耳に残っていた。いまは陽も沈み、影が平原を覆いつくした。黄金色の西空に、ユデヤ丘陵の長い連なりと円頂が僕らの前にくっきり浮かび上がっていた。左手遠くには、いまは真っ青になって死海の水面が展がっていた。

しかし背後には、モアブの連山が言葉に表せないほど美しい光景を呈していた。暗い巨大な雲の群れが山々を覆い、あちこちが落陽の反射をうけて輝いていた。山の一番高い頂きのひとつのすぐ横に絶妙な色彩がかたち造られ、次第に輝きを増して真っ黒な雲から際立って見え始めた。素晴らしい虹の輝き！ そしてそのすぐ隣に色の反転した第二の虹が。そして最後には、これら二つの虹の周りにひどく繊細で綺麗に織り込まれた第三の虹が。この虹は陽がまったく見えなくなってしまうまで輝いていて、それからゆっくりと消えゆき姿を消した。しかし僕らの前方、西方では、暗くなり空深くに星が姿を現し始めるまでいぜんとして空は素晴らしく碧く、途方もなく深くアーチ型に覆っていた。——その時、放心状態の心が平静をとり戻し、意識が何処にあるか気づいた。

(OA 352. S. 36.)

死海への往還騎行はすでに終わりに差しかかっていた。エルサレムに近づいた時、オットーは壮厳なる自然に抱かれて崇高なるコスモスに触れた「創造の高揚感」(Boeke)を体験している。ここに語られたロマンティックな自然ヴィジョンのなかに有限のなかの無限を直感する、シュライエルマッハー的な宇宙直観を読みとることはさして困難ではない。そしてここには、オットーの宗教理解を彩る荘厳な自然の経験と聖なる経験との神秘主義的融合の兆しがすでに色濃く匂ってもいる。

ともあれ、エリコからエルサレムを目指したイエスに倣い、オットーたちもエリコから標高差約千メートルの荒野の坂道を登り、聖地への帰途を急ぐ。そしてエルサレムへの途を登りつめオリーブ山の頂きに立つと突如として眼前に聖都が飛び込んできた時の視覚的な興奮を、オットーは率直に記している。「次第に途は登り始める。夜になり涼しくなってこの遠出のなかで陽が三度目に沈んだ時、オリーブ山の麓を曲がって僕らはふたたび聖都の壁と屋根を目にとめた」(S. 37) と。かくして三〇日オットーはエルサレムに帰り着き、ふたたびヨハネ騎士団の宿泊所で寛いでいる。

三―七　聖地エルサレム

「帰ると、聖金曜日と復活祭の祝祭が近づいていた」。

この聖週間と復活祭の祝祭に、エルサレム滞在中オットーは強く心動かされている。しかしエルサレム滞在は、当初から特定宗派・教団の宗教行事や特定の宗教事象ということではなく、そのすべてが、そして何よりもその聖地の存在そのものが自己の信仰の琴線に触れるものでもあった。

すでに死海への遠出から帰り着いた翌日、すなわちエルサレム滞在の実質的な初日すでに、聖地の信仰世界に抱かれ、何の違和感もなくそれに融和しているオットーの満ち足りた、高揚した表情が見うけられる。そうした日々の「途方にくれるほど多彩で充実した一日」の眠りにつく前に、あるドイツ人家族の手厚いもて成しを受けての帰途目にした深夜のエルサレムの状景描写に託して、この想いを静かに呟いている。

三月三一日　夜一一時

――とても素晴らしかった。僕がE博士のお宅から出てくると、銀色の月明かりが、昼間のいろんな喧騒から解き放たれ安らいでいるように見えるエルサレムの街路に静かに厳かに射している。僕は上の街から長い道程のキリスト教徒地区に下ってゆく。そこを右に折れると聖墳墓聖堂《キルヒェ》への路だ。僕は広い階段を下って角を曲がり、ある修道院の中庭の路に黒い影をのばした枝を拡げた太い大樹のもとに立ちどまる。
眠っているかのように静かに、昼間はひどく色彩豊かな前庭のある聖堂がそこに横たわっている。門の敷居に、ゴルゴタの丘に登ってゆく小さな階段の各段に、壁の窪みに、復活祭にエルサレムに巡礼にやってきたアラブ人キリスト教徒たちがマントに包まって寝っている。円屋根の上から、点火したランプを象った大きな十字架がひとつ輝いている。僕はしばし立ちどまりその美しい光景を見つめる。
その時、聖堂のなかから高く深い声の妙なるハーモニーの「ハレルヤ、ハレルヤ、ハレルヤ」が微かに聞こえ始める。その響きがしだいに止みふたたび静かになる。でもすぐふたたび響き始める。柔らかいがまことに明瞭に、ポリフォニーの美しい音色で荘厳に。その響きはしだいに弱まり消え、聖堂はふたたびもとの静寂にもどる。

(OA 352. S. 37f.)

この想いは確固たるものであったと言えよう。それを物語るかのように、この種の状景描写は繰りかえし綴り重ねられている。たとえば、聖週間の始まる前日深夜に、遥かな東アジアの地で伝道に勤しむ友人ハックマン(14)に書き送った書簡にも同じ想いが綴られている。

一八九五年四月六日　土曜日　夜遅く
親愛なる友よ！　エルサレムから、こんにちは！　——明日は枝の主日だ。
——ほんとうのエルサレムをいささかなりとも体験しようと思うなら、郊外の人気《ひとけ》のないところに出かけることだ。陽がまさに沈まんとする時、僕らは今日オリーブ山に登った。坂道を登ってゆくと街、渓谷、山々が辺りに展がり、ついにはすべてが遥か遠くまで広々と眼の前に横たわる。灰色の城壁、鋸壁《きょへき》、ドームのすぐ上、西の方には、ふだんは灰色の空に赤く染まった一条の細い筋がのびている。僕らが山頂に立つと彼方にヨルダン地溝が横たわり、碧い死海が霧に霞み、それら二つは、ペレアの山壁と、無数の峡谷のなかに落ち込んだユデヤ丘陵の間に深くめり込んでいる。……

――帰途、月が出てきた。片側は月光をいっぱいに浴び、もう片側は黒々とした影に覆われたこの狭い路地の、何と素晴らしいことか！　黒いアーチが壁から壁へと連なり、古い角石の壁に接したこの格子組み、階段、低い門は神秘的な溢れる光を受けている。すべてがまるで別世界のもののように稀なる装いを呈している。

(OA 352. S. 38f.)

すべてがまるで別世界のような装いのこの類稀なる世界は、想えばしかし自己の信仰の故里にとどまるものではなかった。それはまた東方正教会の、そしてユダヤ教の、はたまたイスラームの聖都でもあったのだ。その異教徒の聖地詣でにもオットーは興味を掻き立てられ、同じ日の午後に岩のドーム近くのステファノ門脇の人混みに陣どり、モーセの墓へのムスリムの聖地詣での風変わりな行列行進《ザッファ》の模様を詳細に描いている。交錯する集団のダイナミズム。人びとの振舞いはもとより、色や音そして嗅覚の刺激までも感じとれるほど生き生きと、リアルに。

四月六日

盛り沢山の充実した一日！　ムスリムは今日、モーセの誕生日を祝って、モーセの墓へ聖地詣でに出かけた。文献によると、たしかに「今日まで誰もかれの墓を聞き知っていない」。にもかかわらずムスリムはそれを発見し、ここからたっぷり一〇時間かかる死海の向こうの、ある山上高くに白亜の大モスクを建てた。午後三時にその行列《プロツエシオーン》（礼拝行進）がここから出発した。僕はキドロンの谷に通じるステファノ門の傍らに、それが列をなして通りすぎるのを見物する場所を見つけた。（中略）

——突然、神殿境内から砲声、音楽が轟きわたる。緑と白と赤の旗が門に現れる。行列がやって来る！ 奇妙な行列だ！ 先頭でひらひらした衣装を身に纏ったデルヴィーシュの一団がまるで狂ったように踊り、巨大な太鼓を打ち鳴らし、鋭い音の金属製のシンバルを鳴り響かせ、拍子に合わせて訳の分からぬ文句を唱えている。そのうちのひとりが、モーセを称えて長い鉄杖を両頬に刺し通した。かれらの先頭では、緑のターバンをしたひどい年寄りがひとり踊っている。かれは後ろ向きになってたえず片足ずつ交互に飛び跳ね、鈎棒でタクトをふっている。いずれも赤いフェズを被り白いターバンをした合唱隊の若造がかれら仲間の後について行く。道の真ん中に立ち止まってかれらは歌い、両手を頭上に高く上げてたえず一緒にパチッと叩いて飛び跳ねる。またもや旗、またもやデルヴィーシュ。それから馬に乗った高官たちの長い行列。かれらに混じってなかばヨーロッパ風の衣装をしたパシャが。その先には絹とビロードでできたすごく高価な緑の旗。でも主役は長い白髭を蓄え全身緑の服を纏った老人のようだ。きっとムフティ長かその類いの者だ。かれは右手に煌めく鋼の巨大な鉾槍をもち、ひどく重々しい足どりで悠然と歩を進めている。

——このように僕らの足もとを通り過ぎて行く。砲声が絶え間なく轟き、デルヴィーシュが喚き叫び、人群れが喜び笑いぺちゃぺちゃ喋り、変わったアラブの行進曲をラッパ手が吹き、ティンバニーとシンバルが喧しい。微風《そよかぜ》に旗が翻り、その端っこを櫓上の足場にいる者たちは素早く摑み、口づけしようとする。

キドロンの谷へとそれは下って行き、静まりかえった糸杉とオリーブ樹のすぐ下をゲッセマネに向かう。列はオリーブ山のカーブの背後にしだいに姿を隠し、騒音がしだいに消えてゆく。(OA 352. S. 41f.)

そして、いよいよ聖週間(受難週)がやってきた。

その第一日目、四月七日の日没時、ゴルゴタの丘と見なされている「ダマスコ門に向かい合った円いドーム状の丘陵」にオットーは出かけている。ただしかれは、「英国人がほんとうのゴルゴタと思っている」この丘の信憑性(北側城壁北方の岩山「園の墓」をゴルゴタと同定した英国人C・ゴードン将軍の説)を疑い、むしろ「聖墳墓聖堂にある古いゴルゴタの方が、やはり今でもまだかなりの信憑性をもっていると思う」と記している。しかしその真偽をめぐる史実の詮索にはさしてこだわってはいない。

ここでもかれの心を占めているのは、そうした冷たい史実の確認ではなく、むしろ、いたく気に入ってまるで「一幅の素晴らしい絵画だ!」と嘆声をもらした宵闇迫るこの丘陵からの眺望であり、それの美的享受である。そして、史実の森に分け入るよりは自然の状景に心ときめかすこの美的観照の姿勢は、この聖地詣ででも旅するオットーのかわらぬ視線である。それは、宗教という人間的事象をも夢見る自然の美的フォーカスで受けとめる汎神論的美意識に近い。してみれば、歴史的遺跡の地でも聖地でも、その人間的事象の相違に関係なく、歴史をも宗教的営為をも包摂した自然の輝きへの美的陶酔に心委ねていることになる。それは歴史の只中で、人間的営為を、その重みを感じるよりは、むしろ歴史を彼方に眺めその歴史をも包み込んだ自然の豊潤なる営みに世界の深みを感じとっていると言えよう。このことは翌八日のオリーブ山の頂きで認《したた》めた日記からも容易に読みとれよう。

四月八日　月曜日

オリーブ山の頂きで。——この上で美しい静かな場所を見つけるのは容易でない。陽はひどくぎらぎらと照り、樹木は僅かで、壁が多く周りは石だらけの地面。ようやくここ、上の頂きの煤だらけの巨大な塔の近くで憩える。幅広い台地には一面緑の棕櫚《しゅろ》の若木が立っていて、大地を芝生が覆っている。
眺望は広々と眺め渡せる。左下方にはベタニアのひどく高い家々が見渡せる。僕の前方にはベタニアからエルサレムに通じる途が延々と連なっている。その下の方に途が延びているに違いない。そしてここでは、僕がその下の方の人びとの声をはっきり耳にし姿を目にできるように、民衆のホサナの声がはっきり聞こえたにちがいない。途に敷くためにかれらはこの野原から枝と緑の葉を持って行ったのだ。——そうだ、この上は、枝の主日を催し福音書を初めから読むには、ぶつぶつ呟き香を焚く牧師のいる下の教会よりもふさわしい処だ。

(OA 352. S. 39f.)

すでに数日前エリコからの帰途、日没時にエルサレムへの途を登りつめ辿り着いたオリーブ山頂で、突如姿を現した聖都を眼前にして、オットーはその眺望に魅了されていた。そして六日にもふたたび日没時にオリーブ山頂を訪ね、「ほんとうのエルサレムをいささかなりとも体験しようと思うなら、郊外の人気《ひとけ》のないところに出かけることだ」と記していた。かくして、再三訪ねたここオリーブ山頂は、オットーにとってエルサレムでいたく魅了された心に適った処であったと思われる。まるでそれを確証するかのように、今日もまたオリーブ山の頂きからエルサレムの眺望を愉しみ、イエスのエルサレム入場の途を遥かに見遣りながら、木に登ってなつめ椰子の葉を撒き、イエスの通り途にマントを敷く人たちが描きこまれたエルサレム入場の図像を想い起こし、そうしたエルサレム入場のイメージをいまはその現場で現実に目にしている、との心胸の昂りを静かに享受している。

聖木曜日（一一日）。この日オットーは早朝から深夜まで宗教儀礼の観察に明け暮れる。すでに朝六時に宿を出、聖ヤコブ礼拝堂に向かう。その礼拝堂内の典礼に参列した後、ギリシア正教総大司教区の図書館司書の計らいで、全体を一番近くから見て取れる桟敷のすぐ側から、戸外で演じられる受難物語の宗教劇を具に観察する。そしてかれはギリシア正教徒が演じるその受難劇に魅了され、その成り行きを正確に見守り、己を魅了してやまぬものの実相を母にも分け与えたくて、祭儀の推移全体を母宛の手紙に詳細に再現している。

ここでは私たちもかれの想いにより添って、旅する息子の書簡を故郷で読む母と同じように、かれの手紙をガイド役に、桟敷のすぐ側から祭儀の模様を眺めることにしよう。

エルサレム　一八九五年四月一一日　洗足木曜日

お母さん！　頭に想い描いて、この日僕と一緒にゲッセマネに行き、ゴルゴタの丘に上り、聖墳墓に行ってみませんか？

ここにいま、心のなかで想うだけでなく実際にやって来て、ここに滞在し、聖金曜日と復活祭を祝うなんて、何と素晴らしいことか。これについては何も書くまい。僕の周りの外部の出来事をお話ししましょう。ここにはいろんなことがある！

今年は復活祭にやって来る人の数が例年より多い。つまり、いつもは西方教会暦と東方教会暦で一二日違っているギリシア正教とローマ・カトリックの祭儀が、たまたま今年は同じだからです。だからいろんな宗派の行列、セレモニーがことごとくここで絶え間なく入れ代わり立ち代わり行われる。今日という日はほとんどがギリシア正教徒のもので、そもそもここで先番を務めることになるのは、かれらだ。

朝六時には僕らはすでにギリシア正教の総大司教区に向かっていた。そこでひとりの聖職者、総大司教区の図書館司書と知り合った。かれは祭礼全体を一番近くで見せてくれると約束してくれた。……僕らは聖ヤコブ礼拝堂に辿り着く。そこではすでに、頭に黄金の円冠を被り金の繻子《しゅす》の刺繍をした衣を纏った大主教が、司祭と輔祭の一団の真ん中の高座に着いている。大きな銀の金具のついた司教杖を手にした警備員が、高座のすぐ側の場所を僕らのために空けてくれる。

礼拝が、「典礼《リトゥルギー》」が始まる。ギリシア語とアラビア語で、ときにはロシア語でも唄い、朗唱し、祈る。こうして一時間が経つ。狭い小部屋に香煙が立ちこめ、ホールにコーラスが木霊《こだま》する。楽しげな歌や聖歌と、大主教を称える万歳とともに、待っている群衆の叫び声や騒ぎが外から聞こえてくる。最後に結びの祈りが唱えられた。

そしていまや狭い礼拝堂から戸外に出てきた。祝典の行　列《プロツエシオーン》では、手に手に大きな金色に輝く福音書をもち、十字架と小旗をもってロシア正教とギリシア正教の聖職者たちが進んで行く。かれらのほとんどの者は、錦模様の衣と対比して際立った、肩と背中越しに垂れ下がる長い黒髪をしている。一番後にやって来るのは右手に二重に曲がった笏《しゃく》をもった大主教ご自身である。

——これがここ戸外の光景！　何処も彼処《かしこ》も押し合い圧し合い人が犇《ひし》めいている。広場といわず周りのどの屋根にも人がいっぱい！　教会と礼拝堂の飾り縁と張り出しの上に、支柱に、窓に、かれらは座り、蹲《うずくま》り、立ち、寄りかかっている。高い墳墓聖堂の屋根、鐘塔の上にまで、さらには近くのミナレットの空高く聳えるギャラリーの上にまでも、色とりどりに、信じられない格好で、とてつもない！　……

——ふたたび警備員が、親切な司書の合図で、押し合っている群衆を僕らのために苦労して掻き分ける。僕らは桟敷のすぐ側に陣取る。程なくして司祭たちの行列が近づき上がってくる。向こう側の壁際の説教壇の上に年老いた大修道院長が立ち、出迎えて、すでにさまざまに鼻音で詠唱している。司祭たちは両ベンチに座り、大主教は玉座に座っている。黒い衣装の輔祭たちは前に立ったままでいる。

そしていまやこの日の中心セレモニーが始まる。群衆がここに集まってきたのはこれのためなのだ。このセレモニーは一種の宗教劇を演じている。イエスの受難物語か、それともそれのはじまり、つまり使徒たちにとり囲まれたイエスの最後の晩餐である。その説教壇の上で演じているのは伝道者たちで、大主教はキリストを意味し、使徒たちの役は司祭たちに割り当てられている。そしていま言葉のやりとりで、素朴な、厳かな身ぶりを伴って演じられているのは、福音書が大受難の前夜について語っている件《くだり》である。長い白髪と白髭の美しい威厳ある容貌の気品ある老司祭がヨハネで、かれは傍らの大主教に跪き、頭をその膝に屈めている。大主教は、かれの「主よ、まさか、この私なのでは」との怯えた問いに応えながら、慈悲深い暖かい眼差しでかれを見下ろしている。

全体は洗足物語で始まり、ふつうはその後でセレモニー全体も始められる。説教壇上の〈伝道者〉が、「かれは晩餐から立ち上がり、衣服を脱ぎ、腰布を手にして身体に巻きつける」との文句を唱えると、大主教が玉座から立ち上がる。かれの冠と繻子《しゅす》の衣が厳かに脱がされる。かれは白い腰布を纏い、乾かすためのタオルを肩にかけた。金メッキした大きな水差しから自分の前にある水盤《ベッケン》に水を注ぐ。二人の輔祭がそれを〈若者〉の席に運ぶ。かれは跪いてかれらの足を順々に洗う。こうした金色の衣服、水盤《シャーレ》、冠（Kreuze は Kränze のタイプミスであろう。ちなみに HS 797/580では Kränze）は、かの最初の洗足とはおよそ似ていないとしても、素晴らしい厳かなセレモニーである。――午後までギリシア正教の祭儀は続いた。（OA 352. S. 43ff.）

洗足木曜日の「素晴らしい厳かな」宗教劇の成り行きをオットーは具に見守り、その惹きつけて止まぬものの正体を確認するかのように、それを逐一再現しありありと書き綴っている。高揚した想いを滲ませながらも、しかし魅了された感情の乱れでそれを歪め見逃すことのないように、抑制した筆遣いで、共感をこめて。

「午後までギリシア正教の祭儀は続いた」。延々と続く祭儀に暇を告げて、午後にはオットーは宿泊所に帰り休らっている。しかし暗くなり始めた頃、鎮めがたい昂ぶりに駆り立てられるかのようにふたたび出かけ、イエスが十字架を担って歩んだ〈ヴィア・ドロローサ〉（悲しみの道）をみずから歩む。「キリストが一八六五年前の多分同じ日に歩まれたのとおそらく同じ道を、エルサレムの東の門から、キドロンの谷を越え、オリーブ山を上の方へとゲッセマネがあったはずの場所まで歩いた」。そしてそのゲッセマネの園で、イエスが「アッバ、父よ」と祈ったオリーブの大樹の下で聖書（ゲッセマネの物語）を読み愉しみ、摘みとったオリーブの葉二葉を母に送っている。「あなたの聖書に挿んで下さい」との言葉を添えて（OA 352. S. 42f., HS 797/580. S. 95）。

翌一二日、聖金曜日の夜、オットーはゴルゴタの聖墳墓聖堂に詣でる。そこは聖夜をキリストの墓の近くで過ごそうとする巡礼者たちで溢れていた。

聖金曜日の夜――真夜中ごろ。僕は今しがた聖墳墓聖堂から出て来たばかりだ。ローマ・カトリック教徒、ギリシア正教徒、ロシア正教徒、アルメニア教徒、コプト教徒の行列がそこに続々とやってくる。聖堂の身廊全体、側廊、その下に聖墳墓がある高いドーム建築が、たくさんの枝つき燭台に掛けてある青、赤、黄色の無数の灯油ランプの光をうけてぴかぴか光り、きらきら輝き、斑《まだら》な鈍い明かりが高い円天井と広間に展がっている。

床全体が、わずかに空いた通路にいたるまで、聖夜をキリストの墓の近くで過ごそうとする座ったり寝そべったりした巡礼者たちで溢れている。あらゆる民族の人たち！　もっとも多いのはロシア正教徒のようだ。かれらはたいてい、親族か知人ごとに一つひとつグループをなして一緒に休んでいる。かれらの真ん中にはしばしば小さな明かりが灯っていて、かれらのひとりが、それは往々にして年老いた婆さんなのだが、ひどく傷んだ分厚い書物のなかの祈禱と受難記を朗読している。

　群衆を掻き分けてローマ・カトリック教徒の行列が通ってくる。ゴルゴタの上で、墳墓の側で、その他の指定拝所でかれらは立ち止まる。そしていずれの場合も、それぞれ違った言葉でスピーチがなされる。僕らは墳墓の入口でちょうどスペイン語のそれを耳にしたばかりだ。茶色の修道服を身に着けた黒髭のフランシスコ会修道士がひとり、救世主と「御悲しみのマリア」で涙と憐憫を誘った。（OA 352. S. 46.）

　翌一三日午後、オットーは「毎年復活徹夜祭に繰りかえされる〈奇跡〉」を目の当たりにする。三時すぎからドイツ領事館の計らいで確保できた聖墳墓の円形広場にある柱廊の上高くの席に陣どり、「新しい火の聖別式」の一部始終を観察し、その事態の始終を驚きの目で、それも「純粋観照」の目線で詳細に記録している。

　その「キリストの開かれた墓から暗黒の世界に拡がる宗教的な光」を象徴する安息日の祭儀は、かれが予想していた静かな、厳かな復活徹夜祭とはおよそかけ離れた、まるで「ならず者」の喧噪の民俗祝祭であった。また、ここの巡礼者たちにとっては、この「カトリック教会ではどこでも行われる」安息日の光の祭儀の祝火も、「罪を清め、病気と危害から護ってくれる」護符であって、かれらは蠟燭とランプに点火したこの護符を故郷に持ち帰るという現世利益的な祈願の成就に腐心していた。

　しかし同時に、これこそが、洗足木曜日のギリシア正教徒の受難物語とならんで、エルサレムでオットーの心を捉えた代表的な経験のひとつでもある。それは、木曜日のみずからの感性の共鳴板に素直に響き合った出来事とは異質ではあるが、かれの感性と宗教的コスモロジーの尺度を超えた、それによるアプローチを峻拒するまったく異形の信仰世界をめぐる貴重な覚醒の経験であった。

土曜日の晩――今日午後の場景を想い起こしてみても、僕はまだひどく頭が混乱していて、それを記述するなんてことはこれっぽっちもできない！

三時頃、ドイツ領事館の警備員が、いろんな階段と路地を通り、……その真ん中に小さな墳墓礼拝堂《チャペル》が建っている巨大な円形建築の支柱二本の間の柱廊の高みにある僕らの席に連れていってくれた。

僕らの背後では、批判しているヨーロッパ人、旅行中の将校、その他の人たちが犇《ひし》めき合って、無関心を装ったり、あるいは冷やかし気分で、それともせいぜい「なんてひどい！　なんてスキャンダラスな！　これでキリスト教徒を自称するとは、なんてひどい奴だ！」などと扱き下ろしている。将校のひとりは、この下の群衆は自分たちのところで「ならず者」と呼んでいる奴に他ならないんだということに気づいた。それを生粋のベルリン訛で「いやはや！　正真正銘のならず者だ！」と数回繰りかえしたほど、かれはその発見を気に入っていた。かれはそれを最大の印象として受けとめ、国許に帰って報告するだろう。「俺に言わせれば、奴らは正真正銘のならず者だ！」と。

僕はならず者など目にしなかったし、好い加減な憤慨に時間をかけている暇もなかった。下方のこの奇異な出来事に完全に虜になり、ひたすらな観照以外は一切打ち遣っておいた。残ったのは、この下方で起こっていることとは、僕らヨーロッパの流儀とはひどく違った、僕らにはまったくわからない疎遠《フレムト》な世界のことだという気持ちだけだった。

高い円天井の内部空間を想い描いてごらん。ドーム内の上方高くの僅かの小窓越しに光が射し込み、迫持《せりもち》に光が漏れ大理石の支柱にこぼれ落ちている。薄暗い側廊内部、ギリシア正教の広い金色に輝く教会内部、かなり小さい礼拝堂のなかは見通しが利かない。でも下方のぼんやりした明かりのなかに、いろんな国ごとに多数の群れをなして分かれている多種多様な人びとが揺れ動いている。

ここは民俗祝祭が行われているような様相を呈している。人びとはいまひどく辛《つら》い四旬節が過ぎ去ろうとしているのを喜んで笑いふざけている。歌を唱和し、大主教を称え、復活祭の祝祭を称えて万歳を叫んでいる。はるばるレバノンからやって来た若者たちが支柱を伝って攀じ登り、自分たちの芸当を見せびらかしている。飛び跳ね宙返りして、かれらは仲間の拡げた腕のなかに飛び込む。浮かれた人群れのなかで静かに真面目にしているのはロシア正教徒の巡礼者だけで、かれらはその信者仲間の乱暴狼藉ぶりに驚き、大束の蠟燭を手にして祈りを捧げている。かれらはその蠟燭を神の火で点し、人と家畜の祝福のため故郷に持ち帰るのだ。

こちらにギリシア正教徒のアラブ人がロシア正教徒と一緒にいるように、あちらにはアルメニア教徒がコプト教徒とアビシニア教徒と一緒にいて、両派は間隔を保ち、太古の慣習法に則ってそうやっていると主張するよう心配《くば》っていた。両者の緊張関係は今年は例年以上に大きい。ギリシア正教徒は、アルメニア教徒が権利のない箇所に聖像用に釘を打とうとしたと言い、アルメニア教徒は、ギリシア正教徒がアルメニア教徒の縄張りで箒で掃こうとしたと言い張る。民族間の諍《いさか》いのもっともな理由。

突然——まるで人びとのなかにサタンが飛び込んできたかのように——場景全体がものすごい騒々しい争いに一変する。ギリシア正教徒がアルメニア教徒に、アルメニア教徒がギリシア正教徒に襲いかかり、トルコ人のクラクションが教会じゅうに鳴り響き、兵士たちが棍棒と鞭で、黒人司祭が脅かしたり突いたり罵《ののし》ったりして、激しく争っている連中を抑えようとする。大主教と主教は争っている連中の拳の下でほとんど見えなくなって、頭上のぐらつく冠を両手でしっかり押さえ、やっとのことで墳墓礼拝堂の入口に辿り着く！

　ほぼ半時間摑み合いが続く。最後には丸天井にがんがん反響する警笛がいつまでも続く響《どよ》めきのもとで、両グループは押しやられ、首謀者、出血した者、半殺しにあった者が運び出される。そして突然、またもや突如として場景があらたに入れ代わる。人びとはすべてを忘れ、群衆はまったく平穏になり、緊張が走る。奇跡をじっと待つ。アルメニア教会の輔祭が松明を手渡しながら墓の壁の開口部の側に立つ。そこに炎が閃く。そしてたちまち一番近くにいる人たちの蠟燭から蠟燭へと点火される。手から手へと考えられない早さで光は流れ、迫持《せりもち》のなか、柱廊の上にぱっと灯り、円天井にまで立ち上がってゆく。めらめら燃え上がる炎の海、蠟燭とランプの硝煙が重く立ち上がり、あたり一面をえも言われぬほど魅惑的に覆う。（OA 352. S. 47ff.）

　厳粛なはずの復活祭の祭儀も、ここではまるで粗暴な喧噪のなかに掻き消えんばかりである。しかしそれを見つめるオットーの眼差しは、同じく〈高み〉からこれを見物しているヨーロッパ人の冷やかなそれとは根本的に違っている。この儀礼がおびた粗野な異教的表象を冷笑し批判する姿勢とはおよそ無縁である。むしろ高慢な嘲笑や自己本位の批判のリゴリズムなど介入する余地などまったくないほどに、そこに演じられている「この奇異な出来事に完全に虜になり」、高慢な批判や嘲笑はいっさい打ち遣り、ひたすらその「純粋観照」[15]に身を委ねている。そしてこのひたすらな観照のなかで起ち上がってきた想いとしてかれが率直に認め告白しているのは、ヨーロッパ的流儀とはひどく違った、ヨーロッパ的理性にはまったく疎遠な、異形の感性の質朴な呈露への純粋な驚きである。

　若い神学生の住みなれた信仰風土からはおよそかけ離れた、およそ許容しがたい宗教現象を、異界の紛れもないひとつの信仰事態として、その信仰の事実の重みに寄り添い、節度ある純粋観照に身を律して素直に受けとめている。ここには、僭越な近代的啓蒙の合理主義的宗教批判や、神学者の異教批判の乱入を自覚的に峻拒した、伝承的な信心に導かれた民の宗教的な営みを虚心に受けとめる臨床的共感の生き生きした発露が見うけられる。

ここで宗教経験の解釈学に想いを移せば、この「純粋観照」なるものが想い起こさせるのは「現象学的方法」であろうか。しかしそれをまるでオットー宗教学における現象学的手法の先行解釈事例として取り沙汰し、その方法の理論的詮索を急ぐことは避けるべきであろう。少なくともここで異形の宗教現象の「ひたすらな観照」の虜になっているオットーには、生々しい宗教経験の秘義 mysterium とは切り離された宗教解釈の主題的な方法論議などまるで眼中にないはずである。そしてここにこそ、オットー独自の宗教経験へのアプローチ方法、というよりは姿勢の基調が潜んでいる。

またここには、宗教の〈畏るべき tremendum〉なるものへの関心と開眼も読みとれる。そして同時に、この異形の喧噪儀礼への瞠目は、かれにその粗野な様相をおびた儀礼の宗教的意味への関心とその解読欲を駆り立たせ、かつその宗教的意味を表現しうる解釈言語を尋ねるという課題を課すことになる。

おそらくは昼間の祝祭の興奮覚め遣らず、この日一日の昂ぶった心を沈める術を探しかねてのことであろうか。今宵もまた、深夜に再度オットーは聖堂を訪ねている。

もう遅い時間になっている。僕はもう一度聖堂に行った。高い空間がいまは静かな安らぎと薄暗がりのなかに佇んでいる。銀製の金具の鈍く瞬く多彩なランプの輪が墳墓をとり囲み、金メッキした絵壁に結びつけられた吊り下げランプに長くのび、高い円天井から光を降り注いでいる。地面に寝そべった巡礼者たちはかれらの消えてしまった午後の蠟燭をまだ倖せそうに手にしている。深夜には、復活時の大きな祭典が、少し前に血を流し殴られていた処で行われ、それから抱擁し挨拶をかわす。「キリストは蘇り」、「キリストはほんとうに復活した」と。

（OA 352. S. 49f.）

かくして、深夜の再訪でオットーが見出したのは、昼間の興奮の鎮静剤ではなく、興奮をもたらしたものの重みの再認識であった。

こうした生き生きした詳細な描写から、かれが聖地の復活祭の祭儀にどれほど深く心動かされていたか容易に推し量ることができる。そしてここでも、これら儀礼的表象が象徴的に告げているはずの信仰理念についての神学的詮索は、この若き神学生の関心対象からは不思議なほど姿を消している。かれの目が吸い寄せられているのは、もっぱら儀礼の美的表象であり、それに参加する人びとの活き活きした動きである。少なくともそこからの宗教的コスモロジーの抽出作業は、いかなる意味でも旅するオットーの主題とはなっていない。このことは重要である。しかしそれは初見の現象の珍奇な表現形態に心奪われがちな、旅なるものの一般的宿命に起因するのではなく、旅するオットー自身の感性そのものにかかわる問題である。そしてそこに、かれの宗教理解の裸像が滲みでている。

連日心慄かせて過ごしたエルサレム滞在も終わりを迎えつつあった。「今朝、僕らはさらなる旅の準備をした。というのは、火曜日の朝、さらにサマリアを経由しガリラヤに向かいガリラヤ湖に行くからだ。僕らと、荷物と、まだこれから購入する必要のある旅行用品、それに加えて二人のガイド用に、僕らは五頭のロバを探す」（OA 352. S. 47）。

かくしてエルサレム滞在をおえ、オットーはつぎの目的地に向かう。

そのエルサレムを発つオットーの心胸には、さまざまの驚き、感動、さらには覚醒の慄きが込められていたであろう。これらの想いを込めて、かれの手にはエルサレム巡礼の証（OA 352. S. 32, HS 797/580. S. 69）が握られていた。

巡礼証明書

主イエス＝キリストが生まれ、生活し、教え、伝道され、そして死に、復活し、昇天されたこの聖地訪問が、キリストの御像をかれの心に深く刻み、かれの聖地巡礼を神の恩寵によってこのエルサレムの地で全うしたいとの望みが叶うのに役立ちうるよう期待して、パイネ出身のルードルフ・オットーが、エルサレムのヨハネ騎士団宿泊所滞在中に、エルサレムとその近辺のキリストゆかりの聖地を巡拝したことを、ここに証します。

エルサレムのヨハネ騎士団宿泊所《ホスピーツ》　一八九五年四月一五日

三―八　ガリラヤへ

一五日。「今朝、僕らはエルサレムを発った。——僕らは三頭のロバに乗り、荷物を付けた二頭を先に駆けさせ、ダマスコ門を通って北に向かった」（OA 352. S. 50）。

宿を発つ前、オットーは宿泊所のテラスに駆け上がり、長雨上がりの陽光のもとに輝く街並み、樹々、オリーブ山など、夢のように過ごしたこの地を惜別の想いを込めて眺め遣る。そしてロバに跨がり、地中海とヨルダン地溝とに挟まれた南北に連なるユデヤ丘陵の尾根伝いに修道院を訪ね歩きながら北上し、サマリア、タボル山を経てガリラヤ湖に向かう旅に出る。

その初日、かなり厄介な長い騎行のすえユデヤ丘陵に上り、両側の無数の横谷がヨルダン川と地中海へと落ち込んでいるその頂きから、左右の荒涼たる低い山の緑野や、遥かな薄緑の海などの暮れなずむ眺望を愉しんだのち、眼下に横たわるラマッラーの街に入り、カトリック教会修道院の小部屋に仮の宿をとる。その夜の宿で、翌一六日からの旅程を、「夜明けとともに、明日さらにシケムに行き、そこからエズレル平原を横切り、ナインとエンドルを通ってタボルに向かい、三日後にはタボルに辿り着きたい」と記している。

このラマッラーからタボルにいたる三日間の行程は詳らかでないが、この間に遭遇したトラブルが、後になってガリラヤで記した日記（二一日）に克明に綴られている。そこに記されたこの間の騎行の難儀ぶりを伝えるエピソードは、オットーの長く厳しい旅姿を生き生きと語っていて興味深い。

ガリラヤに向かう一行は、オットーたち三人と、エルサレムで雇ったガイド二人の計五名。それに旅人三名とその荷物を運ぶために同じく現地で調達したロバ五頭。

オットーはこの新参のモール人とアラブ人ガイドにはひどく閉口し、しばしば愚痴をこぼし、ときにはあからさまに罵倒している。その「ひとりは怠け者で、お人好しで、愚かで、もうひとりは抜け目がなく強情で、とても信用できない」。おまけに二人ともまるで途に疎く、お蔭でオットーたちはひどい途の炎熱の陽射しのなかを何時間も連れ回される羽目になる。そしてこのガイドのサボタージュの所為《せい》で、シケムからエズレル平原への道中、オットーたちは旅の前途を危うくしかねない事故にも見舞われる。

僕らは石だらけの岩壁の渓谷を峠道まで駆け登った。僕らは峠で休んで待っていたが、俗物どもはついて来ない！　奴等がどこに隠れているのか、そんなこと知るものか！　僕らは待っていられなかった。昼を過ぎていて、道程《みちのり》はまだ遠いが地図から見ると間違ってはいない。だから先へ進むだけだ。

僕らは陽が傾くまでロバを進めてゆくと、そこには長い緑の平原が展がっている。その平原は「沈没の草原」と呼ばれている。実にぴったりの名前だ！　だから慎重に再三途の上に立ち止まる！　でもその途そのものがすぐに沈み始める！　その上をロバは健気に地面を踏みしめながら進む、パチャン、パチャンと。駄目だ、もう進めない。そこで左の山に向かう。そこはきっと乾燥しているはずだ。ピシャン、僕のロバが滑り、僕は泥濘《ぬかるみ》にパチャンと落ちロバは横倒しになる。さらに二歩進んでロバは動かなくなり、引っぱっても殴っても怒鳴りつけてもその場からロバを動かせない。見回すと他の二頭も僕とまるで同じ有様だ。どうしよう？

自分の両足が、ピッチのようにねっとりくっ付き離れない粘土のなかに踝《くるぶし》の深さまで沈む。騎行には涼しくて乗り心地がいいからと、朝ナーブルス（シケム）のバザールで苦労して手に入れたばかりの僕の大きな赤いバブッシェは、いずれにしろもうここから先は持ってゆけず粘土の山に姿を変える。そこで獣が身軽になり動きやすいように靴とストッキングを脱ぎ、鞍、カメラ、毛布も降ろしてやる。持物全部を山の方の地面が堅くなっているところへ苦労して引きずってゆき、こんどはロバのところに引き返す。ロバどもがそこに四つ足を拡げて壁のように棹立ちになっている。僕らはその足を一本一本掘り出し前に置く。ところが難儀して二本目の足に取り掛かっている間に、この大馬鹿ものは最初の足を引き抜いてまたもや古い穴に突っこんでしまう。無駄だ！　獣たちはそこから出ない。陽はどんどん沈みゆく。（OA 352. S. 56f.: Tiberias, Sonntag Quasimodo.）

しかし、かのモール人もアラブ人もいっこうに姿を見せない。この「沈没の草原」に迷いこみ難儀を強いられたのも、元はと言えばかれらガイドのサボタージュの所為なのだ。やむを得ずオットーたちは、かれらの悪戦苦闘ぶりを湿地の辺の乾いたところに座って眺め愉しんでいるひとりの百姓にチップを渡し、手伝ってくれるよう頼む。しかしかれは笑って動こうとしない。そこでやむを得ずかれの手に何倍ものお金を渡すと、やっとかれは立ち上がり、女も含めた仲間二、三人も呼んでロバの救出に取り掛かる始末。

するると、「おやまあ、何たることだ！ ひとりが長い耳をパリッと折れるほど乱暴に引っ張り、もうひとりがいきなり尻尾をもって尻を湿地から引き上げ、女が脇腹を身体で支える。もう完全に白目を剝きほとんど気を失った顔つきをしていた哀れなロバが、驚いてふたたび完全に活き活きとなり、老いた四肢を果敢に揃えた時にはみんな喜んで泣き叫ぶ。そしてほんとうに瞬く間にかれらはこの獣を乾いたところに連れ出す」(S. 57)。そして二頭目も三頭目も無事救出することができた。それから夜の暗闇のなかを長い間歩き回って、オットーたちとロバ三頭の泥まみれの人馬は、ようやくにして無事宿に辿り着く。

きっとそこには、シケムからの道中雲隠れしてしまった「裏切り者二人」も、とっくに到着し待っているはずだ。ところが人っ子ひとり見当たらない。なんと、翌日になってやっとかれらはやってきた。それもロバ一頭だけを連れて。オットーたちは訊ねる。「もう一頭のロバはどこだ？」するとモール人は肩をすくめて平然と答える、「死んだよ」と。そのロバの死は紛れもなくこの男の所為なのだ。「かれはすでに旅の初めにも二、三度、そのかなりの体重で荷物を積んだ動物の上に乗ろうとしていた。おそらく僕らがいない時にまたそうやって、そのためかれの重みに耐えかねてその動物は押し潰されたのだ」(S. 58)。

実にありありと道中の出来事をオットーは語っている。「沈没の草原」に難儀するロバと人を。そして役立たずのガイドの人間模様を。しかし予告された一六日から一九日までの具体的な行程を確認しうる記録は遺されていない。いずれにしても、このラマッラーからタボルにいたる道程をふくめ、さらにガリラヤ湖畔に到着するまでの記録として唯一確認しうるのは、タボルで記した二〇日の日記のみである。

しかし、ラマッラー（一六日朝、発）からタボルを目指してひたすら北上し、レバナからシケム（一八日夜、泊?）、さらにサマリアを経てエズレルに向かい、このエズレル平原を横切ってからは、平原の中心に位置する分岐点の町アフラから、ナザレへとは北上せずモレ山の方向に北東に向きをかえ、山麓のナインからエンドルを通ってタボル山に辿り着く、予定の行程が現実に辿られたことはきわめて高い確率で推定しうる。

ともあれ、オットーたちは二〇日にはタボル山に辿り着き、その山頂の修道院の快適な涼しさのなかで暑い道程の疲れを癒している。ただし、「広い山頂の緑の茂みの背後に佇むギリシア正教とローマ・カトリックの二つの修道院の白い門のアーチ」のうち、かれらが一夜の宿を乞うため潜《くぐ》ったのは、フランシスコ会の記念教会のそれではなく、タボル山上ギリシア正教修道院である。なぜなら、この時オットーは、「エルサレムのギリシア正教の十字架修道院の親切な付属神学校長ゲルマノス・バジラコス氏から、〈神の歩み給うたタボル山のいとも敬虔なるマカリオス僧院長〉に宛てた挨拶兼紹介状」（S. 50）を持参していたからである。その紹介状には、「私の友人であるこの三人のドイツ人神学者、オットー、ティンメ、ホルマンを手厚くお迎えいただき、何かとご教示下さるよう」記されている。ちなみにオットーにこれを託したバジラコス校長とは、オットーはエアランゲンで共に学んだ間柄である。

このタボル修道院の客間で記した日記には、愛《め》で愉しんだ山頂からの伸びやかな眺望を語り、この自然景観への美的陶酔を助走として、その山麓に展がる「主イエス・キリストが三〇年間生きた」イエスゆかりの地を目にしそこに現実に足を踏み入れている心の昂ぶりをあからさまに饒舌に語っている。

四月二〇日　土曜日

ここの上は素晴らしい！　タボル山の周りから抜きんでたお椀型の山頂は、蒼穹の真っ只中に何も遮るものなく聳えている。冠状の集まりをなして、ガリラヤの山々が、左の西方にはカルメル山が横たわり、そのすぐ横には海がぼんやり帯状にその向こうに仄かに光っており、南方にはサウルとヨナタンの血を飲んだがためにダビデが呪った荒涼たるギルボア山陵が、さらには重なりあったユデヤ丘陵の山襞が。でも右方には深く切れ込んだヨルダン川床がすぐ近くに迫っており、彼方には夕影に見事に浮きでた幾重ものギレアデ山岳が。しかし北方にはすべての上に聳え立って、遥か彼方ではあるが澄んだ空気のせいですぐ近くに、この緑の山岳の冠状の集まりのなかの一輪の白バラのように尖鋒に輝く雪を頂いたヘルモン山が、夕焼けに仄かに赤みをおびて横たわっている。

……

——しかし、こうした周りの美しい山々と、碧い空、数かぎりない色彩をなして沈みゆく大きな太陽とはいずれも、左方は起伏のある頂きの向こうに下り、右方は深い谷に落ち込んでいるタボル山の麓に僕らのすぐ下でへばり付いている、こうした地味な平原とよく釣り合っている！　なぜなら、この平原は下ガリラヤで、左方のその頂きはナザレのそれで、右方の谷間にはガリラヤ湖の北岸が淡青色に見えているからだ。そしてここは、タボル修道院の僧院長が誇らしげにいつも繰りかえし言っているように、「主イエス・キリストが三〇年間生き給うた処」なのだ。

そうだ、ここなんだ！　それは紛れもなく当時と同じ土地で、同じ眺めなのだ。イエス・キリストは同じこの山を眺め、同じこの山がイエスを見ていたのだ。処《ところ》も、処の名前さえも同じだ。ナインとエンドルとティベリアスとマグダラが当時あった処に今もあり、今も一八九〇年前と同じ名前だ。人びとも今日と同じように生きていただろう。そして僕はしばしば、美しい突き出た額、見事な瓜実顔、利口そうな黒い瞳、黒髪と短い黒髭のこの地の男たちを見回し、かれらにイエスの面影を探す。

イエスはかれらと同じだったに違いないが、ただこれらの容貌に窺える高貴、真摯、生気といった特徴は、いずれもイエスでは完全なものであったに違いないし、またそれら諸特徴の尊厳なまでに際立った調和のために、こうした容貌からは想像しえないようなある表情をもっていたに違いない。（OA 352. S. 51f.）

これは、いかなる意味でも聖地調査のフィールドノートではない。それは聖地訪問の客観的な観察記録にはほど遠く、イエスゆかりの地に身を置いた者の感動の眼差しが綴った心象風景の吐露に他ならない。そして、自然賛美からイエスゆかりの地に現実にいることの感慨へのこの視線の移行は、オットーの旅日記によく見られる特徴である。そしてそれは記述様式の特徴であるだけでなく、旅するオットーの心象風景そのものの基本構図の表現であり、さらにはかれの宗教理解の構図を窺わせるものでもある。

そして神学青年は、ナザレの東方約一〇キロ、ガリラヤ湖西方約二〇キロに位置するお椀を伏せたようなこの小高い山が、イエスが弟子三人を連れて登り、その姿が輝く光のように白くなったとされる、かの「変容の山」であることはもちろん承知しているはずであるが、それでも、この地を「エルサレムに優に匹敵しうる、まったく信じられないほどの〈聖〉地なのだ」と強調する、僧院長の素朴で一途なタボル自慢に対しては、「僕らは聞いて驚いた！」と一応は感心しながらも、オットーはおおむね冷やかである。そしてその聖地の有難味を噛みしめるよりは、オットーはむしろこの聖地の幾重にも堆積した歴史的表象の呪縛を洗い流すかのように、自然の佇まいのなかに己を晒し心鎮めてからベッドに身を横たえる。「夜になった。僕がもういちどテラスに上がると、いま、星が煌めき夜空にかかっていた。この上では誰しもその真っ只中にいると思い込める」（S. 54）。

翌二一日、旅人を見送る修道院は素朴な善意に満ちていた。別れ際、オットーたちは老僧院長から「キリストの変容」を描いた小さな絵を贈られる。それが「タボル流儀の祝福」なのだ。これに対してオットーたちもここの慣わし通りにお礼に寄進しようとすると、かれは頭を振り、親しみを込めて言った。「要らない！　要らない！　この上の私たちは商人《あきんど》ではない！」と。

昼、オットーたちはガリラヤ湖畔のティベリアスに着く。かれらを迎えてくれたのは、高い尖ったアーチ越しに白い屋根や棕櫚の若葉の合間から見えるガリラヤ湖や、盆地の草地の斜面の「まるで白い額縁のなかの風景画のような素晴らしい光景」であった。広い回廊に腰を下ろして、それをオットーは眺め憩っている。

すでにこの日、かれらは湖岸沿いに南方にハイキングに出かけている。

友人二人が先に行っている間に、僕は水辺のとある古壁の廃墟の上でゆっくり食事した。いろんな人が歌ったり燥《はしゃ》ぎながらそこの途を通り過ぎて行く。漁師がひとり立って長い釣り糸を投げ、岸辺の砂利の間から魚を手で摑もうとしている。遠くの街の前に釣り船がたくさん停泊している。漁業は今日でも湖畔の基幹産業なのだ。しだいに陽は傾く。そしていまこれまで薄灰色だった湖が生き返った。……

——僕らは街に戻ってくる時、蓋をしたひとつの棺台をもってゆっくり歩む二人の男に出会う。僕らのすぐ前で突然棺台の一本の柄が折れ、蓋が開いた。——かれらが運んでいるのは、死者だ。かれらは今しも死者を湖から運んできたところなのだ。馬に水を飲ませていて足を滑らせ、金槌のかれは襞のある重い衣類に妨げられて溺れたのだ。黒髪と黒髭に縁どられた美しい男の顔は穏やかで、まるで生きているような表情だ。かれは穏やかな深い眠りのなかにいるかのように横たわっている。このようにかつてかれらは若者をナインの門から運んだのだ！

この棺台から浮かんだこうした想いが、思わずかの若者に向かい、そして物言わぬかの棺台に起き上がるよう命じたあの御方がここにおられるのを目にすることができたら、と心は願う。

(OA 352. S. 58f.: Tiberias, Sonntag Quasimodo.)

それは紛れもなく古《いにしえ》のイエスの世界への寛いだタイムスリップのひと時でもあった。その湖岸の光景は、湖に釣り糸を垂れる漁師の生業も、それらを包み育む自然も、この時オットーの目には、「今日でも基幹産業」である貧しい漁業や、その基盤である現実の自然としては映っていない。たとえば網を引く漁師にも、おそらくは網を捨てイエスに従ったシモン兄弟を写し見ていたであろうか。とりわけ、ここで遭遇した溺死者の黒髭で縁どられた美しい顔を垣間見、運ばれゆくその棺台を見送るオットーの心胸に去来したのは、イエスがナインの街の門に近づいた時出会った、一人息子を失ったかの寡婦の悲嘆へのイエスの共苦の想いであり、亡骸《なきがら》と変わりはてたその若者を蘇生せしめたイエスの業（ルカ、七章）への追思でもあろう。あるいはそのイエス不在の今への嘆きの歌であり、はたまた、この今は不在のイエスの再臨への叶わぬ願いでもあったろうか。

翌二二日、かれらは湖上をティベリアスからカペナウムに向かう。「それは非常に素晴らしかった。朝早く僕らはティベリアスを発ち、堂々たる三角帆を備えた大きな漁船で航海した」。明るい穏やかな水面を船は湖畔のマグダラを横目に北上し、昔カペナウムがあった処も通りすぎ、湖北端のベッサイダへと向かう。ここではこの地に配属されているフランシスコ会修道士がかれらを親切に迎えてくれた。

食後、オットーたちはその近辺とヨルダン河口を訪ねるハイキングに出かける。それはこのイエス伝道の中心地カペナウムのイエスゆかりの遺跡探訪が狙いであったろう。しかし期待していた「古代のカペナウムの事跡はもはや何も遺っていなかった」。それでもオットーは、フランシスコ会修道士宿泊所の庭で見かけた古い建物の壁と戸口の側柱を、その確たる標識から、それがシナゴーグだったに違いなく、かつその建築様式と装飾スタイルから、それが西暦の初めに建てられたに違いないと推し量り、「かくして、僕らがいたそのシナゴーグが、ローマの敬虔な傭兵隊長がカペナウムの人びとを感動させた当のシナゴーグだという可能性が十分ありうるのだ！」と、興奮した面持ちで気ままな歴史推察を愉しんでいる。そして午後三時頃ふたたび船上の人となり帰途を辿る。

ガリラヤ湖畔を後にしたオットーは、二三日ナザレに着き、その夜はドイツ人ゲストハウスに泊る。このナザレ滞在は、しかし旅のルートの自然な選択の結果ではなかったように思われる。たしかにナザレはガリラヤ湖からハイファに向かう旅人の通常のルート上に位置してはいる。しかしオットーがここを目指したのは、何よりもここが、かの少年イエスの故里であったからに他ならない。ちなみにオットーは、そこの路地で出会った少年たちに「イエス少年の面影」を尋ね、かれらの眼差しにイエス少年の夢見る想いを垣間見ている。そしていつものように自然景観へと目を移し、イエス少年を育んだこの地の光と影の綾なす自然の佇まいに心委ねている。

ナザレ！と言えば、一二歳の少年がいつも僕の心に浮かぶ！　路地のどの少年を見ても、どこか少年イエスの面影を留めていないかと僕は観察する。イエス少年がかれらと同じように友達と遊んでいたのかどうか、またこの少年たちがイングリスやプルシアニを見ているように、つぶらな瞳でローマかダマスコから来た余所者を見送っていたかどうかと。

街は山々の懐に抱かれるように山にとり囲まれて展がり、美しく横たわっている。高地の尾根に上ると、上部ガリラヤの遥か彼方が、遥かユデヤ丘陵が見て取れる。左側にはタボル山の円頂丘が横たわり、その上にギリシア正教修道院の灰色の壁がはっきりと見て取れる。今しがた陽は沈み黒雲の背後にあっと言う間に姿を隠した。でもその光線は幾つかの幅広い縞模様となっていまだ長く射し込んでいて、靄《もや》で霞んだ遠くの頂きを照らし、頂きは仄かに輝いて、まるでこの世のものではないかのように見えた。（OA 352. S. 59: Nazareth, Dienstag. 23. 4. 95.）

オットーはエルサレムから一婦人宛に手紙を出していた。その婦人の家をここナザレで訪ねている。彼女の夫は、「最初はここナザレに、その後パレスチナのガザのムスリム、ユダヤ教徒、ギリシア正教徒、ローマ・カトリック教徒のもとで伝道」し、砂漠をさ迷うベドウィンまでもがかれの福音を聞くために遥々やってくるほど慕われた宣教師で、いまはガザの墓に眠っている。

このように、遥かな旅の空にあって、故国を遠く離れて伝道や修道に励む各地の同胞聖職者や、伝道の果てに異郷の鬼となられた同胞の関係者を訪ねることは、オットーにとって、この旅程に編みこまれた旅の目的のひとつであるとともに、旅の疲れを癒してくれる心なごむ経験のひと時でもあったろう。そしてそのひと時を語るオットーの瞳にはしばしば、楽しい寛ぎを暖かく包みこむように背後に控えている異郷の麗しの自然の眺望が映ってもいる。このことは、たとえば長旅の後に辿り着いたつぎの滞在地ハイファで、ドイツ人居留地の親切なドイツ人牧師宅に客として招かれた時の簡潔な記述からも容易に窺えよう。

カルメル山麓ハイファ　四月二五日。牧師館の裏庭に僕らは長いあいだ座って故郷のことを語り合った。美しく湾曲した碧いアッコ湾を眺めながら。白い銀色の縁《ふち》をおびて静かに僕らの方に向かって長い波が砂浜に押し寄せていた。椰子が海岸を輪状に囲み、前面には白と赤の街の家々が美しい姿で連なっている。僕らのすぐ後ろにはカルメル山が高く聳えている。（S. 62a: Im deutschen Pfarrhause.）

そのカルメル山麓の港町ハイファで、郷愁をおびて響く小さな教会のかすかな鐘の音を耳にしながら、オットーはパレスチナ聖地縦断旅行の最後の夜を過ごす。そして、この「美しい聖なる世界」への惜別の辞を綴る。

これが僕らの聖地縦断旅行の終わりであり、最後の印象である。ここハイファでこの旅は終わる。この五《ママ》週間は何とあっと言う間に飛ぶように過ぎていったことか！　あと五時間でそれも完全に終わるのだ！

夜一一時に僕らの船がここに着き、もし明日もまた晴れれば、僕らはまったく新たな海辺にいることになる。そしてエルサレム、オリーブ山、ガリラヤ湖は想い出のなかだけのものになるのだ！　そうなるのを僕はほとんど愉しみにしているのだ。なぜって、そうなればすべてが晴れやかに美化されるだろうからだ。現実のありとあらゆる雑事、不快事、難儀、不愉快なこと、紛糾、気散じがその時にはすべて姿を隠し、処と光景が一層麗しく澄みきったかたちで姿を現してくる。

落陽に染まった茜雲をその高みに頂いた静寂、荘厳なる高地の聖都、その枝の合間からいまはもう眩しくなく柔らかく碧く空が光っているオリーブの老木のあるオリーブ山、棚引く黒雲のうえに輝く三色アーチをおびたヨルダン河床、夜霧に覆われ仄見える山々を頂いた聖湖。それは心のなかに生き続け、心のなかで美しい聖なる世界に変容し、心疲れた時にはそこに入って癒されるのだ。——さらば、主の地よ！　Elisa jallah salame！

（OA 352. S. 62a-63.）

この別れの詩《うた》の端々に窺える、リアルな観察に背を向けた重たい現実からの逃避の姿勢や、時の経過による現実濾過によって立ち現れてくる純化された彼岸への瑞々しい憧憬の呟きを、リアリズムの批判の刃で切り裂き分析を愉しむ所業は慎み、いまはただ、主の地を後にしようとするオットーの夢見る想いをそっと聞き届けておくことにしよう。

かくして、聖地縦断旅行をおえルメリ号の一等船室の客となったオットーたちは、ベイルートから旅の最終目的地アトスを目指す。かれらはまずハイファからレバノンの山々を右手に眺めてベイルートに向かい、そこから地中海の「波間をほぼ一週間漂い」、さらにエーゲ海の夜の潮をぬってミティリニ（レスボス島の首都）へと航海し、五月五日、リムノス島に到着する。そこでルメリ号を後にし、翌六日深夜、「チーズを積んだ小さな帆船《バーク》」に揺られダフニ港に向かう。

その出帆をまつリムノス湾上で、明朝到着予定のアトスへの逸る想いを記している。

リムノス湾にて　九五年五月六日　月曜日

まだ陸《おか》にいる船長を僕らは出帆のため首を長くして待ちうけている。僕らが行こうとしているのはアトス、ギリシア正教徒とロシア正教徒の「聖山」だ。それはおよそ世にも稀なる、まことに風変わりな地のひとつだ。高い山稜のある、旅で三日行程の幅狭の半島、それは両側が海に急傾斜に落ち込んでいて、狭い平地でだけ本土や他の世界に繋がっている。見事な森林が山頂の周りでざわめき、さらさら流れる泉が見事な山峡を縫って谷に落ち込んでいる。その山中に匿われているのは、幾つかの大きな城塞、太古の教会、人気のない村里、ひとつのひっそりした小都市だ。

真摯な、寡黙な民がそこに住んでいて、皆長い黒髭を蓄え、頭には高い黒い円筒帽を被っている。そしてもっとも特異なことは、翁、ずっと下って青年、十二歳の少年にいたるあらゆる年齢の男たちは見かけるが、しかしどこまで歩き回っても、どこの村にもどの路上にも、老いも若きも、母も娘も成人女性もひとりとして女性を見かけないことだ。そう、千古より女性は誰ひとりこの地に足を踏み入れていないし、今なお女性にはそれは許されていない。「東方正教会の」ロシアの大公妃もこの地に足を踏み入れることは許されなかった。ただ遠く離れた彼女の船からのみ、彼女は聖別されたこの地に想いを寄せることが許されたのだ。

と言うのは、黒衣を纏ったこの男たちは修道士で、高い城壁、塔、城門をもち、急勾配の人を寄せつけない岩壁の上にある城塞は修道院で、同様に集落と村里も、そこで家族のように生活している修道士たちの居住地だからである。千年も昔にかれらはこの山地に移り住み、断食と祈禱、教会、聖遺物、無数の聖人伝と奇跡物語によって、東方教会の全宗派用のこの地は、聖域の名声に浴し「聖山」と呼ばれた。

昨夜すでに僕らは、そのいと高き山頂を、アトス山そのものを、リムノス島から、透き通った夕映えのなかで、対岸に泳いで渡れると思えるほど近くに見た。それは素晴らしい眺めだった！（S. 65f.）

やった！　船長がやって来る！　船が動きだす。僕らは出帆する。青みを帯びた幅広いピラミッド形のアトス山が、その時すでに鮮明に美しくゆっくり動いている！　上方に雪が輝いている。鏡のような海面が穏やかに横たわっている。僅かな風が僕らの大きな白い帆を膨らませ、僕らは穏やかに滑らかに海面を滑って行く。（中略）

素晴らしい！　船長が上がってくるよう僕らを呼んでいる。夜が明けていてアトスが僕らの傍らにある。下部は森の緑の、上部は岩壁の褐色の山が海面から繋がって上り勾配をなし、前方へは急角度で落ち込み、後方に向かっては山脈が長く続いている様は見事だ。下の入江、山腹、磯には大小の家並みが山沿いに横たわっている。

それは修道院か、独居房か、それとも修道僧の集落だ。

僕らの鈍間《のろま》な愚女《ふね》にも喜びが飛び込んできた。ツバメのように喜びがぴりっとした朝風を前にして飛んで行く。

まもなく僕らはダフニに、港に着く。（OA 352. S. 67-71.）

三―九　聖山アトス

五月七日、ダフニ港に着く。ここが、遥かより望まれた、かの「聖山《アギオン・オロス》」アトスだ。すでにレスボス島へと向かうエーゲ海上の船室（五月四日）で、オットーは、「聖山アトスに一四日間滞在し、修道院から修道院へと訪ね歩き、教会を調べ、写本やイコンを鑑賞し、典礼に参加し、修道僧たちの息吹を存分に味わい、山、森、海をたっぷりと愉しみたい」（OA 352. S. 63）と記していた。

そのアトス入山を認《したた》めた書状（滞在許可書）、「アトス修道院群宛、修道士神聖議会書状」が、アトス滞在日記の冒頭（S. 72）に収められている。

聖山アトスの敬虔なる一二の修道院殿

信徒印を印したこの紹介状の携帯者、ルター派教会の二人の神学者、教会員ルードルフ・オットー Rodolphos O. とカール・ティンメ Karolos T. が私たちのところに来たのは、私たちの敬虔なる修道院を学び識り、修道院の図書室で調査するためである。それゆえ各修道院はそれぞれの事情に応じていずれも然るべくかれらをもて成し、またかれらがつぎつぎと修道院を訪ね歩く際に、その旅の機会を世話して下さるよう親身にお願いしたい。このため、私たちはかれらにこの書状を持たせた。

カリエス　一八九五年四月二六日　　聖山アトスの敬虔なる一二の修道院の代表者と院長

*欄外注記「修道都市カリエス。ユリウス暦四月二六日、われらの五月八日」

アトス政庁発行のこの書状を手に、オットーはヴァトペディ、グリゴリウ、大《グランデ》ラヴラ、イヴィロン、クシロポタムウ、アギウー・パヴルウ、パンテレイモンなど修道院を訪ね歩き、修道士たちと語り、大修道院群の聖なる営みを嗅ぎ、ビザンティン文化の数々の宝庫に触れ、それをとりまく聖山の自然の佇まいを満喫する。

アトス大修道院群の多くは、強固な周壁に囲われ、中庭の中央には主聖堂が、周壁に接して食堂や図書室などが設けられているが、かれらはまずそうした典型的なアトス修道院のひとつ、ヴァトペディ修道院を訪ねる。そこで、その主聖堂に案内され聖遺物を幾つか目にする。オットーはそれらのひとつ「処女マリアの帯」に興味を覚え、この帯に込められた奇跡物語の、今なお生き続ける聖帯崇拝の現状を記録している。

ヴァトペディ修道院にて　九五年五月八日　木曜日

高い壁、頑丈な塔、大きな二層の門を備え海岸に直に接して城塞のように横たわっているこの修道院の若い書記が、大きな中庭の真ん中にある教会に僕らを案内してくれたところだ。僕らは奇跡を行うマリア像に驚いた。

それから輔祭が「聖遺物《ダス・ハイリゲ》」のところに案内してくれた。そこには祭壇のすぐ近くの聖遺物匣に貴重な聖遺物、聖人の遺物が納められている。銀製のケースのなかの二、三の頭蓋が取り出され、いとも恭しく展覧に供せられた。つぎに肝心なものが出てくる。二人が金箔の聖櫃を宝石と真珠で飾り立てた聖遺物から摑んで取り上げる。

そのなかには古風な刺繍で覆われた色褪せた幅広い円筒状の帯が姿を見せている。

僕らは聞いて驚く！　なぜならこれが処女マリアの帯だからだ。マリアが亡くなった時、これを彼女に着けてやったのだ。三日間彼女は墓で眠った。その墓は今もエルサレムのキドロンの近くに姿を見せている。でも三日目に信者たちは墓が空であることに気づいた。ユリとバラがそこから咲いた。でもその処女の亡骸《なきがら》は、かれらの眼前で天に召された。別れ際、彼女はその帯を外し、この奇跡を信じるようトマスに投げ渡した。そこでかれが帯を拾い上げ、それがつぎつぎに渡されていって、最後に「聖山」にやって来たのだ。

大きな奇跡の力が、この帯には今でも備わっている。とりわけ雨に対して効能がある。ある地方で天の水門が長きにわたって閉じられたままの時には、アトスに使いを遣ってこの聖なる帯を求め、祝祭の行列《プロツエシオーン》をして野原を縫って運ぶ。すると帯はしばしば広範囲に、海上にも雨をもたらす。(OA 352. S. 73.)

聖母が被昇天の際使徒トマスに与えた「聖母マリアの帯」の奇跡物語へのこの信仰に、とりわけ守護聖人を称えるその雨乞いのご利益《りやく》にオットーは驚き、疑念と興味に駆られ質問を投げかけている。「修道院付属学校の教師がさっきおっしゃった、ここでは今なお沢山奇跡が起こっているというのは、ほんとうですか？」すると若い聡明な書記は肩をすくめて無造作に答えた。「そう、時々ね」と。

この遣り取りを耳にして、先ほどこの奇跡物語を語って聞かせた輔祭が口を挟む。

あなたは、私が言ったことが本当かどうか、書記に訊ねられましたね。私はそれを確かに聞いたことがあります。私はまだ奇跡が存在することを保証します。今でも尚です！　あなたは何を信じていますか？　食べることと飲むこと以外には何も考えず嘘つきで悪い人が、いま別人になって、善良で信心深くなり神を求めるようになったとすれば、それは奇跡ではないでしょうか？　そうでしょう。そんなことは今でも起こっているでしょう。

（OA 352. S. 74.）

これにオットーは肯く。そして輔祭は語る。「そうです、あなた。私たちも同じ意見です。それはきっと一番素晴らしい奇跡で、聖人たちとパナギア（聖母マリア）を引っくるめたどんな奇跡よりも偉大です」。この輔祭——かれはまもなく試補期間を了えれば、一人前の修道司祭《スタヴロフォール》になる——とオットーの心開いた信仰問答は続く。

「そんなに長いたびたびの典礼も、あなた方には多すぎるということは決してないのでしょう？　それでも、かぎりなく多い祈禱、聖歌、毎日同じように繰りかえされるセレモニーは、ともすれば多すぎるようになって精神を鈍らせ飽きさせませんか？」

かれは答える。「お、多すぎない、多すぎない！　それは少なすぎるよ！　あなたは結婚していますか？」

どうしてそんなことを訊くのか訝《いぶか》りながらオットーは答える。

「いいえ」と。「じゃあ、婚約してるの？」「婚約もしていません」。

「あ、残念！　そうでなければ、ミサがどうなっているのかを、あなたにすぐに述べることができたのですが。というのは、私たちの魂は花嫁のようなもので、キリストが花婿です。そして花嫁と花婿が決して互いを見捨てようとは望まず、互いをもう沢山だと思ったりすることがありえないように、私の魂とキリストもそれと同じなのです！　だから私たちの典礼と祭儀は長すぎるのでなく、まだ短すぎるのです！」（S. 75.）

アトスを歩むオットーは、たしかに書斎派神学者ではなく、こうした信仰問答に心動く巡礼者でもある。そしてそれ以上に、この孤絶した不可思議な世界の奇異なる日常模様に深く興味を覚える世間探訪者であり、さらには、聖なる営みを包み育むこの聖なる山の自然の佇まいに誰よりも繊細に心ときめかす自然賛美者でもある。

それゆえ私たちも、この聖山の信仰以前の人間と自然の姿を眺める世界観察者オットーを見ておこう。その人と自然の営みをいつものように生き生きと描いている。ロマンティックに、リアルに、そして雌《めす》の動物さえ拒まれた女人禁制の件はユーモラスに。

五月九日

——この上の世界は変わっている！　メルヒェンの魔法の山に住もうとしたにちがいない！　頑丈な城郭、集落、家々、庭と畑があり、くすんだ煙突、コトコト鳴る水車小屋、カタカタ鳴る鍛冶場があり、道路をのんびり渡っている家畜の群れがおり、木々の間で草を喰《は》む馬や牛やラバがいる。ふだん人びとの世界はちょうど斯くの如しだ。

でも何処にも、こうした庭や家で働いている女性は一人たりとも見当たらない。籠を持ったり、家畜の群れを世話する娘一人たりとも見かけない。そう、動物まで「雄《おす》」ばかりだ！　家畜の群れには雌牛はおらず、裏庭にも雌鶏はいない！　そして傍らを追い立てられている羊はみな例外なく力強く巻いた角をしている。外部からここに連れてこられたのはうるさい雄羊だ！　子供を連れた母や、道ばたで遊んでいる子供や、家にいる家族はどこにも見当たらない。いたる処、長い黒い修道衣を身に着け高い黒帽子を被った黒尽くめの人影だけだ。

時おり見かける俗衣の男たちもたいていはブルガリア人で、かれらは修道院に雇われて働いているか、馬とラバの家畜番として巡礼修道士たちに使われているのだ。

それ以外にしばしば見かけるのは、いずれの十字架に向かっても深々とお辞儀している、肩まで髪を垂らした、厚いウールのコートを着、がっしりした防水長靴を履いた巡礼者たち。それは修道院から修道院へと巡拝しているロシア正教の巡礼者たちだ。

そしてこの不可思議な世界は、この晴朗な海の真ん中に他のいっさいの世界から隔絶されている。周りどこまでも紺碧に展がるその海は岩壁に当たって砕け散り、その褐色のうねりの上に泡立つ白い筋模様を残し、あるいは昔と同じように轟く大波がこの岩壁に打ち寄せている。

素晴らしく美しい弧を描いて、海岸は入江と岬が交互に長く延びている。長い半島の高い尾根から新緑の森が紺碧の海に下っている。そして何たる森！　枝を拡げた見事なプラタナス、巨大な橅《ぶな》の葉っぱに似た葉をつけた本物のマロニエ、すらりとした高い幹の、前の年の古い芽の上に淡緑の新芽をつけた欧州樅《もみ》、襞の多い樹皮のあるコルク樫《がし》、夢見るオリーブ、若き日の想い出のある胡桃《くるみ》の木。でも西洋柊《ひいらぎ》の常緑の下には榛《はしばみ》の実の密生した藪。……そして地面一面に新鮮な素晴らしい春の花の充満！

――でもこれら絢爛たる春景色の上に、森や鮮やかな山岳草原の上に、相変わらず目を惹きつけひき留めて堂々と聳えているのは、円錐形のアトス山の三層に分け抉られた頂きである。その頂きはほとんどすぐに険しい崖で、……両側に向かって見事な弧を描いて海に落ち込んでいる。（OA 352. S. 75ff.）

修道院や修道士、あるいは宗教資料等、宗教事象の観察記録は押し並べて多くはない。代表的な聖地を訪ねた神学青年の観察記録に期待しがちな、東方正教会《オルソドックス》の宗教史的詮索や神学的分析は予想外に簡潔である。唯一記録しているのは、一一日に訪ねたクシロポタムウ修道院での総主教ヨアヒム三世表敬訪問の報告である。そしてそこでもオットーは、神学論議に先立ってまず修道院の佇まいを描き、客室から見晴らせる雄大な自然の眺望に心酔わせ、また総主教に謁見しても、まずはその威厳ある容姿など神学以前の人間観察を筆にするのを忘れない。

クシロポタムウ*から　三日後　*Mylopotamos（OA）, Xylopotamos（HS）

僕らのラバが、客を手厚くもて成す大きなイヴィロン修道院から僕らをここに運び上げてくれた。……ゆっくりと僕らは千古の幅広い塔に登る。塔の大きな門のところで、堂役が中庭を通って何も飾っていない壁のある簡素な応接室に案内する。かれに名刺と書状を手渡し、僕たちだけでしばらく待つ。

この窓からの何たる眺望。塔と家がそのすぐ下で海へと急傾斜に落ち込んでいる巨大な岩壁の上に立っている。水中でその岩壁は裂けた暗礁と顕礁に繋がっており、その上を澄んだ波が倦まず弛まずざわざわとたえず新たな姿で戯れている。……それを僕らは険しい頂きから見下ろし、魅力的な色彩の戯れを、寄せては返す波の穏やかな心安らぐリズムを、露に濡れた潮の鮮やかさと明るさを観賞して目を休める。

「あなた方を猊下がお迎えになります」。堂役がそう言って、ひどく質素な木の階段を上って僕らを別な部屋に案内する。その部屋は比較的高く見晴らしのいいところに位置していて、海全体を見渡せタソス島とマケドニアの雪山が眺望できる。

とても長くのびた美しい髭と髪をし、襟首を絹のリボンで結んだひどく高齢の威厳ある老人が、広く低い長椅子から立ち上がり歓迎の挨拶をし、僕らに席に着くようにと言う。この人が「罷免されたコンスタンティノープル総主教ヨアヒム三世」である。その顕職は解かれたが、その位と「猊下」の称号は依然として保持している。かれの容姿の威厳は単純で美しい黒僧衣によって一層高められている。(OA 352. S. 77f.)

しかしこの日の謁見では、初対面の型通りの挨拶の遣り取りの後、話は直ちに「種々の教会相互の立場、東方正教会の独自性などといった宗教的領域の問題」に入っている。採り上げられたのは、主として数々の奇跡に彩られたアトスの草創伝承、とりわけ三日前ここで耳にした聖帯の奇跡物語と、聖母マリアの開山縁起を巡ってである。

僕はここの修道院やギリシア正教全体で流布しているこの聖人伝と奇跡物語について、東方正教会はどう教えているかを訊ね、すぐにこの地で最近僕らが経験したことを持ち出した。すなわち、イヴィロン修道院で、いとも神聖に守り伝えられているマリア像を僕らは見せられた。人びとはその像について、その像が成し遂げた多くの奇跡と治癒を語っていた。その像は当時海上を漂って修道士の側に住むために修道士のところに漂着した。ある時トルコ人が上陸し修道院を襲おうとした。そこでトルコ人のひとりが槍を手にして像の左頬を突いた。すると、見よ、血が一滴そこから溢れでて、その無礼な男に癒しの畏れを懐かせた。

総主教は僕らの問いにしばし咳払いした。その後のかれの返答は慎重でまことに高位聖職者らしいものだった。教会には二種の伝承がある、とかれは言った。ひとつは教会の優れた司祭たちと教師たちの伝承である。これを教会は聖書とともに聖なるもの、神的なるものとして崇めている。それとならんで二つめの民俗的なものがある。これは多く聖人伝と奇跡物語にかかわっている。それは非常に流布している。いずれの正教会もそれには尊重して耳傾けているが、しかし教会はこの伝承の断片のことごとくを承認する必要はない。(OA 352. S. 78f.)

「教会には二種の伝承がある」。困惑を隠すための咳払いのあと慎重に口を開いた総主教の発言に、オットーは東方正教会の理念と現実のギャップを突きつけられた責任者の困惑を読みとり、かつ教理と現実の板挟みを慎重に架橋しようとする高位聖職者の巧みな術を見て取っている。しかし同時に、聖職者の神学にこだわりつつも、民俗伝承の現実にも心開き、人びとの民俗的信仰の現実の重みに耳傾ける総主教の開かれた心に、ここでオットーがいささかの共感もこめて理解を示し始めていることにも留意しておきたい。

それからオットーは、この旅でみずから体験したより現実的な信仰の実態を話題にする。すなわち、エルサレムで目にした「聖火」を採り上げて聖火に対する教会の姿勢を訊ね、イエスの墳墓の側でのギリシア正教徒とアルメニア教徒の血生臭い争いを採り上げて、蟠《わだかま》っていた疑問を投げかける。これに対して総主教はキリスト教徒同士の争いをひどく嘆いた。しかし返ってきたのは、控えめに語られるおおむね「事象を巧みに回避するきわめて精錬された用心深い解答」であった。

神学的な意見交換はさらに続いた。そしてオットーは、東方正教会をして、「教養に反対せず、諸学問を求め愛し、宗教と知識が手を携えるよう」努めているこの高位聖職者から、理性を許容し信仰と理性を架橋する開放的な、エキュメニカルな精神をも嗅ぎとり、その押し並べて開かれた心に共感を懐きつつ対話をおえ、修道院を後にする。

「かれが語るギリシア語は実に美しく巧みで、古代の聖書記者のギリシア語にそっくりだった。表現はのびのびと自然で、それでいて話は控えめで、独居と孤独にもかかわらず教養ある世故に長けた非の打ちどころのない人という印象を与えた」(S. 80)。

先に触れた修道士との信仰問答とこの総主教との神学論議以外には、アトスでは「宗教的領域の問題」への主題的な言及は見られない。この後はもっぱらアトスの自然のみが対象となる。しかし旅するオットーの生身の感性を窺うには、ありきたりの宗教論議以上に、後者の自然賛歌の方が興味深くまた重要でもある。

ここでは、その焦点となっているのがアトス登頂の試みである。そしてそれはまたアトス滞在そのものの頂点でもある。この旅の最後に、峻嶮な岩峰アトス登頂を目指すオットーに目を移すことにしよう。そのオットーたちのラバに跨がり山頂を目指す姿が窺えるのは、一三日と一四日の日記である。

「朝早く、聖山の著名な修道院、大ラヴラを発った」。ここアトス山中腹で日の出を迎えるため、一三日早朝、日の出二時間前にブルガリア人御者とラバともども、大ラヴラを発ちひたすら登ってきたのだ。いまかれらが座っているのは「円錐形のアトス山の中腹にあるパンザギアの巡礼堂と礼拝堂の前の小さな木の十字架の近く」である。遮るものは何もないこの海抜三千フィートの地点で、かれは呟く。

「この上の、何と雄大で荘厳なことか！　この世の喧騒や日常茶飯事は微塵もない。宇宙の中心なる静寂《しじま》の平安。時おりの僅かの鳥の声のみ」[16](S. 82)。

時は経ち、陽は西に傾き、やがて高い稜線の後ろに姿を隠す。「暗くなり寒くなる。暖炉の火がパチパチ音を立てている。ブルガリア人がその上に太い枝と長く燃え続ける角材を置いた。活き活きした炎の揺らめきが僕らの寝床の周りにさまざまに影を投げかける。いま戸外では高い天空に星が見事な黄金色に輝いている」(S. 83f.)。

この夜山中で仮眠をとり、翌早朝かれらはさらに山頂を目指す。

一四日　火曜日

夜三時に出発し、さらに登っていった。月光が僕らの遥か下、海面に幅広い筋模様をなして燻し銀のように横たわっている。山頂は厚い雲に蔽われていた。その雲は巨大な炉からもうもうと漏れ出す煙のように頂きから湧き出てきて月に近づき、ついには月をとらえ覆ってしまうかに見える。長々と曲がりくねって、岩角と漂礫《ひょうれき》の海原を縫って上がるように途はゆっくり螺旋状に上がっている。ところどころで途は広い雪原で断たれている。それを越えるには、足場を固めるため凍結した地殻のなかに足をしっかり突き刺す必要がある。さもないと誤って険しい滑りやすい表面を轟音とともに谷底に滑り落ちる。

月は動き、左の方は暗く不気味な夜だが、右の方、東の方向は微かに明るみ始めている。仄かな赤みがすでに地平線を覆い、鮮やかな碧がその上に横たわっている。海も輝き始め島嶼が暗紫色の山々を懐いて海中に浮かんでいる。僕らは山頂へと急ぐ。その時霧が頂きからどっと舞い下り始める。厚い雲のなかで霧が高い峠を越えて僕らに向かってきた。この攀じ登るべき峠の方向と彼方の目眩がするような谷間では、本当の海とひとつに溶け合って輪郭が定かでない沸き立つ雲の広い海原をまだ辛うじてなんとか眺められる。

それから周りすべてが灰色になり、薄暗くなる。ほんのちょっとした努力で下り途が見つかる。そしてふたたび下のパンザギアに辿り着いた時、やっと雲が去って陽はすでに空高く上がっている。(OA 352. S. 84.)

山頂を目指すかれらの前に広大な雪原が立ちはだかる。そして登頂を急ぐその視界を沸き立つ雲海が、霧が遮る。厚い雲に蔽われた標高二〇三三メートルのこの頂きに、オットーはついに辿り着くことはできなかった。「そうこうするうちにもうまた夜になった」。急な下りの長い夜道をラバに揺られ、程なくしてオットーたちは「険しい絶壁に巣のようにへばり付いて、水面の上方に聳え立っている」グリゴリウ修道院に辿り着く。ここが、かれらがアトスで最後に訪ねた修道院になったと思われる。なぜならここからは小舟でアトス入山の起点港に引き返しているからである。

翌日オットーはこの「世にも稀なる世界」に別れを告げ、船上の人となる。その海上からオットーは、この「ビザンティンの箱船」を、そしてアトス山の三角錐の山容を振り返る。すると上方高くに、辿り着くことの叶わなかったキリストの変容の白い小教会堂が点のように小さく仄かに輝いていた。そして万感の想いをこめてかれは小さく呟く。「さようなら、世にも稀なる世界よ」。

五月一六日　木曜日　船で

いま、アトス山は波の背後の暗闇に沈んでいる。そしてアトス山をふくめたメルヒェンの世界すべてが。長い間ずっと僕らは傍らに聳えているアトス山頂を、僕らが攀じ登った高い鞍部と岩尾根を見ていた。そして上方高く最頂上に、点のように小さく、昨日霧に妨げられたキリストの変容の白い小教会堂が仄かに光っている。単純な、壮大なラインが海から三角錐の頂きへと繋がり上に向かって見事に延びていて、その真ん中の頂きは、さらにその両側面の上高くに、宇宙の孤独な虚空に抜きん出ている。いま地平線が姿を消し夜の帳《とばり》が下りた。さようなら、過ぎ去りし日々の世にも稀なる世界よ、光景よ。移ろいゆく時の流れに抗して、おまえはこれからいつまで持ち堪えるのか？（OA 352. S. 85.）

＊　＊　＊

遠ざかる「聖母の園」への惜別の辞とともに、この旅便りは終わっている。

この聴聞の旅で気づくのは、宗教との出会いも、宗教現象についての発言も、前回のギリシア旅行に比して頻度も密度も高く濃いことであろう。カイロの街を、あるいは聖地パレスチナの荒野を、はたまた聖山アトスを訪ね歩くオットーは、ヘラスの歴史と自然をもっぱら憧憬の美的観賞の眼差しで訪ね歩いていた二二歳の夢見る青年とはまるで別人の風貌をおびている。同じ表情が表れるのは、悠久の自然の光と影に彩られた伸びやかな眺望に心酔い、その美的陶酔を昂ぶる筆で饒舌に語るときであろう。そしてその表情から、オットーの世界理解の基層に揺れる、かわらぬ感性を読みとることも可能であろう。

宗教現象が主たる対象となったのは旅の時と処の故でもあって、これは紛れもなく復活祭の聖地詣でである。そのかぎりでは多くの宗教現象との出会いには事欠かない。事実、コプトの典礼、ズィクルのデルヴィーシュ、そしてエルサレムで迎えた聖週間の数々の祭儀、イエスゆかりのヨルダン、ガリラヤ詣で、さらにはこの世から孤絶した聖山の修道院巡りと、文字どおり宗教の強い香り――異臭もふくめた――に包まれた日々であった。

そしてそれらを訪ねるオットーの出で立ちは、調査旅行のそれよりはむしろ体験旅行の装いである。この旅人の心を占めているのは、宗教事象のたんなる客観的観察ではなく、生きた宗教に触れることによって揺れ動く自己の経験の確認である。

またこの旅では、みずからの信仰世界とは異質な異教の宗教事象を見つめる姿勢として、「純粋観照」なる視線が姿を現し、高みからの批判的観察を峻拒し、事象と同一地平に身を置いた等身大の目線による共感的な観照へのこだわりが顕在化する。ここには、エキュメニカルな神学の眼差しとも違った、すぐれて解釈学的・現象学的な宗教学的視角の兆候、顕現が読みとれる。

こうした宗教理解の一面として興味深いのは、空間の広がりへの関心にもまして、とくに光と影に彩られた色彩世界への視覚的共鳴と、沈黙と音の聴覚的世界への強い反応である。すなわち、たんなる認識の一領野としての知覚的世界というよりは、見る、聞く、嗅ぐといったより直接的、基層的な感覚領野が、宗教的世界の深みの発酵土壌や徴表として注目され、宗教理解の不可欠の地平として問われている。それにひき換え、教理の論理的深奥や宗教行為の倫理的峻厳といった宗教の理念的地平への関心は不思議なほど欠落しているか、時として疑問の対象として登場してさえいる。

今回の聴聞の旅で見えてきたのは、宗教学者オットーのこうした生地の感性であり資性である。そしてこの旅日記を閉じるいま、私の心を占めているのは、この独特の感性の素性の理解をぬきにしては、オットーの独自な宗教理解の技法も、かれが開示した宗教経験の秘義も、その確かな姿を見定めることは困難であろうとの想いである。

第四章　〈二度目の大旅行〉——聖の原郷

四—一—一　〈最初の大旅行〉から帰って——「北のアトス」へ

〈最初の大旅行〉から帰国後、オットーは長く旅から遠ざかることになるが、まずこの期の学的営為の大要を確認しておこう。

> 一八九五年聖ミカエル祭から一八九七年聖ミカエル祭まで、私はゲッティンゲン神学寮の監督官を務めました。一八九八年五旬節に、私は『ルターの霊と言葉』"Geist und Wort nach Luther"と題するドクター学位請求論文《ディスセルタチオーン》を提出して Licentiate（博士）の学位試験を受けました。公開討論の後、同年七月九日神学の Licentiate の学位を取得しました。七月一〇日、神学部の授与集会で試験講演をおこなった後、二年間教えるライセンスを得ました。
>
> （Curriculum vitae. S. 61.）

すでに旅先エルサレムからの手紙（HS 797/580. S. 89）で、帰国後前向きの解答が得られるだろうと見込んでいるが、その期待どおり、オットーは一八九五年の聖ミカエル祭（九月二九日）から二年間ゲッティンゲンの神学寮監督官に就く。ただしこの施設での監督官オットーの活動の仔細は定かでない。しかしオットーの学的営為の所在は、この監督官時代にとり組んだ学問的処女作『ルターの聖霊観』*Die Anschauung vom Heiligen Geiste bei Luther. Eine historisch-dogmatische Untersuchung.* Göttingen 1898 から窺うことができる。

この書でオットーは、かれの神学的出発点であるとともに宗教的出自の核心をなすルターに学問的に立ち向かい、その精霊《プネウマ》概念と対決している。そしてここで展開された精霊概念は「神学者」オットーの中心概念となるものでもある。その意味では、この最初の神学論攷は、かれの、とりわけ「神学者」オットーの学的営為の骨子の所在を、さらには「宗教学者」オットーの、宗教的なるものの固有の意味の解釈磁場の所在をも萌芽的に告げているように思われる。ともあれルターの精霊概念との対決のなかから、宗教理解のキー・カテゴリーを求めて、それも旅のなかですでに体験しその解明を模索していた宗教諸現象へのアプローチ方策を提示しうるようなカテゴリーを求めて格闘する姿を読みとることができる。そしてルターの精霊概念への注目のなかからは、近東の旅先でしばしば瞠目したイスラームやキリスト教（とりわけコプトや東方教会）の、西方教会のそれとは異質の宗教儀礼に見られる非合理的、超理性的次元の体験に通じ合う宗教固有のカテゴリーへの関心をも読みとることができる。いいかえれば、旅の体験という視角からこの学的処女作を見ると、ルターへの関心と旅先の宗教体験とに通底する若き神学徒の宗教理解の基調が匂ってくる。ただし、「旅するオットー」を追跡する者が期待する、旅先で激しく心動かされた諸宗教との生きた出会いの経験の直接的な反映は、いまだ顕示的には読みとりがたい。

〈最初の大旅行〉から帰国後、つぎの〈大旅行〉に出で立つまでの間隔は例外的に長期におよんでいる。しかし実はこの間にも、帰国の五年後一九〇〇年に、八月から九月にかけての期末休暇を利用し、オットーは旅立っている。ただし、これまではもっぱらヨーロッパの南や東の彼方へと向かっていたのに対して、今回は一転して北に向かいロシアを訪ねる。

この「ロシア旅行」の資料としては、手稿類冊子一点が遺されている。

HS 797/692 : R. Otto, Briefe aus Reise nach Rußland. 1900. Semesterferien im Aug. u. Sept.

この手稿には、書簡を装った旅日記の書状一三葉（二六ページ）のほかに、旅先で手にした書簡、紹介状、名刺等九点の添付資料が含まれている。そのひとつ、たとえば添付資料三番（Anl. 3）は、冬宮（エルミタージュ）入場券と、ロシア聖務院上級管財人宛の紹介状がそれぞれ一通と、その送付の件を認《したた》めた大使館つき書記官の添え状（ペテルブルグ、八月三一日）であるが、オットーがこれを受けとったのは、記録からみると旅先の船上である。

オットーはフィンランド経由で白海南奥の支湾、オネガ湾を目指している。それは湾北部に位置するソロヴェッキー諸島の主島ソロヴェッキー島に建つワラモ修道院を訪ねるためである。このロシア旅行の主眼はこのワラモ修道院訪問であったと思われる。ただしこの修道院訪問についても、オットーの報告は残念ながら明確ではない。案内してくれた労咳を患い余命幾ばくもない若い修道士への思い遣りに満ちた記述には、人間オットーの心情が窺えるが、しかしそれ以上の、はるばるオネガ湾に修道院を訪ねきた神学徒オットーの発言に耳傾ける者が当然予想し期待しもする、たとえばロシア正教会の宗教史的探索、訪ねた修道院の現状を記したフィールドノートや、そこで交わした神学論議などは残念ながら確認できない。

しかし、はるばるオネガ湾へとオットーを誘った東方正教会への熱い想いは、五年前のアトス詣でと重ねてみると容易に窺いうる。前回の訪問地アトスでオットーは修道院から修道院へと巡り歩いているが、その訪ね歩いた数多くの散居修道院のひとつにパンテレイモン修道院がある。ツァーリによって創設され庇護されてきたこのロシア修道士の修道院で、かれはロシアの修道士たちと懇意になっている。

そしてこのロシア旅行では、たとえばアトスで訪ねたヴァトペディ修道院や大ラヴラ散居修道院を想い起こし、それとの親近性を懐かしみ、オットーは親しみをこめてこのワラモ修道院を「北のアトスだ」と呼んでいるが、こうしたさりげない事実からも、ロシア旅行がワラモ修道院そのものへの宗教史的ないし神学的関心よりは、むしろ前回のアトス詣での感動と深くつながり、アトスで決定的に触発された東方正教会とスラブ文化への関心と共感に導かれてのものであろうことが窺いうる。

四――一――二　〈二度目の大旅行〉の前に――ゲッティンゲン時代

一八九八年七月一〇日、オットーはゲッティンゲンの組織神学と宗教哲学の教授資格を得ている。ここでの最初の仕事として知られているのが、シュライエルマッハー『宗教論』の改訂版、*Schleiermacher "Über die Religion"*, neu hrsg. u. mit Übersichten u. Vor- u. Nachwort. Göttingen 1899 の出版である。

これに付した詳細な序言と跋文において、オットーはシュライエルマッハーに見られる「思惟と行為に対する直観と感情の強調」に共感し評価している。ここから窺える宗教感情の解釈学への関心は、一八九五年の旅路で、とりわけデルヴィーシュの非理性的な振舞いに驚愕し、宗教儀礼を彩るその非合理的表象の意味を解読しうるような新たな宗教感情の分析論の必要性を覚えたことと無関係ではないように思われる。

ここでひとまず、ロシア旅行から帰国後〈二度目の大旅行〉に出で立つまでの、長期間旅から遠ざかったゲッティンゲンでの約一〇年間のオットーの歩みを確認しておこう。

一九〇一年、オットーは『歴史的・批判的イエス論』*Die historisch-kritische Auffassung vom Leben und Wirken Jesu* を纏めている。リッチュル神学の刻印をおび、もっぱら当時の「批判的イエス像」の圏内で道徳教師イエスを語るこの小冊子は、たとえば今日神学研究の世界で何らかの問題提起をなしうるものとして論議の対象とされることはまず期待できない。そしてこの処遇は不当ではない。オットー自身、イエスの告知における終末論的視角とは無縁なこの初期のイエス解釈を、のちにほとんど省みることがなかったばかりか、とっくに時代遅れのものと見なしてもいる（Otto, B-8)。

このように学問的にいわば捨て置かれることになったこの書は、しかしオットーのアカデミックな行路には看過しえぬ障壁として立ちはだかることになる。すなわち、その神学がリベラルと見なされ、ためにベルリン領邦教会宗務総局（最高宗教会議）による拒否をうけ、一九一五年にその拒否権が解除されるまで、ルター派教会によって正教授職から長きにわたって締め出されることになったのである。かくして、アカデミックな経歴としては差し当たりゲッティンゲンで私講師・員外教授職に甘んじる以外に途はなかった。

ちなみに、「ゲッティンゲン・ドキュメント」（S. 75f.）が告げるこの期の履歴からも、その難渋ぶりが読みとれる。

一九〇三年一〇月二〇日。学部はオットーの員外教授職授与請求を推挙。ただし組織神学の職ではない。「というのは、ここの組織神学教授職はすでに二人の正教授が務めており、この専門分野にそれ以上補充の必要はないからである」。しかし学部はオットーに宗教哲学を委嘱することを推挙。「これは世界観の現今の闘い、とくに哲学的自然観に対する闘いにおいて、われわれ研究者のそれに関する専門的に綿密な哲学的訓練が望まれうるということも考慮して進めている」。

一九〇六年七月三日。「神学諸学問を福音主義・ルター派教会の諸原理と一致したかたちで誠実に明確に根本的に進めること」を固く約束させられる。

一九〇七年四月二〇日。過労による病気を理由に休暇を申し出、一度の延長もふくめ一九〇七・〇八年冬学期終わりまでの休暇を承認される。

この教授職からのオミットによってもたらされたゲッティンゲンでの長きにわたる私講師・員外教授時代、オットーは展望が見出しえぬ神学アカデミズムへの途に思い悩み、教示を仰ぐため訪問を打診する書簡をエルンスト・トレルチに書き送り、トレルチから、神学のことよりもまず自分自身をしっかり見つめ、差し当たっては心の平安だけを心がけ内面的に強くなるよう励まされてもいる（HS 797/800. Troeltsch an Otto. Nov. 17. 1904）。

このゲッティンゲン時代、オットーの関心分野は、少なくともその対象世界から見ると、神学よりは宗教哲学であるかに見える。すなわち、この期の代表的な仕事のひとつは自然主義思潮との思想的対決であり、もうひとつは宗教理解の鍵を提供しうる哲学として、フリース主義の受容である。

前者を代表するのが、『自然主義的世界観と宗教的世界観』*Naturalistische und religiöse Weltansicht*. Tübingen 1904である。

ここに見られる当時のモダンな生物学と自然科学への取組は、その基底にある、とりわけダーウィンに代表される自然主義的な認識理念が信仰的な世界理解を根底から揺さぶり窮地に追い込む危険性をもつがゆえに、感情や敬虔、あるいは目的論といった宗教的世界理解固有の意味世界を確保するために、それと相容れない数量的認識なる自然主義的な世界理解との思想的対決が求められている。

この自然主義との、超越論的イデアリスムスの立場からの対決作業から見えてくるのは、世界の因果的図式へとは還元しえない自立的な精神世界の主張であり、宗教世界は他の世界へとは還元しえない、他の世界からは導出不可能な自立的なひとつの固有の現実世界であるとの主張である。ここから、オットーのこの期の哲学世界を刻印しているものとして、シュライエルマッハーとカントの存在が見て取れる。

しかしこの期の宗教哲学的営為としてより重要なのは、やはりフリース哲学への傾斜、その受容であろう。非宗教的世界との対決作業から見て取れるシュライエルマッハーとカントに刻印されたオットーの思想的基盤（哲学）は、宗教理解（宗教研究）の哲学的基礎づけ方策を模索するなかでイデアリスムスからの離陸が試行されている。その産物が『カント・フリース的宗教哲学』*Kantisch-Fries'sche Religionsphilosophie und ihre Anwendung auf die Theologie.* Tübingen 1909(1921)である。

ここでオットーは、認識における感情と感得 Ahnung の格別な意義を認めることによって、フリースのカント解釈に決定的に傾斜している。フリースから学びとった、知 Wissen に依拠せず、むしろそれを補完する真理感情である「予感」Ahndung に宗教経験の新たな認識根拠を見出している。「理性の直接的な認識に根ざし、理念に由来している信念は、宗教などでは決してなく、冷たい形式的な形而上学である。一方宗教は、形而上学とは反対に、心情と意志のなかにその生命をもっている」(S. 73)。

純粋に理念に向かう形而上学は、そして思弁的神学は、決して宗教の現実には届かない。神、自由、不死といった理念は純粋に形式的で、具象的 anschaulich な経験的内実を欠き空疎である。すなわち理念は経験を奪われている。

ところが宗教は経験である。それゆえ理念そのものは宗教の現実には届かない。この理念は感得的感情によってはじめて具象的な内実を獲得しうる。すなわちこの感情概念によって、宗教は思弁的理念に欠落していた経験的内実を得、具象的なものになりうる。感得的感情によって、いまや「経験、すなわち宗教経験が、そしてそれによって拡大した経験としての歴史が、そしてそれによってすべての宗教学が登場する」(S. 84)。

イデアリスムスと宗教との境界が、ここには顕示的に読みとれる。理念のなかではなく、理念の桎梏の彼方ではじめて宗教の現実を手にしうる。ここでオットーは、イデアリスムスの変容、ないしそれからの離陸の必要性を、思弁的理念のイデアリスムスから、生ける経験へと向き直り軌道修正する必要性を告げている。そしてその転轍機の役割をフリースの感得的感情に見出している。

宗教の現実を、生ける宗教経験を汲み上げうる方法を模索していたオットーは、ここに自分の宗教研究の新たなスプリングボードを見出している。オットーにとってこの宗教理解の新たな哲学的根拠の発見は、しかし宗教哲学的な作業にとどまるものではない。むしろ基本的には、神学ないし宗教哲学から宗教学（宗教史）への転成の要請として、オットー宗教学の創成劇を演出する重要なシナリオ役を演じることになったのではないかと思われる。その意味では、これを境に顕在化する、オットー宗教学を彩る理念世界から宗教の現実の具象的世界への重心移動の理論的導因を、ここから読みとることができるように思われる。とりわけ「旅するオットー」なる視座からすれば、旅をとおしての宗教の生ける現実の理解と机上の理論的な宗教解釈とを結合させうる理念的根拠とともに、その新たな宗教学的展開の萌芽とその密やかなマニフェストをも告げるものとして、それは重要であり興味深い。

ともあれオットーは、旅から遠ざかっていたこのゲッティンゲン時代に、すでにこれまでの旅路で逢着した宗教の生ける現実の経験を宗教の学問的分析のなかに取り込む羅針盤をようやく手にすることができたように思われる。

見てきたように、この時期オットーは、自然主義思潮との思想的対決にしろ、フリース哲学の受容にしろ、いわば宗教哲学的作業に集中している。長い私講師生活を余儀なくせしめた世紀初めの神学論攷以降は、目にしうるオットーの相貌は神学者ではなく宗教哲学者のそれである。そして後者のオットーが宗教理解にふさわしい哲学的基礎づけ作業に情熱を傾け、旅の経験と机上の理論研究との結合の理念的根拠を見出すにいたっている。

しかしここであえて、〈宗教哲学者〉オットーの学的営為の背景に控えている学問外の世事にも目を配っておきたい。すなわち、オットーのこの期の宗教哲学的作業は、別な面では、組織神学担当からの閉め出しの代償として受容せざるをえなかった、宗教哲学というアカデミズムの座に身を置くがゆえに対決することを余儀なくされた職務上の責務の自然的な結果でもあり、神学アカデミズムの途を拒まれての反転的な産物でもあるという面も見逃しえないように思われる。

四―二―一　「テネリフェ島と北アフリカへの旅」（一九一一年）――資料解題

〈最初の大旅行〉後の〈本格的な旅〉の長い中断――その間「ロシア旅行」を試みてはいるが――の後、ゲッティンゲンの員外教授時代、一九一一年から一二年にかけて、ふたたびオットーは旅立っている。

この〈二度目の大旅行〉は、一九一一年三月末から翌一二年七月の長期にわたり、踏破した地もテネリフェ島および北アフリカから始まり、中断後は長い船旅のはてにアジアにはじめて本格的に足を踏み入れ、インドを皮切りに日本、中国などアジア各地を訪ね歩き、帰路にはシベリアを横断するなど、〈旅の達人〉オットーの数多くの旅のなかでも際だった重みをもつ大規模な世界旅行であった。

この旅は二つの部分から成っている。ひとつ（前半部）は、一一年春から夏にかけての「テネリフェ島と北アフリカへの旅」（通称「北アフリカ旅行」）、もうひとつ（後半部）は、二カ月におよぶ中断の後の、秋から翌一二年夏の長期にわたるインド、ビルマ、日本、中国などへの「アジア旅行」である。

〈二度目の大旅行〉全体を語る資料としては、帰国後提出した「報告書」がある。

OA 379 : R. Otto, Bericht über die Reise des Professors der Theologie D. Dr. Rudolf Otto als Stipendiaten der Kahnschen “Stiftung für Auslandsreisen deutscher Gelehrten”.（Typoskr. S. 1-27.）

カーン基金の給費金を受けて実現したこの旅では、帰国後、義務的な報告書（復命書）を提出しているが、このOA 379（以下「報告書」と略記）で、オットーは旅の内実を比較的詳細に記している。ただし「報告書」では記述の中心は後半の「アジア旅行」に置かれていて、前半部の旅の主題的記述は、その一部「一、テネリフェとモロッコ」にかぎられる。ともあれ「報告書」は、内面の想いを露わに具に告げる他の資料とは違って、外向けのいわばオフィシャルな所見を記したものである。

〈二度目の大旅行〉前半の「テネリフェ島と北アフリカへの旅」の関係資料は、以下の三点である。

① HS 797/567 : Otto, Rudolf / Reise nach Teneriffa《ママ》, Marokko, Italien. 1911. März 26. -Juli 5. Tagebuchblätter und Briefe.

② HS 797/572a : ［30 Briefe an Otto.］（betr. Reise von Unterwegs.）

③ ChrW : “Reisebriefe aus Nordafrika”. ChrW. Jg. 25. 1911. Nr. 26（Sp. 602-607）, 30（Sp. 705-710）, 31（Sp. 724-729）, 32（Sp. 759-761）, 33（Sp. 779-783）. *Dietz u. Matern,（G-11）.

この旅でも、オットーは数多くの旅便りを書き送り旅日記を詳細に綴っているが、まず旅日記①HS 797/567には、「テネリフェ島、モロッコ、イタリアへの旅」と題した旅日記の手稿と、旅先からの発信書簡七通（二人の姉ヨハンネとエルゼ宛）が収められている。このうち「テネリフェ島」関係の書簡は往路の船上とサンタ・クルスからの二通、そして「北アフリカ旅行」関係は六月一、五、七日付の三点、二通である。

②HS 797/572aは、旅先での受信書簡を収めている。そのなかで「テネリフェ島と北アフリカへの旅」関係はBr. 1-6で、このうち「テネリフェ島」関係は二通、「北アフリカ旅行」関係といえるのはBr. 3-4の二通である。

ただしこの旅が比較的知られているのは、これらオリジナルからではなく、もっぱらリベラルな福音主義派の週刊誌『キリスト教世界』（ChrW）に、編纂者ラーデ Martin Rade（マールブルク大学教授）の依頼に応え書き送った詳細な「旅便り」、③「北アフリカからの旅便り」の故である。そしてこの旅が格別注目されるにいたったのは、この流布した雑誌掲載の「旅便り」とともに、この旅を〈聖の経験の誕生地《ルーツ》〉と告げたオットー自身の発言によるところが大きい。ちなみに、この旅の解釈の試み（Vgl. Boeke, Schinzer, Boozer, Almond, Alles）も、資料的な理由（ChrW）とともに、何よりもオットー自身のこの発言と、それを紹介した後継者たちの発言（ベンツ、ハイラー）[17]なども与って他の旅よりも遥かに多い。

かくして、この「テネリフェ島と北アフリカへの旅」の具体的な解読にあたっては、依頼に応じ当初から公表を前提に綴った詳細な「旅便り」（③ChrW）を基本にし、その草稿にあたる手稿（①HS 797/567）、ならびに書簡（②HS 797/572a）、および「報告書」（OA 379）により補完、確認する方法を採る。

手稿HS 797/567の手紙の日付は、三月二六日に始まり七月五日で終わっている。そして「ゲッティンゲン・ドキュメント」は、この第一便の前日、すなわち「一九一一年三月二五日、オットーは〈ドイツ人学者と教師の海外旅行基金〉から一万マルクの学術奨励金と旅行休暇を得た」と報じている（S. 77）。すなわち〈二度目の大旅行〉は、ベルリンのプロイセン教育省の斡旋で、「ドイツ人学者の海外旅行のためのカーン財団」の給費金[18]を受けて可能になったものである。そしてこの故に、この旅は、これまでのもっぱら自己の関心と情熱に誘われての主体的なものとはいささか趣を異にし、義務的な視察・調査旅行の色彩をおび、そのため、健康上の不安を抱えながらも、望むと望まざるとにかかわらず責務を担い旅程を完遂する務めを負うものともなったのである。

四—二—二　テネリフェ島へ

三月二六日、「テネリフェ島と北アフリカへの旅」は始まった。

オットーはまず大西洋に浮かぶカナリア諸島のテネリフェ島を訪ね、主としてサンタ・クルスに滞在したのち、北アフリカ西海岸に渡り、エッサウィーラ（旧称モガドール）、サフィーなどモロッコ沿岸諸都市を訪ねながら、西海岸を北上してタンジールを訪ね、その後ジブラルタル海峡沿いを東に向かい、アルジェリアにも足を踏み入れ、イタリアに立ち寄ったのち帰国の途に就いている。

まず資料①HS 797/567と②HS 797/572aから、受信・発信を含めた道中書簡を整理し、それと③ChrWを照合して「テネリフェ島の旅」の輪郭を整理すると、三月二六日（①26. März: Postdampfer "Kap Ortegal". an Johanne）にこの旅は始まり、四月三日（①3. Apr.: Santa Cruz, Teneriffa. an Else）にはテネリフェ島に到着していることを確認しうる。ただしテネリフェ島にいつまで滞在したかは五月中旬であることは推定しうるが、島を離れた正確な日にちは確定しがたい。

最初の滞在地に当時すでにヨーロッパの人びとに人気のあった代表的な観光地を選び、またその後も旅の大半をイスラームの地の探訪にあてたこの旅を、少なくともその訪問地から見るかぎり、キリスト教神学者のフィールド・トリップと規定するのは困難であろう。たとえばエルサレムやアトスなど名だたるキリスト教聖地を訪ね歩いた前回の旅（一八九五）と対比すると、その対照は明白である。ちなみに、ゲッティンゲン時代にかれを襲った不安定な健康状態と、余儀なくされた闘病生活（一九〇七年四月には過労による病気を理由に休暇を申し出、一九〇七・〇八年冬学期終わりまで休暇をとっている）を考慮して、この旅は、「研究旅行ではなく、むしろ健康をとり戻すための休養旅行であった」（Schinzer, S. 17）との指摘も見られる。そしてこの指摘は、オットーみずからの、「コレラを三週間患い、カナリア諸島で差し当たって休養する羽目になった」との「報告書」の記述からも、検証を欠いた推測ではないことを確認しうる。

しかし訪問地から推測される旅のこうした表面的な位置づけとは対照的に、この旅はオットーにとって決定的な意味を帯びることになった。

「一九一一年の旅」が注目されるようになったのは、オットーのよく知られた「聖」の観念が、モロッコのとあるシナゴーグで出会った「聖なるかな」の三唱を耳にした時、自然に沸き起こってきた感動の経験に由来しているとされているからである。すなわち、この旅がオットーの「聖」観念の誕生地とされているからである。

しかしこの旅の意味をひたすら旅のなかで受胎した「聖観念の誕生」に収斂させようとする流布した解釈図式は、他面では、この旅のなかに胎動しているオットー宗教学の豊饒な芽生えの多彩な萌しを素通りする躓きの石ともなっているように思われる。ここで素通りされている経験のひとつとして、テネリフェ島の経験に窺える、宗教の原風景へと吸い寄せられる旅するオットーの素直な眼差しを指摘することができる。ともあれ諸解釈の轍に陥ることなく、事実の輝きに瞠目するオットーの裸眼の眼差しを受けとめるには、この旅の経験を事実に即して素直に追体験することが必要である。

　最初の訪問地テネリフェ島の聴聞から始めよう。

> 　一九一一年三月《ママ》初め、本旅行者はテネリフェ島に到着した。その狙いは、この地の地理学的、文化的に興味深いものを知ることから始めて、ここからアフリカ海岸に渡り、できるならマラケシュ経由でモロッコ縦断の旅をし、それからドイツ領事ファッセル氏の招きに応じて、フェズで四週間、西イスラーム文化世界をみずから徹底的に経験することである。(OA 379. S. 1.)

　帰国後提出したこの「報告書」では、四月（報告書の「三月」は誤記）初めに足を踏み入れたテネリフェ島訪問の目的を、この島の貴重な地理学的特性、ならびに諸文化現象の視察とのみ記していて、宗教事情のそれとは明言していない。少なくとも、これまでの旅から予測される生ける宗教の参与観察とも、この島の宗教誌の収集とも告げてはいない。それは、復命書に求められているオフィシャルな旅行の義務的報告への配慮ゆえとも読みとれるが、反面では、求められている旅行趣意とオットー自身の主体的な関心とのずれを窺わせてもいる。

　しかし「報告書」とは別に、この島での経験を率直に吐露した私信や「旅便り」では、期せずして逢着したこの地の宗教民俗の営みに心惹かれ、興味深いことには、それに触発されて、さらに眼前の宗教事象をも超えて、宗教一般の本質、根拠や始原にまで想いを巡らせ、宗教解釈の翼を伸びやかに羽ばたかせている。教育、文化、政治状況視察等の建前上の責務とは必ずしも結びつかない、この地の宗教の歴史と現実への予期せぬ覚醒と、それに触発されての宗教解釈の飛翔に心ときめかせている。

四—二—三 洞窟聖母崇拝譚——「カンデラリアの聖母マリア」

「旅便り」の巻頭を飾るのは、掲載紙の宗教世界とはほど遠い、訪問地の先住民グァンチェ族の宗教民俗誌、洞窟聖母崇拝譚である。それも、この島の宗教誌の一報告としてではなく、グァンチェ族の洞窟聖母崇拝の縁起譚とそのトポグラフィーに触発され、宗教一般の原初的な根拠や本質、始原についても旅先の気ままな想念を口にしている。まずロバ番との無邪気な会話が告げるグァンチェ族の一民俗誌に耳傾けてみよう。それは「カンデラリアの聖母マリア」の縁起譚である。

ずっと昔、まだカトリックがやってくる前、ここカナリア諸島には異教徒の巨人族、グァンチェ族が暮らしていた。

不漁のある日、漁師二人が浜辺で、腕に子供を抱え手に一本の蠟燭をもって石の上に立っている大女を見かけた。それは金箔で被われた木製の聖母マリアだった。漁師のひとりが彼女に投石しようとすると、たちまち腕が硬直し動かなくなった。かれらは王を呼んだ。そして王がこの聖母マリアを崇敬し、敬うために彼女を立派な幕屋に持ち込もうとした。ところがしばらく運んだ時、急にものすごく重くなって動かなくなった。そこで王は、助けて！　と叫んだ。かくしてこれを記念して、その場所に「お助け」“Hilfe”（Socorro）なる名の庵を建てた。

この庵は今もあり、今でもそのように呼ばれている。

　のちに聖母はそこから王家の海岸にある洞窟に運び出され、そこでグァンチェ族が彼女を敬い、祈り、祝い、祀《まつ》り、踊った。だから今でも行列《プロツェシオーン》には、そこで踊りの奉納があり、その時には、グァンチェ族の巨人の故事に因み、男衆二人が肩車をして立ち一人の年老いたグァンチェ族を演じる。

　キリスト教徒がやってきて洞窟でこの聖母を見つけ、彼女の正体をグァンチェ族に説き、全員が洗礼を受けた。そして素晴らしい大教会と修道院も建て、そこに聖母を運び込もうとした。しかし洞窟から運び出そうとした時、またもや重くなり動かせなくなった。しかし結局は教会に持ち込むことができた。でも何たることか！　翌日教会は空になっていて、聖母はふたたびもとの洞窟に納まっていた。しかもそんなことが二度も起こった。でも結局は聖母の気持ちも和らぎ、いまはその聖母は教会にある。

　この聖母はテネリフェ島と七つのカナリア諸島すべての守護女神で、各地から巡拝者がやってくる。その祝祭日は聖母マリアのお清めの祝日（二月二日）と、被昇天の祝日（八月一五日）で、当日は大きな行列がある。聖母が運び出された古い洞窟には、彼女がいなくなって以降は小さな聖ブラスが祀られていて、祝祭当日の行列はこの古い洞窟をも訪ねる。

　教会から一五〇メートルほど離れた岩窟に鎮座するこの「聖ブラスの洞窟」には、いまは聖ブラスの祭壇の背後に、崇敬されている四人のグァンチェ族の王たちの素朴な像もあり、これら聖ブラスと王たちの像全体は、教会と聖母マリアの聖像よりもはるかに印象深い。そして依然として威厳を帯び、今も変わらぬ信仰を集めている。この洞窟から人びとは石をこっそり持ち帰る。それに注いだ水が治癒力を帯びる癒しの石だと信じられているからである。（要約：ChrW. Sp. 602-605.）

ロバ番から、半年前に六人目の子供を亡くした時――かれは一五人の子宝に恵まれ、うち六人を失っている――は願いを叶えてもらえなかったものの、しかしロバの病気直しの時も含めて、かれの誓願にこの聖母は幾たびも応えてくれた、と聞かされたオットーは、ラ・ラグーナの聖キリストと、カナリア諸島の守護聖人、聖母カンデラリアと一体どちらがご利益《りやく》があるのだろうとの皮肉な問いを想い浮かべながらも、しかしそもそも信心深い民には、聖母のご利益は、キリスト教と民俗宗教との効能較べの類いの信心なき観察者が想い描くご利益の評定談義の対象にはおよそ馴染まないことに想い巡らせ、それを口にするのは自制している。そしてロバ番の心胸のうちを、信者も寄進もその「ほとんどはカンデラリアの方に行く」との想いであろうと推測している。ここでオットーは、信心深い民には聖母のご利益が絶対的であることを、そして聖母崇拝の現実が告げる、およそ現実の信心の彼岸から繰り出される信仰内容の評定詮索などの介入の余地なき信仰の事実の重みを率直に受けとめている。かくして聖母マリアの縁起譚を聞きおえたオットーは、聖母に寄せる人びとの想いを代弁するかのように、ひと言呟いている。「私もカンデラリアの方に行くだろう」と。

数日後オットーは、カンデラリアのドミニコ派修道院の、かつては島で最美を誇ったが今では廃墟と化した三身廊を備えた広壮な大教会に隣接して立つみすぼらしい教会で、中央祭壇上に吊された長い金襴緞子に覆われた聖母像を目にする。オットーは、たとえばカザニやモスクワの、アトスやコンスタンティノープルの、といった数多くの「お恵みの聖像」や同じ類いの聖母像を目にしているが、このカンデラリアの聖母像も、それら同様お馴染みの円錐曲線の僧衣を身に纏い、「聖母マリアの産婦祝別」か「聖母マリアのお清め」の印である大きな銀の蠟燭を左手にもっている。

この聖母像を前にして、オットーはこの聖母像がその昔どのようにしてグァンチェ族に顕現したのか、その縁起と霊験、奇跡と祝祭の模様をふたたび耳にする。またのちに輔祭からは、この聖母像が実は伝承のものではなく、前世紀初めすさまじい洪水に見舞われた時大教会もろとも海に押し流されてしまったので、あらたに造ってローマから聖別を受けたものであり、教会もこの新しい聖母像を奉じるために新築されたものである、と聞かされる。

しかし、こうした縁起譚に耳傾けながらも、この聖像崇拝の史的詮索よりも崇拝の現実により心惹かれたかのように、オットーはその時目にした誓願詣での老女の姿を書き留めている。

そうこうするうちに参拝者がまたひとり、黒衣に身を包んだ老女がお詣りにやって来た。彼女は正面入口《ポルタール》に跪き、それからやっとのことで一歩一歩跪いて教会のなかを歩き回り、祭壇まで辿り着き、三度お辞儀し祭壇の階《きざはし》に接吻し、それから立ち上がって出口の方に戻る。そしてまた初めから同じ所行を繰りかえす。

(ChrW. Sp. 604.)

老女の誓願詣でを目の当たりにして、オットーは、この聖母のご利益への伝承的信心が告げている、癒しを求める純朴な民の願いに根ざした今なお盛んな治癒信仰の現実に率直に心惹かれ、この聖母信心が告げている現世利益的な願いに応えうる民俗宗教の基層を彩る癒しの世界に注目しているように思われる。

ただしオットーは、この誓願詣でが物語る人びとの癒しを求める純朴な心根とその発露である治癒信仰の活ける実相に率直に頷きながらも、しかし癒しを希求する人びとの宗教的心意の主題的な意味解読には向かわずに、蠟燭の聖母の存在にふたたび目を転じ、洞窟崇拝から読みとれる「聖なるものの顕現」現象に想いを馳せ、民俗宗教の自由な宗教史的解釈を愉しんでいる。

四—二—四　想像の翼ひろげ——宗教の基層

美しい古い教会、貧弱な新しい教会、修道院、すべての建物がびっしり密集して建っていて、ここで急斜面になって海との間に幅狭の海浜を形造っている巨大な岩壁にほとんど張り付いている状態だ。岩壁が海浜をほとんど覆い尽くさんばかりだ。そしてこの岩壁そのものが、建造した者たちの気持ちに格別なインパクトを与えていたにちがいない。というのは、そうでなければ、その聖遺物を洞窟から持ち出した際、なぜ高潮から身を守れない処に、蠟燭の聖母にとって致命的な禍を招くことになったバランコ峡谷の出口のすぐ側にもってきたのか理解できないからだ。（ChrW. Sp. 604f.）

急斜面に聳え立つ岩壁に張り付くように密集して建っている宗教建造物群の奇異な佇まい。高潮や洪水からの防御といった建築に不可欠な保安面から見れば、この立地の選択は不可解ではある。事実前世紀初めにはすさまじい洪水によって蠟燭の聖母が教会もろとも海に押し流されるという悲劇も現実に経験している。かくして、この建立地の不可思議な選択は、その保安面の機能的理由とは別な尺度の存在を窺わせる。すなわち、建造物の建立には不適なはずの急斜面の岩壁の存在に、岩塊と洞窟の存在そのものに格別な意味を読みとっていたのではないかとの推論が成り立つ。かくして、オットーはまずその洞窟に鎮座する聖遺物の宗教性ではなく、それを納めた洞窟や岩塊の存在それ自体にこだわり、その存在が帯びている宗教的意味に注目する。

スペイン人がやってくる前にテネリフェに住んでいたグァンチェ族が、キリスト教徒に改宗する前から、すでに「マリア像」をもち崇めていたということはありうることであり、マリアが聖像の姿をとって「出現」するということを度外視しても、この話は納得できる。近くのグラン・カナリア島はこのテネリフェがカトリックになるずっと以前からカトリックであり、聖人像とマリア像は、たとえばカムチャダール人の聖ニコラスのように、洗礼を受ける以前でも異教徒たちの手に入り、かれらに崇敬されていた。

しかし肝心なのは、ここではそもそもはじめにあったのは、聖母ではなく岩塊と洞窟だったらしいということである。ちなみに今日でもその場所自体が洞窟聖人の名を冠して聖ブラスのプエルトと呼ばれている。カトリックは教化に際し既存の異教の洞窟聖所を容易に受け入れたものだが、聖ブラスはこの種の洞窟聖人である。聖地の佇まい全体にとって岩塊と洞窟がいかに大切かは明白である。かくしてマリア崇拝なるものは、元もとあった岩塊と洞窟の上に新たな層を成して積み重ねられたのであり、それゆえ教化以前から鎮座していた元もとの洞窟崇拝とは区別しがたく、また区別は妥当でもない。この洞窟崇拝はマリア崇拝に後々まで影響を及ぼし、カトリック世界に散見しうる数多くの山岳マリア、岩石マリア、荒野のマリアの類い同様に、今日でもマリア崇拝と共存している。（要約：ChrW. Sp. 605f.）

問題は、そもそも当初存在していたのは聖母ではなく岩塊と洞窟であったということである。はじめにあったのは岩塊と洞窟で、精霊を祀る洞窟というアフリカ宗教に見られる既存の洞窟崇拝の基層の上に、マリア崇拝は新たな層を成して重ねられたのであり、それゆえマリア崇拝は洞窟崇拝とは独立したものとは見なし難い。洞窟崇拝がマリア崇拝に影響を及ぼし、今なおマリア崇拝と共存して生き続けているのも、これと無縁ではない。

その洞窟から人びとがこっそり石を持ち帰るのは、その上に注いだ水の治癒効能の故であるが、ともあれ蠟燭の聖母は、その「治癒力のある水がそこから湧き出してくる聖別された岩石」への崇拝と結びついている。ちなみにオットーは、この蠟燭の聖母を、かの「ルルドの聖母の成功した数少ない先例」(Sp. 606) とも表現している。いずれにしても、ここでオットーがこだわっているのは、聖母の存在それ自体ではなく、それを納めた岩塊の、洞窟の存在であり、洞窟崇拝における洞窟の存在の宗教性である。そして、マリア崇拝と洞窟崇拝との関係への問いに見られる岩塊と洞窟の存在へのこのこだわりが告げているのは、岩塊と洞窟が帯びる特異な聖性、ヌーメン性への関心であり、ここからオットーはヌーメンの「出現」という宗教史的問題に想いを馳せている。

「出現」“Erscheinung” (apparicion) という表現は啓発的である。神々、天使、精霊（顕現 epiphania）という語を用いる場合も、それはヌーメン Numen の可視化されたものや知覚化されたものを指す典型的な名称である。ドイツ語の「幽霊が出る」“Geistererscheinung” という表現も似たような使い方をしている。とりわけ教示的なのは、ヌーメンがそこにおいて「出現する」その手段に対するヌーメンのこの特殊な関係である。こうした像、聖岩、聖物は、こうした神的なるものの「住み処」は、たんなる「像」や「住み処」以上の存在である。それらはもともとは神的なるものそのものであり、しかしまた一方ではそうでないものでもある。（中略）

聖母マリアみずからが実際にこうした像の姿で出現し、神の宮殿をすげなく拒み、謙遜して木の姿を装い、テネリフェ島暮らしをしている。（ChrW. Sp. 606.）

「出現」（顕現）とは、神々、天使、精霊のように可視化されたヌーメン（神霊）であり、ヌーメンの知覚的表象を指す名称であるが、オットーの関心は、このヌーメンがそこにおいて「出現する」ヌーメンの出現媒体に対するヌーメンの特異な関係に向けられている。「出現」という神学用語を用いながら、オットーはここでヌーメンとそのヒエロファニー一般の問題を語り始めている。

「カンデラリアの聖母」に触発され語り始めた聖母崇拝と洞窟崇拝への問いは、いつの間にか個別宗教現象の枠をこえて、「宗教史における多くの先例」や、それについてのルター、ヨーガ、ラマ教などの「きわめて精錬された教説」にも言い及び、「ひとつのヌーメンの無数の〈出現〉現象への分化」をめぐる宗教史一般の問題へと想像の翼を拡げている。

ここであらたに浮上してきたのは、ヌーメンの出現媒体に対するヌーメンの関係構造の問題である。オットーの視界には、ヌーメンの内的属性、その聖性の意味内容への問いに代わって、聖なるものの顕現現象の問題がメインテーマとして浮上してきているように思われる。ここから私たちは、オットー宗教学のテーマのひとつ、聖とその現象形態の問題、さらには聖の並行論《パラレリスムス》への問いの胎動を読みとることができるのであろうか。

ただし、ここでひとまずオットーは、思い付くまま拡げ過ぎた想像の翼の羽ばたきに躊躇《ためら》い、気ままな論理のさらなる飛翔を自戒して呟いている。「あまり拡げ過ぎるな、思い付きよ！」と。

とはいえしかし、この神学者的慎みとは別に、そうした自戒をかい潜るかのように、そこから「自然崇拝」の意味にも想いを巡らせ、さらには遥か「宗教の始原」にまで想像の翼を拡げる。

この珍しい古い丘陵崇拝と岩石崇拝と洞窟崇拝の意味は、私たちがここ同様時空の違いをこえて全人類に遍く見出すこのまったく古い「自然崇拝」そのものの意味は、いったい何だったのか？　いかにして人間にそうした崇拝が生じるのか？　そして何が、この崇拝に、宗教発展のまことに多様な諸段階にもそのようにたえず保持され、むしろいつもあらたに生みだされる力を与えるのか。その解答はいとも簡単に思えるし、ここカンデラリアのこの場所では至極簡単に思える。さあ、私たちの周りを見回し、そこで私たち自身で体験することを考察しよう。（ChrW. Sp. 606.）

そして陽がすっかり傾き、ぎらつく陽光が退き、すべてが仄かな黄金色となり、世界がことごとくシルエットと色で蔽われるにつれ生き生きしてきた岩塊や、広い平らな美しいアーチ形をなしてほとんど垂直に海に落ち込んでいる岩壁、そして広い泡の帯を投げかけ銀色に輝く静かな湾を遥かに眺め、昼間の騒然とした喧噪風景の退場とともに立ち現れてきた、「信じられないほど美しい奇跡のフローラの生と華麗な色彩が射し込む」素晴らしい自然景観への、美的陶酔にも似た讃歌を延々と書き連ねている（ChrW. Sp. 606f.）。

「私たちの周りを見回し、そこで私たち自身で体験することを考察しよう」。

この発言に注意し、この発言から滲みでるオットーのこだわりに注目しておこう。教理や学説の鋏で裁断するのでなく、目の前の現実に裸で向きあい、己の感性で感じ体験したままを素手で受けとめ、考える。オットーの旅を聴聞していて繰りかえし気づかせられ、旅するオットーの思索の基調として指摘できるのは、このことである。

旅日記で饒舌に繰りかえされる自然景観への美的陶酔において、この姿勢は顕著である。しかし、異教の闇の宗教的営みに衝撃を受け、その奇態を記す時もそれは変わらない。はたまた、旅先の宗教民俗を見つめ、それに触発されそこから宗教経験の意味解釈を試みる時にも、オットーは惹かれてやまぬ自然の魅惑的な姿に率直に身を晒し、その感動をストレートに告げることをやめない。そして時には、惹きつけられた自然の佇まいを、かの「聖」の〈畏るべきtremendum〉なる属性をも窺わせる形容に準《なぞら》えて、「それはほとんど不気味《ウンハイムリッヒ》とも言うべきものである」(Sp. 603)と形容してもいる。

かくも壮麗な美観を目の当たりにして、無邪気な感受性に富んだ未開民族の心情に神的なるものが感得ahnenされ見出されたということは、この山の聳え立つ高みで、この渓谷と岩石からなる巨大な険しい岩山で、神的なるものが敬われ崇拝されたのは当然ではなかろうか？　ここが宗教の根源Wurzelではなかろうか？
否、宗教の根源はここではない。あの「未開人たち」はたしかに子供たちだったかもしれない。でもそれでは余所の子供たちに聞いてごらん。かれらが興味をもつのは「子犬」であり、私たちのチョコレートボンボンであり、自分たちが灰緑色のカナリアを捕らえる罠であり、うなり独楽《ごま》である。でも周りの神的な素晴らしいものは子供たちにはまったくどうでもいいことだ。自然の偉大と美も、神の御業の素晴らしさも子供は気づかず、人間が神の御業の素晴らしさを経験するのは、生涯の最初にではなくて、円熟し深まった生涯の最後にである。そして自然の美的体験は、たしかに宗教的体験への移行の可能性をかぎりなく高くもっており、その深い根底において宗教体験に類似しているが、しかし美意識は宗教ではない。かくして宗教の始原Ursprüngeは、美意識とはまったく別のところにある。宗教の始原は——にある。(ChrW. Sp. 607.)

素晴らしい景観を前にして、オットーはここでは自然崇拝の普遍性も容易に感得しうると呟き、純粋な預覚とはかけ離れた理念が演じる思弁的推断を拒むかのように、その感動とかけ離れた理論的分析へと走る恣意的解釈の翼は畳み、この景観を受けとめた体験に則して自然崇拝の意味に想いを馳せる。[19] ちなみに、この自然景観への美的感動が、さらにそこから宗教の根源の解釈へと昇華してゆくのは、旅するオットーの思索の顕著な特徴のひとつでもある。

自然の美的感動——この地の宗教民俗の生地から読みとれるこの宗教の根源と思しき経験は、宗教的体験にかぎりなく類似してはいるが、しかしそれは「宗教の前庭[20]」ではあっても、宗教経験そのものではない。美的経験は宗教体験ではない。両者を分かつ徴表として想定しうるのは、自然的領域からの超絶性の有無であろうか。そしてその超絶性の内実はいかなるものであろうか。『聖なるもの』の分析（Vgl. DH. S. 56）を窺わせるこの発言は、オットーの宗教観を読みとろうとする者の興味を掻き立て、さらなる解釈の誘惑をはらみ興味深い。しかし、「宗教の始原は——にある」。

その最後の解答をオットーはあえて留保し、記さないままでいる。ちなみに編者ラーデは、いまは遠い旅先にあるオットーに訊ねることはできないが、この保留された解答の説明をいずれ是非かれに求めたい、とあえて注記している（M. Rade, Sp. 607. Fußnote）。

しかしその解答に代えて、オットーは呟いている。「しかし今そうした難しい問いに答え了せるには、ここのこの薔薇の香りはあまりにも甘く、遠くの響《どよ》めく大波の低い短調《モル》はあまりにも華麗すぎる」と。

ともあれ、宗教の始原をめぐるこの注目すべき発言よりも、むしろこの留保の弁明の呟きにオットーの宗教理解の生地の感性がより率直に滲みでているように思われる。ここでも旅するオットーの感性は、編者の要請とは隔たり、またもっぱらオットーの宗教理解の析出を急ぐ私たちの性急な期待とも異なっている。ここに漂っているのは、フリース的な宗教感情の方法論へとも解消しえない、旅するオットーの汎神論的なロマンティシズムの香りであろう。帰国後、この島の経験を総括してオットーは報告している。

多くの旅行者が罹るコレラを三週間患い、カナリア諸島で差し当たって休養する羽目になったが、同時にそれは、その他の必要文献を学び識るいい機会ともなった。地質学的知識を身につけた友人たちのお蔭で、この素晴らしく魅力的な島の世界についての展望を得ることができた。（中略）
古いグァンチェ文化とその文化史的・宗教史的諸問題の伝承や遺物、そしてスペイン・カトリックの隔離のもとにこの地に受容された少なからずの諸形態が、他面ではこの島の浮世離れした美しさや、相変わらず魅力的で紛れもなく無尽蔵な火山の造地力の多様な表現形態の印象と結びついて、この滞在を有益で価値あるものにした。
（OA 379. S. 1f.)

旅行基金ゆえに求められていた訪問地の文化的、社会的、政治的動向の簡単な報告とは対照的に、むしろオットーは、コレラを患い休養する羽目になったが故に可能となったグァンチェ族の宗教文化との深い出会いを、カナリア諸島におけるもっとも意義ある経験と報じている。そして同時に、魅了されたものがこの島の浮世離れした自然の美観であったと告げることも忘れてはいない。
五月中旬、オットーはテネリフェ島に別れを告げ、モガドール港を目指している。

四―三―一　「北アフリカ旅行」――イスラーム文化西端の地へ

テネリフェ島を後にしたオットーは、北アフリカ西海岸に渡り、イスラーム文化西端のマグリブの地を訪ね歩く。

五月中旬、西アフリカ沿岸のモガドール（エッサウィーラの旧称）に上陸し[21]、六月中旬までほぼ一カ月北アフリカに滞在、その後六月下旬にはイタリアに赴き、七月末に帰国している。

北アフリカの旅は始まった。ランサローテ島を最後にカナリア諸島を後にしたオットーは、吹き続ける貿易風にひどく難儀しながら、「スペインの小さな、がたが来た汚い沿岸航行船でのろのろ航行」したのち、翌朝「アフリカ西海岸の白砂上に姿を現したモガドール」に辿り着いている（OA 379. S. 3f.）。

まず北アフリカ旅行の起点時の心胸の裡を、はじめての地に足を踏み入れた時旅するオットーが語る、いつもの饒舌な到着模様の記録から窺っておこう。

激しく吹き続ける北東貿易風にひどく難儀した粗末な船は、ヒューヒュー唸り、ハァハァ喘いで、ついにその敵に打ち克った。船は美しい広い入江に入港し、数回サイレンを鳴り響かせ、のんびり心地良げに船体を揺り動かせて錨鎖に身を休めた。（中略）

八本オールの大型機動艇《ランチ》が一艇やってきた。悪魔のように黒いずんぐりした黒人三人、アラブ人五人、上下に揺れるボートに私たちと私たちの荷物を運び降ろす、あらかじめ乗っていた抜け目がないユダヤ人二人。波はひどかった。その波のひとつ、水晶のように澄んだ緑色のとてつもなく大きいのがボートの横腹に落ちてきた。新しい波が襲いかかりボートを沖合へ吹き飛ばすたびに、甲板長がスィーディー・モガドール！　と、黒人がアブドゥル・カーディル！　と、そして皆がスィー・ムハンマド！　と叫んだ。そして聖者たちがほんとうに私たちを救い、陸《おか》に運んでくれた。そうじゃない。私たちを陸に上げてくれたのは、実は二人のユダヤ人だということだ。かれらは私たちを水が浅くなったところでぐいと摑み、肩に乗せ、まるで袋のように乾いた処へえっちらおっちら運んでくれたのだ。（ChrW. Sp. 705f.）

テネリフェ島ではオットーは、グァンチェ族の宗教習俗の観察、それに触発されての宗教の本質や始原をめぐる伸びやかな想念の湧出に身をゆだね、この島特有の自然への美的陶酔をも愉しんでいた。しかしこの島を離れるやいなや、非日常的想念の飛翔や自然への美的憧憬を享受した夢見る自己に別れを告げるかのように、おんぼろ船上で船窓越しに、水平線上に見え隠れするアフリカ西海岸のどこまでも続く白砂を見やりながら、これから向かう沿岸都市の歴史的現実の状景にすでに視線を移し始めている。

この視座の移動は、無事辿り着いたエッサウィーラ港の第一印象を綴ったこの記録からも窺える。そして、自然的世界への美的陶酔に傾斜していたテネリフェ島での視線とは対照的な、もっぱら歴史と現実の人間模様への傾斜を窺わせるこの眼差しは、絵のように美しい沿岸諸都市で、その表層の美的状景ではなく、その基層の闇に蠢動する人びとの宗教的な営みを見据えようとする意志の予兆であるかのようでもある。ともあれ、アフリカ西海岸に足を踏み入れたオットーの心胸は、その当初から、重い歴史の衣装に直面しつつある植民地化の現実の破れ衣を着重ね歩むアフリカの民の鼓動に共振し始めている。それは、ギリシア旅行（一八九一年）の起点となったコルフ島訪問時、現実のコルフ島ではなく、もっぱらオデュッセイアのスケリア島のみを語っていた若きオットーの夢見る視線とはまことに対照的である。

「報告書」冒頭で、北アフリカ旅行の目的を、「西イスラーム文化世界をみずから徹底的に経験すること」と記したように、このイスラーム文化西端のマグリブの地をオットーは精力的に訪ね歩く。

しかしこの北アフリカ旅行は、その当初から、予期せぬ大幅な計画変更を余儀なくされている。それは、この旅を始めたばかりのオットーの耳に、フェズの動乱を伝えるニュースが飛び込んできたためである。

町に足を踏み入れてすぐ、すべてをひっくり返し私自身の旅行計画の変更を迫る「フランス人にはフェズに召集がかかっている」との報告がついた。奥地に向かう計画はいまや断念せざるをえなくなった。(OA 379. S. 4.)

私はこの西イスラーム文化の内部を徹底的に見るために、奥地に入り込みフェズにも行きたかったのだ。しかしそれは、諸部族が際限ない重税の搾取に絶望的になり、スルタンと政庁《マフザン》に反抗して蜂起したために不可能になったのだ。(ChrW. Sp. 705.)

スルタンに抵抗して諸部族が蜂起したフェズの政治的緊張に対して、その鎮圧にフランスが乗り出してくる動きが伝えられ、当初四週間にもおよぶ滞在を予定していたフェズ探訪は、そのため断念せざるをえなくなったのである。この叛乱は、フランスによるモロッコ植民地支配の途を拓いたフェズ条約(一九一二年三月三〇日)の発端となった事件である。してみればオットーのモロッコ旅行は、歴史と現実の異教世界のフィールドワークにとどまらず、迫りくる植民地化の前線探訪の趣を期せずして帯びてくることになる。

ともあれ「報告書」にも「旅便り」にも書き留めているこの記述から、フェズ探訪こそがこの旅の主目的のひとつであったこと、それゆえその断念がオットーにとってどれほど遺憾な事態であったかが容易に窺える。そしてこのオットーの嘆きは、じつは私たちの嘆きでもある。それは、この叶わなかった〈幻のフェズ探訪記〉が実現していたなら、オットーのイスラーム理解の貴重な解釈磁場を告げるものとなり得たであろうとの想いを禁じえないからである。

ただしオットーは、この嘆きを振り払うかのように、「しかし沿岸にある諸都市モガドール、サフィー、ジャディード、カサブランカも有益なものを十分に提供しており、しかも後背地へ比較的短い距離でちょっとぶらつくことができ、当地のドイツ人のイギリス人やフランス人との通商や仕事ぶりを、同時にイスラームの状況や、とりわけ興味深い当地のユダヤ人の状況を認識させてくれる」（OA 379. S. 4）など、多くのことを見聞することができたと報じている。ともあれモロッコ内陸部探訪の断念など、当初計画の大幅変更を余儀なくされはしたが、しかしこの北アフリカ沿岸諸都市で逢着した宗教経験は、民俗宗教の観察や宗教史的解釈を自由に愉しんだテネリフェ島とは対照的に、従前の宗教理解を根底的に揺り動かし、およそ対象を眺め愉しむ観察的姿勢そのものとの訣別を求め、観察主体そのものの変容を迫るものともなったのである。

四—三—二　エッサウィーラのマドラサ——イスラーム教育事情

まず五月一四日には、エッサウィーラの小さなマドラサ（学院）を訪ね、藺草《いぐさ》の莫蓙《ござ》にお行儀よく座りムスリムの主禱文を繰りかえし読誦する子供たちの授業風景を参観する。

Bismilla-a-a-si rachma《ママ》-a-a-ni rachiiimi.（= Bismallah al-rahman al-rahim.）讃えあれ、主なるアッラー、慈悲深く、慈愛遍き御方、審判の日の主宰者、汝にこそわれらは仕え、汝にこそ救いを求め奉る。われらを正しき道に導き給え、汝の御怒りにふれし者、誤りし者の道でなく、汝の恵み給いし者の道に。Bismill a《ママ》 asi rachmani rachimi…

（ChrW. Sp. 706.）

白シャツの上に長い皺だらけの上っ張りを纏い、耳まで覆った頭巾の下から褐色や黄色や白や黒い顔を覗かせた、まるで「ミュンヘンの（注：市の紋章を飾る）小修道士みたいな格好」をした二五名の「ちびちゃんたち」の一団が、老人みたいに足を隠し胡座《あぐら》姿で、小さな上半身を力をこめて前後に揺すりながら、鼻にかかった声で力のかぎり叫んでいる。

主禱文をひたすら読誦するこのちびちゃんたちの授業風景を参観したのち、オットーは教師のお茶の招きに応じ、マドラサの教育方針を訊ねる。

みずからもマドラサを了えたばかりのこの若い教師の教育談議に耳傾けてみよう。かれは年がら年中、読み書き、算数、ならびにコーランを暗誦することが生徒の課題だとし、コーランの学び方を披露し、コーランを蔑《ないがし》ろにする信仰なき悟性の虚妄性にも言いおよぶ。

―かれらはコーランだけを学ぶの？

―コーランだけだ。良いものはすべてコーランのなかにあるか、コーランから生まれるのだ。コーランにないものは人間には知る必要がないか、有害かだ。私たち教師はコーランのすべてを学ぶのだ。

―暗誦するの、それとも読誦するの？

―暗誦する。一言一句、初めから終わりまで。

—君は何処で学んだの？　カイロのアル・アズハルで、それともフェズの大きな大学(22)で？

—此処《ここ》でだけだ。以前は生徒は学ぶために此処からフェズに行った。今でも行くのは僅かの者だけだ。彼処《あそこ》ではもう以前みたいに学ばない。

—以前は其処で何を学んだの？

—沢山のことを。コーラン、文法学、論理学、修辞学。伝承学とコーラン解釈学、法学、数学、占星術、それに、てーてー、哲《てつ》ーを。

—哲学？

—そうだ。

—そもそも、哲学って何？

—あ、それは、アッラーの言葉に満足しようとしない者がやる邪悪なものだ。かれは小さな鉛筆を取り出した。君はこれが見える？　それとも、これとこれは？　かれは石を指し、天を指した。私たちにだけはすべてが見えており、コーランのように、アッラーはすべてを創造した、と言う。でも哲学者共は満足しない。かれらはコーランに訊ねようとしないで、此処の——かれは額を指先でとんとんと叩いた——悟性に訊ねようとする。そしてかれらは、何故にこれとこれがあって、如何にしてあれとあれは生じたのか、と問う。「神はそんなことは示さなかった」と言い、お茶をずるーと音を立てて啜って、ひどく努力したすえふたたび元の満足気な気持ちに耽《ふけ》り、親しげに頷いて私たちに別れの挨拶を告げた。（ChrW. Sp. 707.）

このマドラサの教育談議で、神なき悟性が弄ぶ論証遊戯にむけて教師が放った唐突な哲学攻撃に、宗教「哲学」の教師オットーは抗論してはいない。このいささかユーモラスな筆致には、しかし批評の高みから見下した高慢な評定論議は見出しがたい。そしてそれは、イスラームであれ、ユダヤ教であれ、異教の紛れもない信仰の現実を前にした北アフリカを旅するオットーの変わらぬ姿勢でもある。

マドラサの教育風景の報告はこの後は姿を消すが、しかしこの西端のイスラーム世界で、オットーの強い関心を呼び覚まし、かれの心を深くとらえたイスラームは、ひたすらコーランのみを遵守するこのマドラサの伝承的な教育でもなければ、イスラームの信仰理念の問題、すなわち「教理や注解書のイスラーム」でもなく、もっぱら「バラカの、ズィクルと法悦《ワジュド》のイスラーム」、すなわちオリジナルなイスラームの儀礼的行為の現実であり、そこに発露する荒削りなヌーメンのファナティシズムである。

四―三―三　マルクトのデルヴィーシュ――宗教の闇

二五日、ラクダ隊の一団や、商人《あきんど》、パン焼き職人、運び屋などさまざまな商売で賑わうサフィーのマルクトの一角で、デルヴィーシュが演じるバラカの奇跡に、オットーは釘付けになる。

男と女の輪のなかにデルヴィーシュが三人蹲《うずくま》っている。二人は規則的なリズムで大小のティンパニーを叩いている。三人目のデルヴィーシュが飛び上がり、鳶色の袋からゆるやかに蜷局《とぐろ》を巻き割れた舌をちょろちょろ出した縞模様の毒蛇を一匹取り出し、歯に咥え、腕や首に巻きつけ、ぐるぐる振り回す。そして三人全員が一種の連禱、アッラーの呼びかけ、カリフと聖者たちの系譜《カタログ》リストを朗唱する。再三繰りかえされるのは周知の唱名

「スィーディー・ムハンマド・ベン・ア《ママ》イーサー」だ。蛇をもった男は、あちこち飛び跳ね目はぎょろつき、ほとんどエクスタシー状態だ。

病人が連れてこられた。頭を患った少年が輪のなかに入ってきて、デルヴィーシュのコートと手に接吻する。少年の剝きだしの襟首に蛇が巻きつけられ、少年の頭をデルヴィーシュが自分のビュルヌーの襞《ひだ》に引っ張りこみ、悪霊に立ち向かうかのように身体を振ってお決まりの聖なる御名を唱える。ヤッラー、スィー・ムハンマド、スィー・ブー《ママ》・バクリー、スィーディー・アイーサー（イエス）、アブドゥル・カーディル、ムーレイ・イドリース、スィーディー・ムハンマド・ベン・アイーサーと。

奇跡が為し遂げられた。蛇は取り外し袋に納められ、少年は頭に手をのせての祝福をうけ立ち去る。つぎに足を患った中年の男が輪に入る。かれの剝き出しの足を蛇にちょろちょろ舐めさせる。三人目に入ってきたのは健康な男であるが、かれは他の者よりずっと多く聖者のバラカの光栄に浴している。デルヴィーシュが男の手首を摑み、かれの開いた両手に唾を吐きかけ、祝福された男は深々とお辞儀し輪から立ち去る。

最後にひとりの女が先の男とは違ったやり方のバラカを所望し、一枚の銅貨を差し出す。デルヴィーシュは舌で舐め口に咥えてから、バラカの唾液で濡れたその銅貨を返してやる。

——ちぇっ！　奴らは如何様師《ぺてん》だ、とわがユダヤ人が言い、ここに居合わせたヨーロッパ人も皆言い、かくしてこれは如何様だとしてけりがついたのだ。実際にかれらはスィーディー・ムハンマド・ベン・アイーサーの子孫であるイーサーウィー教団である。スィーディー・ムハンマドなる名号で相変わらず如何様がなされていることは疑いない。でも、このこと自体は如何様とは何か別ものだ。（要約：ChrW. Sp. 725.）

「ちぇっ！　奴らは如何様師だ」と案内の老ユダヤ人が吐き捨てるように言い、居合わせたヨーロッパ人も皆同じ言葉を口にした。かれらはこの異様なデルヴィーシュのズィクルに「如何様」のレッテルを刻印することによって、そのバラカが突きつけた宗教の不気味な闇に封印し、その衝撃から身を守ったのだ。「かくして、このことは片付いたのだ」。

しかしオットーの心は片付いてはいない。

見物人たちの口を衝いて出た批判と嘲笑の合唱に、オットーはいささかも同調してはいない。むしろ「でも、このこと自体は如何様とは何か別ものだ」と呟き、「如何様師」を見下す批判者たちの視線とは明確に距離をおいている。少なくとも近代的理性の衣装を纏った西欧の客人の合理主義的な倫理のレンズにはひどく歪《いびつ》に映ったはずのこのズィクルのバラカを、見物人たちと同じ一方的な隠れ神学の物差しで安易に裁断してはいない。

それだけではない。疑問の矛先は、デルヴィーシュの異様な振舞いにではなく、むしろその呪禱を「如何様」と声高に裁定する者が帯刀する近代西欧的理性の蛮刀や神学的偏見の懐刀と、モロッコのムスリム民衆の心を捉えている異端的スーフィズムの奇跡の実践に嘲笑の言辞を投げ付けている高慢なオリエンタリズムの変奏と粉飾の方に、より強く向けられているように思われる(23)。

ちなみに、イーサーウィー教団に顕著なこの種の苦行者《ファキール》的実践を、「コーランとは無縁だ。それは慣習にすぎない」といつも批判的に見下すスンニー派の学者《ウラマー》やユダヤ教徒からのその後も繰りかえし耳にする発言にも、〈神学者〉オットーは必ずしも与してはいない（Vgl. ChrW. Sp. 726f., 782f.）。

ともあれオットーは、このデルヴィーシュの病気直しの呪禱を目の当たりにして、見物人たちが透かさず発した批判と嘲笑の言辞からは距離をおき、「如何様とは何か別ものだ」とひとり呟いている。この奇異な宗教ドラマを見つめるオットーを捉えているのは、他ならぬ批判者たちが唾棄した当のものへの、それが告げる「如何様とは何か別もの」への、つまりはズィクルのドラマから密かに、それでいて強烈に臭ってくる批判的理性の彼岸でわけなく呪縛するバラカが秘めもつ不気味な何かあるものへのこだわりである。

このこだわりを注視しておこう。

　この人たち、自分たちの宗教を狂乱と粗野な法悦で育み、踊り、狂ったように振舞い、アッラーと喚き叫び、そのズィクルではガラス片、サソリ、ヒキガエルを貪り食い、アッラーにとり憑かれた興奮状態では、頬や腕に血も流さず刀を突き刺し、去勢した雄羊を生きたまま引き裂き、そして――野蛮な儀式――血を啜り、その際魔力のごとき聖者のバラカを皮膚と毛髪と唾液に帯び奇跡を行ないながら各地を巡り歩く――。かれらは私たちにはぞっとするほど恐ろしくかつ異様である。だがしかしかれらは宗教のかの不可思議な地下の暗闇に位置すべきものであり、宗教自身もこのアンダーグラウンドのなかから次第にその洗練された形態を生み出してきたのである。（中略）

　たとえば荒削りの本能と衝動としての宗教、奇跡信仰、未熟な神秘主義、神秘的・終末論的願望と期待といった粗野な雰囲気の宗教がそもそもどんなものかを眺めたいなら、今日ではイスラームに行くがいい。それも教理や注解書《コメンタール》のイスラームにではなく、むしろバラカの、呪師たちとその墓廟の、ズィクルと法悦《ワジュド》の、イフワーンとマフディー信仰のイスラームに。（ChrW. Sp. 725f.）

粗野でファナティックな法悦《ワジュド》に狂奔するデルヴィーシュの存在、そしてかれらの野蛮なズィクル、バラカ。生理と論理の日常秩序を覆し、日常倫理や世界規範の軌道を踏みにじり、さらには教理の軌道をも踏み外すこの「素朴なイスラームの古いオリジナルなファナティシズム」（Sp. 782）は、たしかに醒めた知性には、そして眠れる日常にもおぞましく異様である。

しかしそれでも、否、それ故にこそ、それは規範の日常が刻印した「如何様」なるレッテルで安易に封殺しうる単純に唾棄すべき代物とは「何か別もの」なのだ。それは生理と倫理の外道《げどう》として笑殺したり、宗教の傷物の烙印を貼りつけて始末を図ることによっては片付かない代物だ。否、むしろそれは、宗教がそこに根ざしそこからみずからを生み出してきた、宗教のかの不可思議な地下《アングラ》の基盤ではないのか。洗練された宗教も元はそこから生み出されてきた、宗教現象の基層にある宗教経験の隠れた胎蔵界ではないのか。

サフィーのマルクトでオットーをとらえ釘づけにしたのは、倫理的研磨や論理的彫琢の合理的な「図式化」の衣を纏わぬ、そして「図式化」の彫刀の洗礼をいまだ十全に受けぬが故に生々しく発動する、こうしたヌーメンの原初のファナティシズムであり、それが突きつけた宗教の荒削りの基層《アンダーグラウンド》の闇であった[24]。

ただし、デルヴィーシュとの出会いそのものは、そしてその出会いの衝撃も、かれにはこのマルクトの出来事が初めてではなかった。すでに一八九五年春、カイロの街頭で初めて目にしたデルヴィーシュのズィクルに肝を冷やし、「この言い表しがたい異様な劇を前にしては、どんな宗教感情の方法論も不安になろう」と、オットーは呟いていた（三―五参照）。そして帰国後、ゲッティンゲンの私講師（宗教哲学担当）生活のなかで、旅先の衝撃から再構築を余儀なくされた宗教感情の新たな方法論を模索し、その解答手法をフリースのカント解釈に見出そうと努めてもいた。かくして、北アフリカを旅するオットーの相貌は、ルター派の信仰から出立し、シュライエルマッハーとカントに刻印された思想的素地のうえに、フリースの感得的感情論で理論武装した宗教哲学者のそれである。

しかしいまや、その宗教哲学者の相貌をもサフィーのマルクトの出来事はさらに変容せしめることになったように思われる。このデルヴィーシュの呪禱との出会いは、オットーをして、宗教感情の方法論の彫琢につとめる宗教哲学者から、宗教の生ける現実に寄り添い、宗教の基層の闇に棹さす宗教学者への変容を促す強烈な経験でもあったように思われる。そしてこの闇を照らしうる確かな方法論はいまだ読みとれぬとしても、その光源の不確かな所在は、そしてそれを見つめるオットーの視線の方向は、すでにこのズィクルのイスラームへのこだわりを告げた発言からも嗅ぎとれよう。

四—三—四　ユダヤ人学校——文化植民政策の影

アフリカ西海岸の旅便りに綴られた宗教記録の大半は、この地を中心的に彩るイスラームの記録であるが、それと並んで注目されるのは、ユダヤ教徒をめぐる活動報告である。

五月二〇日、オットーは新しいユダヤ人学校を訪ねる。

ここではマドラサとは様子が違っている。ここでは清潔な身なりをし、行儀よくて、一部の者はヨーロッパ風の服を纏ったいろんな年齢層の七〇名ほどのユダヤ人の若者が、一五分の休み時間のちょっとの間に燥《はしゃ》ぎまわっている。建物はかつてはイギリスのユダヤ教伝道のものであった。いまはイスラエル同盟 Alliance israélite が、ご覧のとおり手際よく成功裡にかれらの教育活動を進めている。校長と教師、教育計画と運営はフランス人だ。「宗教用語」と旧約聖書の教育もなされているが極端ではない。フランス語、算数、地理、歴史、「自然科学」、さらには英語も熱心に教え学ばれている。

同盟のこの学校が、もっとも強力な手段のひとつであるとともに、ゆっくり確実に効果を現して、時とともにこの成長した知的な若者のなかからフランスの利益の協力者が出てくるというフランス人の平和的浸透 pénétration pacifique にとってもっとも効果的なもののひとつでもあることをここでは誰も疑っていない。そうした学校網が沿岸全域に張り巡らされていて、今ではすでに英国とスペインの言葉と文化の、かつてのこの種の影響は決定的に放逐されてしまっている。（ChrW. Sp. 707.）

訪問した新しいユダヤ人学校は、先に訪ねたマドラサとは様子が違っている。ここには授業風景の描写はない。また学校の教育方式をめぐる報告もこの簡単な記述のみで、これに続くラビたちとの議論でも教育論議の主題的な展開は見られない。その点、先のマドラサの報告とは対照的である。そしてとりわけ対照的なのは、マドラサでは主題的であった教育内容や教育現場の様相といった教育事情そのものへの関心にかわって、教育活動の背後に控えそれを推進する政治力学への関心があらたに浮上してきている点である。

イスラエル同盟 Alliance israélite universelle は、世界各地のユダヤ人の連携、庇護を図り、教育改善を目指して、一八六一年に創設されたパリに本部をおくユダヤ人援助団体として知られている。オットーが訪ねたユダヤ人学校はこのイスラエル同盟によるもので、かつてはイギリスのものであった建物をその校舎に利用し、教師はもとよりその運営も教育計画もいまはフランス人の手で進められている。そしてこの種の学校網は西海岸全域に張り巡らされている。

ここでオットーは、この地で展開されている政治力学の新たな構図に注目している。同盟によるこの種の学校が、武力侵略に依らない「平和的浸透」の強力な武器として有効に機能しており、その成果も、かつてイギリスのものであった建物を校舎に利用している事実が象徴的に語っているように、今ではかつての英国とスペインの影響を駆逐するまでに確実に現れてきている。しかもそれは教育の世界にとどまらない。医療、経済、軍事指導等の諸領域にも、「一種の侵略が遂行されている。この侵略はフェズへの進軍ほどあからさまではないが、しかし深く食い込み強い影響力を帯びている」(Sp. 707)。

想えばしかし、オットーがモロッコに足を踏み入れたその時期は、モロッコは政治的緊張のさ中にあった。スルタンに抵抗して諸部族が蜂起したフェズの鎮圧にフランス軍が乗り出し、その鎮定を了えたその日（七月一日）には、ドイツ砲艦がアガディール港に姿を現した。オットーのモロッコ訪問は、このアガディール事件直前の時期であった。すなわち、モロッコを巡って、フランスとドイツの関係は、政治的にそして軍事的にもきわめて緊張した状況にあった。より端的には、オットーがモロッコを訪ねたのは、フェズ動乱の鎮圧にフランス軍が直接乗り込んでくるといった事態が告げているように、フランスがモロッコの植民地化を本格化させる、まさしくそうした緊張した時期であった。そうした状況のなかで、オットーが、フランスの「フェズへの進軍」のようなあからさまな武力侵略の動きを目の当たりにしながら、フランスのこうした侵略の深層の方に、武力によらない文化的侵略、「平和的浸透」の面に注目しているのはやはり興味深い。

ともあれ、この学校訪問記が告げようとしているのは、教育活動支援を有力な武器として展開しているアフリカにおけるフランスの「平和的浸透」、文化的侵略への憂慮である。そしてフランスの教育活動の成功例に言及しつつ、オットーはここで、ドイツ文化使節の、あるいは政治視察官の眼差しで、成功裏に展開されるフランス文化植民政策への憂慮を、すなわちアフリカにけるフランスの教育支援に見え隠れする平和的浸透を装った巧妙な文化、政治侵略への率直な警戒心を語っている。

ちなみにこの憂慮は「報告書」にも記している。それも「旅便り」より一層ストレートに。

フランスの影響が、フランスの拡張政策の古くからの実績ある手段、つまり配慮の行き届いた強力に運営された学校伝道団によって、ずっと以前からどれほど確実にはっきりと準備され基盤を固めてきたかが、どこでもお目にかかれて有益であった。ここでは、毎年かなりの数の青年たちに影響を及ぼし、かれらを決定的にフランス化しているのは、レバントにおけると同様、宗教教団やカトリック宣教団ではなくて、ずっと以前にかつてのスペインと英国の言語と学校の影響にとって代わって非常に成果をあげたイスラエル同盟の学校と事業であった。すなわち同盟が国際的と称しているにもかかわらず、その影響はここではもっぱらまことに決定的にフランス的であって、こうしたやり方のプロパガンダを目的としている。(OA 379. S. 4f.)

ここでは平和的浸透の推進母体であるイスラエル同盟を槍玉に挙げ、この同盟は、たしかに国際的 universelle との名称を冠してはいるが、その実はフランス的に他ならず、フランスの文化的侵略の有能な旗手を務めていると断じている。ここから窺えるのは、〈もうひとりのオットー〉、政治家オットーの素顔の一面でもある。[25]

四―三―五　安息日のシナゴーグ――「聖なるかな」

アフリカ西海岸の旅便りで目立つのは、この地を彩るイスラーム世界の記録とともに、ユダヤ教徒の現状報告である。そしてイスラームとの出会いにおいては、もっぱらその宗教経験そのものがオットーの心を捉えているのに対して、ユダヤ人学校の現実を目の当たりにしたかれの関心は、その宗教状況よりは、むしろ教育活動支援を装ったフランスの文化植民政策に向けられていた。

とはいえ、この「北アフリカ旅行」の、「宗教学者」オットーにとっての意味は、やはりユダヤ教との出会いを抜きにしては語りえないであろう。このユダヤ教との出会い、シナゴーグでの典礼の体験こそ、オットー宗教理念の核心を生み出すことになった、かの「聖なるもの」の原体験として、この旅を格別なものとして広く知らしめる基《もとい》になった。

この「北アフリカ旅行」は、一般にオットーの「聖」観念の誕生地として知られている。もっともアルモントの指摘（Almond, p. 18）に見られるように、聖の観念がこの旅のなかではじめて誕生したのか、それともすでにかれの心に生じていたその観念が、この旅のなかで完全に意識されるようになったのかは、必ずしも定かではない。ともあれ聖の観念が宗教経験の核心であるとの想念は、この旅で遭遇したシナゴーグの典礼の体験から生じた、と見なされている。

それは、エッサウィーラのシナゴーグの出来事である。私たちもここではやはりこの出来事に注目しよう。オットーはこの経験を、五月二〇日の「安息日」(26)の日記に記している。

安息日《シャッバット》

薄暗い小広間。長さ一〇メートル足らず、幅五メートルやっと。上から微かな明かり。壁面の褐色の羽目板は、吊り下がった三〇個の灯油ランプの濃煙で煤けている。壁に沿ってぐるりと、托鉢修道会士の聖歌隊椅子席のような仕切り座席のついた長椅子。幅狭の間仕切りのなかの背の高い厨子《ずし》、そして中央にはがっしりした書見台を備えた小さな壇《ビーマー》。……
まだ西洋人の手が触れていない古い様式のシナゴーグ。この辺りにはこの類いのものが四〇ばかりあり、そのほとんどは寄進で賄われる私設のもので、民家のなかにあり、付属礼拝堂のように維持され、古いタイプのラビと信奉者たちが世話している祈禱堂兼タルムード学校だ。
この日は安息日だ。とてつもなく汚い暗い入口のホールですでに、祈りの「祝禱《ベンシェン》」と聖典《トーラー》読誦を、シナゴーグから教会やモスクに伝わっていった、あのなかば唄うような、なかば唱えるような鼻音の詠唱を耳にしていた。美しい響きで、ライトモティーフのように交互に入れ代わり続く規則的な明確な転調と抑揚が容易に聞き分けられる。一語一語、言葉を解き分かち意味を理解しようと耳は初めは無駄骨を折ったが、もうそんな徒労を断念しようとしたその矢先、突然声の縺《もつ》れが解け——荘厳な慄きが五体を貫き——ひとつに揃った、はっきりした、きっぱりと明瞭な声で始まる。

Kadosch Kadosch Kadosch Elohim Adonai Zebaoth / Male'u haschamajim wahaarez kebodo !
（聖なるかな、聖なるかな、聖なるかな、万軍の主、その栄光は全地に満つ！）

サン・ピエトロ大聖堂で枢機卿《けい》たちの Sanctus, Sanctus, Sanctus を、クレムリン大聖堂《カテドラル》で Swiat, Swiat, Swiat を、エルサレムで総主教の Hagios, Hagios, Hagios を私は耳にしたことがある。いずれの言葉で響き始めようと、およそ人の口を衝いて出るかぎりなく崇高なこの言葉は、魂の奥底にねむる超俗的なるものの秘義を途方もない慄きをこめてよび醒まし揺り動かし、いつも人の魂の深奥を打つ。ここ、このみすぼらしい場所では、ここ以外の何処でよりも激しく、このかぎりなく崇高な言葉は、イザヤを最初に耳にした言葉で、それを最初に譲りうけた選民である民の口から響き始める。同時にこの民の悲運が激しく心胸に迫ってきた。（ChrW. Sp. 708f.）

モロッコの沿岸都市エッサウィーラの、とある小さなシナゴーグで安息日に出会ったイザヤ書のセラピムの歌、「聖なるかな」の三唱に、オットーは深い感動を覚える。

ちなみに、このシナゴーグの体験は、オットーの「聖」観念の誕生地《ルーツ》と言い伝えられ、〈聖の原体験〉として知られている。「聖」の理念の核心が、このセラピムが呼び交わした言葉「聖なるかな」と深く結びついていることは、たとえば『聖なるもの』からも読みとることができる（Vgl. DH. S. 39, 79f., 82. u.a.）。しかしそれをオットー「聖」観念のルーツの確証として定着せしめるに与って力あったのは、弟子たちに告げたオットー自身の発言、あるいは、オットーみずからがそのように語った、との弟子たちの発言であろう。たとえばベンツは報告している。

> この聖なるものの経験は、オットーにとっては、最初は聖典の繙読からではなく、かれみずからが私に語ったように、むしろ旅行中のモロッコのとあるユダヤ教のシナゴーグで自然に沸き起こってきたある宗教経験として与えられたのだ。詳しく言うと、ラビが源古の聖歌「聖なるかな《カードッシュ》、聖なるかな、聖なるかな」を唄い出し、会衆がそれに応誦した時だったのだ。「聖なるかな」の三唱のこの歌で、オットーは、その名称は言い表しがたく、旧約聖書の信徒たちがセラピムの歌を世俗的に見倣って、「聖なるかな、聖なるかな、聖なるかな、万軍の主、その栄光は全地に満つ！」と賛美した、かの超越的なるものとの原初の出会いを経験したのである。
>
> （Benz, (G-7). S. 36.）

ただしこの体験の、もっぱらその流布に与って力あったのは、やはりなんと言っても、旅の記録《オリジナル》の大半が未公刊のなかにあってきわめて例外的な、この「旅便り」の公刊のゆえでもあろう。

ともあれ、このシナゴーグの体験ゆえに、「研究に費やす時間がどの旅行よりも少なかったこの休養旅行こそが、妙なことにもっとも良く知られた旅になった」（Schinzer, S. 17）。そしてこの旅の意義に触れた解釈者たちの発言（Vgl. Schinzer, Boozer, Benz, Heiler usw.）なども、すべてと言っていいほど、この旅の経験の核心を、この地の宗教の基調をなし、かつ「旅便り」がその経験を遥かに詳細に記してもいるイスラームにではなく、また同じく詳細な記述が見られるユダヤ教徒の教育事情にでもなく、むしろそれらに比してその記録が僅かなこのシナゴーグの体験に求めている。ちなみに、オットー自身も「報告書」では、「とりわけ興味深い当地のユダヤ教徒の状況を認識させてくれた」（S. 4）と記し、ユダヤ教に関しても、ユダヤ教徒の教育を中心とした社会状況への関心を告げてはいるが、その宗教経験の実相には言及しておらず、このシナゴーグの体験にはまったく触れていない。そしてまた、見てきたように「旅するオットー」の体験を直接的に告げる一次資料として貴重なものの筆頭は書簡や日記の手稿であるが、このシナゴーグの体験は、例外的に公刊を意図した「旅便り」にのみ記されていて、この旅の手稿（HS 797/567）ではまったく語られていない。

事情はともあれ、しかし流布したこのエピソードは、聖観念のルーツ捜しの興味に幻惑されて、この旅の豊饒なる経験の全容とその核心をむしろ覆い隠す役割を果たしているように思われる。

オットーの「聖」観念のルーツ。たしかにそれはオットー宗教学の〈興味ある事実〉のひとつ、否、もっとも興味ある事実でもあろう。しかしそれは、この旅の多彩な体験のダイナミズムを「聖のルーツ」という表層の一事実へと収斂させ、〈聖の原体験〉の宝捜しの興味に足掬われて、旅するオットーの澄んだ眼差しが射ぬいた〈宗教の原風景〉の裸像が曇らされているように思われる[27]。

ともあれこの種の不自然な恣意的解釈に私は与しない。ここに求められているのは、むしろ、オットーの豊饒なる経験のダイナミズムを不用意に摘みとるこの不幸な固定観念を振り払い、その体験の基本的な意味を〈事実〉に即して素直に追体験することであろう。

これに必要な解釈上の布置を確認しておこう。

第一に、このシナゴーグの体験を、この旅のなかからそれとして抽出し、その素朴に実体化した〈聖の原体験〉を即自的に炙《あぶ》り出す手法を私は採らない。すなわち、テネリフェの民俗宗教、デルヴィーシュのズィクル、マドラサやトーラーの教育風景など、どこまでもこの旅の多様な経験のひとつとして捉え、旅するオットーが告げる多彩な生きた宗教体験のダイナミズムのなかで読み解く途を選ぶ。

第二に、「聖なるかな」の三唱の感動を、この安息日のシナゴーグを取り巻く状況全体のなかでのオットーの体験の流れのなかで解きほぐすことを試みる。すなわち「聖なるかな」の三唱の体験を、聖の原郷の生きたコスモスのなかに戻して確認しておきたい。ともあれ、もっぱらセラピムの歌の「かぎりなく崇高な言葉」の感動体験のみが、聖の原体験、聖観念のルーツとして注目されているが、しかしそれをつつむ状況全体《コスモス》にこそ、オットーの独自な宗教的感性の特異な構図が見て取れるように思われる。

まずは、この体験に近い状況を告げる第二の問題から、すなわち、この〈聖の原体験〉の発酵模様、それもその発酵の裾野の状景に注目し、シナゴーグを取り巻く光景から見ておこう。そして、「聖なるかな」の感動体験を招き寄せることになった特異なコスモスを、シナゴーグに足を踏み入れる前の状景から追体験してみよう。

この沿岸都市の光景を、オットーは宿の高いバルコニーから生き生きと描いている。

右下方のスペインのフランシスコ会の小さな教会から、マリアの歌が耳をつんざくように鋭く響いてくる。五月の祈禱が行われているのだ。左手では、不格好な正方形の尖塔《ミナレット》のギャラリーから、ムアッジンの「ラー・イッラーハ・イッラー・ラーフ」の朗誦が聞こえ、夕べの礼拝の呼びかけが告げられている。時を同じくして他の三基のミナレットから、仲間のムアッジンたちの朗誦が。その周りにぐるりと展がっているのは、すべてが白く壁塗装され、ぎらぎらした陽光のもと眩しく輝いている街の白い家々だ。（ChrW. Sp. 709.）

フランシスコ会の教会から五月の礼拝を告げるマリアの歌が響きわたり、モスクをとりまく四基の尖塔《ミナレット》からムアッジンの夕べの礼拝の呼びかけ、アザーンが告げられている。このキリスト教とイスラームの祈りの、この地のいつもの宗教風景。それは紛れもなくぎらぎらした陽光のもと白い家々が絵のように美しく輝く北アフリカ西海岸の沿岸都市の光景である。

この都市の輝く陽光のもとに、そのほとんどが私設の付属礼拝堂のようなシナゴーグが四〇ばかり密やかに佇んでいる。「ゲットーの入り組んだ迷路を通り、暗闇の狭い階段を上って」オットーが案内されたのは、こうした古い様式のシナゴーグのひとつであった。

そしてかれを迎え入れた小広間は、灯油ランプの濃煙で煤け薄汚く暗い。中央の小さな壇《ビーマー》、壁際のベンチ、すべてが貧弱で暗い。オットーが足を踏み入れたこのシナゴーグは、ぎらぎらした陽光に白く輝く外部の伸びやかな光景とはまことに対照的である。それはまた、数日前まで魅了されていたテネリフェ島の壮麗な自然景観はもちろんのこと、数日後デルヴィーシュと出会うマルクトの開放的な喧噪空間とも対照的である。およそ絢爛たる光輝とも、伸びやかな広がりとも無縁な密やかに佇むシナゴーグ内部の、人びとの日々の営みの光輝に背を向けたかのようなこの暗い閉鎖空間には、外部や高みへの視覚の開放が、それがもたらす心の高揚や魂の解放路がまるで拒まれているかのようである。こうした状景の生地のうえに、聖の原体験の発酵模様が繰り広げられる。

つぎに、ラビが源古の賛歌を唄い出し会衆がそれに応誦した時の、「聖なるかな」の三唱に感動するその直前の状況に注目してみよう。

ぎらぎらした陽光に輝く伸びやかな外の世界に、外界のキリスト教やイスラームの開放的な宗教風景に別れを告げ、この暗い建物に足を踏み入れた時、入口のホールですでにオットーは、祈禱歌やトーラーの朗誦、あるいは賛歌の美しい響きを耳にする。そして最初は、その〈言葉の意味〉内容の読解に心配っている。しかし言葉の意味への問いを断念しようとしたその矢先、「荘厳な慄きが五体を貫き」、かのセラピムの賛歌が響きわたる。いいかえれば、信仰の理念内容《ロゴス》へのアプローチを断念しようとしたその時、突然言葉の縺《もつ》れが解け、純粋に感性的な、かの「聖なるかな」の三唱の魅惑的な世界に包み込まれている。「かぎりなく崇高な言葉」が響き出るこの知覚風景は興味深い。ここでは閉鎖空間のなかで、視覚の開放はもとよりロゴスの装飾も剝ぎ取られ、あたかも音声以外の要素すべてが背景化し滑り落ちてゆくなかで、純粋にヌミナスな音声の魅惑的な力が発揚し迫ってくる。

ちなみに「聖なるかな」の三唱についていえば、言語《ロゴス》そのものの相違は問われていないかのように、それはラテン語やギリシア語といった言語の違いとは無関係に同じように感動的だと表現している。それは、聖なるものの経験にとって、言語に内包された理念内容の相違は必ずしも本質的ではないことを語るかのようでもある。すなわち、言語に結晶した宗教経験の理念的意味やコスモロジーではなく、むしろそれらを背景へとゲシュタルト・チェンジしたときに、それを超越したかたちでそこからあらたに立ち現れてくるコスモスの知覚的な表象そのものにひそむヌミノーゼの fascinans（魅するもの）な力が、そしてそれを預覚するヌーメン的感情が注目されているようにも思われる。[28]

四―三―六 聖の原体験――宗教の知覚風景

つぎに、この聖の原体験の知覚風景を、その裾野をなすこの旅の経験の状況全体から再検しておこう。

祝禱の朗唱、トーラーの読誦がもたらした宗教的感動は、「聖なるかな」の三唱によってもたらされた聴覚による知覚の高揚に先立って、まず光と影が織なす色彩や乳香の匂いなどの刺激に触発されてもいる。そしてこの嗅覚や、光彩を喪失した視覚的世界におよび醒まされた感覚の高揚は、とりわけ音の世界、それも無伴奏のタルムードの読誦とか祈りのような人の声だけでなく、鐘の音なども含んだ全体としての聴覚的世界によって知覚の宗教的高みへと誘われている。いずれにしろ、このかぎりなく崇高な言葉、「聖なるかな」の三唱に荘厳な慄きを覚えたその宗教的感動の世界は、宗教的表象が帯びているこの聴覚やネガティブな視覚、さらには嗅覚をも動員した知覚の合唱的世界でもあった。

ともあれ聖の経験は、聖典の繙読や宗教資料の机上の分析からではなく、現実の宗教経験との生きた出会いの感動のなかでもたらされた。この事実にこだわるのは、聖観念のルーツ捜しを愉しむためではない。あくまでもオットー宗教学の基調を告げるものとして、それはやはり重要であるように思われる。数多のオットー解釈に見られる理論の鎧で重装備した方法論議がどこか空疎に映るのは、この聖の原体験が如実に告げるオットー宗教学の生地の発酵土壌を素通りしているからではないだろうか。

とはいえ聖の原体験は、このシナゴーグでの「聖なるかな」の三唱の感動という特定の宗教体験に収斂されるものではなく、何よりもまず、この旅の経験全体のなかで読みとられるべきであろう。かくして先に提起した第一の問題が問われることになる。

「テネリフェ島と北アフリカへの旅」におけるオットーの代表的な宗教経験として、第一に、テネリフェでの民俗宗教、岩石崇拝、洞窟崇拝との出会い。第二に、北アフリカでのイスラームとの出会い。それも「教理や注解書のイスラーム」ではなく、「バラカの、ズィクルと法悦《ワジュド》の、イフワーンとマフディー信仰のイスラーム」との出会い。そして第三として、ユダヤ教との、とりわけ安息日のシナゴーグの「聖なるかな」の三唱との出会い。この三つの経験を指摘しうる。

まずそのひとつとして、オットーが民俗宗教や宗教経験の始原に想いを馳せる際に饒舌に綴っていたテネリフェ島の自然讃歌と美的体験に改めて注目してみよう。

暮れなずむ夕べのひと時、オットーは、銀色に輝く静かな湾を遥かに眺め遣って、ぎらつく陽光のもとでの拡散した喧噪風景の退場にともない、白昼の散文的風景に代わって登場してきた「信じられないほど美しい奇跡のフローラの生と華麗な色彩が射し込む」素晴らしい自然景観に魅入り、その麗しの自然の佇まいを、聖の属性を窺わせる形容に準《なぞら》えて、「それはほとんど不気味とも言うべきものである」と口にしていた。そして、その自然に魅了された感動のなかで、かくも壮麗な美観を目の当たりにして、神的なるものが感得されるということは当然ではなかろうかと呟き、さらには、美的経験はかぎりなく宗教経験に近い、「ここが宗教の根源ではなかろうか?」とも呟いていた。

しかし同時に、自然の美的体験は、その深い根底において宗教体験にかぎりなく類似してはいるが、しかし美は宗教ではない、とも言い添えていた。ただしそこでは、「宗教の始原は――にある」と、宗教経験の内実の解答には、なぜかあえて触れずにいた。

この美的経験との関わりにおいては留保されていた宿題の解答が、いまやシナゴーグの体験で問われることになる。想えばかぎりなく宗教体験に近い様相を帯びたものとして受けとめられた美的体験は、自然の麗容を目の当たりにして、自然に魅了された感動のなかで生起していたのであった。それはしかし、かぎりなく宗教的な様相を帯びはしていても、やはり宗教体験ではない。

しかしいま、薄暗い小さなシナゴーグに足を踏み入れることによって、まず、かぎりなく宗教経験に近いと感じることのできたその壮麗な自然の美的経験への回路が閉ざされる。そしてまた、ぎらつく陽光に輝く美しい街に背を向けることによって、開放された世界への視覚の飛翔回路も断たれる。シナゴーグ訪問はそれ自体、この美的経験の剝奪、世界の視覚的感得の回路の遮断を意味してもいる。

この美的経験が滑り落ちてゆくという事態、そこには美的経験の後景化、退場によって、これまでその美的経験によって覆われていた世界があらたに現出してくる、という経験のゲシュタルト・チェンジの事態が招来していると予想される。美的経験の基本回路であった視覚の遮断に伴い、あらたに聴覚的回路の先鋭化という知覚経験の要《かなめ》の移動が、知覚経験の変容の事態が招来する。そして、こうした美の粉飾を剝ぎ落とした、視覚から聴覚への知覚的な経験回路の屈折、変容が開示した新たな経験磁場において、「聖なるかな」の三唱の崇高な言葉が響きわたり、「魂の奥底にねむる超俗的なるものの秘義」がよび醒まされる。かぎりなく宗教的な様相を帯びてはいるが、しかし基本的には「前宗教」的な美的経験が後景化し、その回路が断たれることによって、いままで美意識で拡散され覆い隠されていた、「人の魂の深奥を打つ」超俗的なるものの秘義が前景化し、顕現するにいたる。

かくして、テネリフェ島で、美的なるものへの饒舌な讃歌を繰りかえしながら、「美は宗教ではない」と告げ(29)、それでいてあえて留保していた宗教経験の核心をめぐる解答が、視覚的な美的回路を閉ざされたシナゴーグで、いまや「聖なるもの」として告げられることになった。

　つぎに、第二の経験に注目してみよう。それは街頭のイスラームとの出会いである。想い起こせば、すでにオットーは、〈最初の大旅行〉のカイロの街頭で、「喚き叫ぶデルヴィーシュ」のズィクルに驚愕し、西欧近代の倫理的レンズでは捕捉しがたい宗教経験の基層の闇を垣間見ていた（三―五参照）。

　そして今回の旅では——それは安息日のシナゴーグの体験の数日後のことではあるが——、サフィーのマルクトで、デルヴィーシュの奇異な呪禱を目の当たりにし、そのバラカ・ショックに立ち竦みながらも、しかしそれを「如何様」と裁定する西欧近代の倫理のレンズとは明確に距離をおき、その「素朴なイスラームの古いオリジナルなファナティシズム」が突きつけた、批判的理性の彼岸でわけなく呪縛する何かあるもののなかに、宗教の不可思議な地下《アングラ》の基盤を嗅ぎとり、「宗教は倫理ではない」と肯《うなず》く。

　このように、聖なる世界の遠景を、美意識とも倫理的表象とも違った、それらを超絶した世界として視野におさめたオットーは、シナゴーグの〈聖なる世界の胎内巡り〉において、ヌミノーゼの原初の胎動に触れ、宗教経験の核心を「聖なるもの」として体験する。

　そしてこの聖の原体験は知覚的世界と深く結びついている。「旅するオットー」は、宗教的コスモロジーの論理的深奥や倫理的峻厳ではなく、ましてやその社会的機能でもなく、聖なる経験世界へとわけ知らず誘いこむ宗教的な知覚表象の美学に惹き寄せられ、宗教経験の意味をその基層を彩る知覚的世界の扉から感得しようと試み始めているように思われる。ここで注目されるのは、宗教の論理や倫理をめぐる新たな解釈の展開ではなく、宗教の知覚的世界への顕著な傾斜と、この知覚世界を視軸に生きた宗教経験の核心を尋ねようとする新たな宗教解釈の兆候である。それは近代主義的な宗教理解の帳《とばり》の破れ目から聖の原景が浮かび上がってくる、そうした経験でもあったように思われる。

帰途を辿るオットーの心胸の裡を、とりわけ道中変貌を遂げたオットーの宗教理解の相貌をこのように想い描くことができるように思われる。しかしその前に、この地であらたにかれの心を捉えた西イスラーム世界の現実にも目を向けておく必要がある。

四—三—七　タンジールとアルジェで——イスラームの現実

マルクトでデルヴィーシュに瞠目したのち、サフィーから船で西海岸を北上しタンジールに向かう。タンジールには五月末（二六日以降）の数日間滞在している。その間オットーは、かのズィクルに驚愕せしめられた衝撃を鎮め、ファナティックなスーフィズムの実践の意味を確認するためであろうか、イスラーム「神学と法学の学者《ウラマー》」を訪ね、イーサーウィー教団の実践を問い正しているが、この思慮深い老学者の口を衝いて出たのは、「それは慣習です。そんなものはコーランとは何のゆかりもない」（Sp. 726）との、異端的スーフィ教団の実践に対する批判的言辞であった。

その後海峡を渡りスペインに向かうが、「時間に急かされ、南スペイン滞在は短縮してジブラルタルにだけ滞在し、その後アルジェに向かった」（OA 379. S. 5）。

「北アフリカが、私たちから滑り去ってゆく」。

六月四日、アルジェに向かう船上から、海峡越しに聳える〈ヘラクレスの柱〉を眺め遣るオットーは、バラカのイスラームであれ、モロッコへの植民地主義的侵略の兆しであれ、歴史と現実の隘路を歩む北アフリカの民の困難な人間模様への揺れる想いから己を解き放つかのように、感情的対応を峻拒した「純粋な形態」の世界美と崇高の招きに心慄かせる美的観照者にかえって呟いている。「いま、〈魅惑〉とか〈感動〉の彼岸に、そこの向かいの巌が純粋な形態の世界のなかに、その周りのものすべてより大きく空間にそそり立って、大きく力強く聳えている」（Sp. 780）と。

そして同時にまた、「私はアルジェに行く。フランス人がやってきてアラビア文化に何が起こったのか、そしてとりわけイスラームがヨーロッパに〈犯され〉てどうなっているのか。その印象をせめて表面的にでも得るために」（Sp. 780）と、ヨーロッパ文化の侵蝕によって余儀なくされたこの地のイスラームの伝承文化と宗教の変容ぶりを観察し、モロッコ各地で突きつけられたイスラーム世界の歴史と現実への問いにひとつの解答を見出そうと望んでもいる。

しかしアルジェで、オットーが重ねて目にし改めて確認する羽目になったのは、フランスの支援で実現した「街道と鉄道、灌漑水路と堰、工場と鉱山の見事な姿」であり、フランスの文化植民策が生みだした「秩序ある警察、衛生、裁判、ならびに学校と国民教育の領域での広範囲にわたる成果」であった。そしてフランス・アラブの学校組織に長く仕え、この地の宗教と文化事情に精通した「卓越したアラブ学者」からオットーが聞きえた解答は、つぎのようなものであった。

――アラブ人自身とかれらの発展について、あなたはどうお考えですか？

――まず第一にアラブ人はヨーロッパ人の占領と指導に順応しており、全体としてそれに満足しているということだ。アラブ人は仕事をする能力をもっているが、しかしそれはヨーロッパ人の指導のもとでのみのことだ。

――ところで、汎イスラーム主義は？

——われわれのところには、まったくない。かりにこの種のものがあるとすれば、それは素朴なイスラームの古いオリジナルなファナティズムであり、マフディー主義とイフワーンのデルヴィーシュ精神だ。しかしそれは現代の政治的努力と何の関係もなく、時おり現代文化との接触で期待されるイスラームの改革や革新には何も期待できない。以前ここにもあり時おりモロッコにも見られるこの精神は、ここでは徐々に衰退している。それとともに本来のイスラーム自体も。（ChrW. Sp. 782f.）

「古い素朴な生き方の世界への現代の制度のとどまるところのないこの侵入に対しては、遺憾に思ってもほとんど効果がない」。この現実を直視し、それを肯定するフランス人アラブ学者の発言に、オットーはあえて口を挟まずにいる。しかし伝承のイスラームの衰退についての意見に明確に論駁するものに自分は注目しているのだ、と書き添えることも忘れていない。ともあれ、アフリカ最後の訪問地で、憂慮しつつも、しかしその事実を確認する羽目になったのは、フランスの平和的侵略の浸透であり、それがもたらす伝承のイスラームの宗教と社会の衰退的変容の現実である。この事実を、オットーは「報告書」の末尾ちかくにも記している。

フランスの支配に対するイスラームの反感と激昂が徐々にではあるが確実に薄らいでいることが、ここではよく認識できた。ここでも、派遣された人びとによって指揮されたきわめて内容豊かな学校政策が重要な役割を演じているように思われる。先祖伝来の信念や慣習をあからさまに損なうことなく、ますます拡大する学校システムによって、最近の若い世代に、かれらを中途半端にフランス化——西洋文化のどうにも好ましくない仮の中途半端な産物だが——する目に見えないほどのごく僅かな変化が生まれている。（OA 379. S. 5.）

そして「旅便り」の末尾に記されているのも、この地の宗教経験の伝承的内実ではなく、押し寄せるヨーロッパ文化の波濤を浴び揺れ動くこの地の宗教の現実である。

アルジェを後にし北アフリカに別れを告げたオットーは、帰国前に、最後の訪問地としてさらにイタリアをも訪ねている。ただしイタリア訪問の記録は「旅便り」には見られず、唯一「報告書」で、つぎのように訪問先を簡単に記しているのみである。

イタリアは、ナポリからウンブリア（サン・フランチェスコ大聖堂）まで、そこからバッロンブローザ（バッロンブローザ修道院）近郊のアッペンニーノの森林地帯まで横断した。七月のローマは今年の国民祝祭にもかかわらず静かだった。モンテ・カッシーノ（モンテ・カッシーノ修道院）、フィエーゾレ（サン・フランチェスコ教会）、グロッタフェッラータ（サン・ニーロ修道院）滞在は、宗教史的に多くの知見を与えてくれた。イタリアの激しい進歩熱は、私がイタリアをこの前に見た一四年前の状況と比べて、いたる処で目に見えてはっきり現れていた。

（OA 379. S. 6.　カッコ内は引用者注）

一九一一年七月三一日、オットーは、「旅行の前半部分、すなわちカナリア諸島、モロッコ、南スペイン、アルジェ、イタリアへと赴いた旅から帰ったことを学部に報告」（「ゲッティンゲン・ドキュメント」*S.* 77）し、この〈聖の原郷〉への旅に幕を下ろしている。

第五章　〈二度目の大旅行〉——アジア旅行

五—一　アジア旅行——資料解題

「北アフリカへの旅」から帰国したオットーは、約二カ月後、後半部の「アジア旅行」に旅立つ。〈二度目の大旅行〉全体を報じている「報告書」（OA 379）は、「一、テネリフェとモロッコ　二、インドへの移行　三、インド　四、中国、日本、そしてシベリア経由の帰国の旅」の四章から成っており、その報告内容の大部分はこの「アジア旅行」関係である。

そして「アジア旅行」独自の資料として指摘しうるのは、HS 797/572 のみである。

HS 797/572 : R. Otto, Reise nach Indien, Japan und China. 11. Okt. 1911-3. Juli 1912.（2 fast. Druck mit hs.Text.）

①［Briefe von Otto］: Reise nach Indien, Japan, China.（Eigenh. Briefe und Karten an versch. Angehörige: Bl. 1-35, 38-55, Bl. 36 u. 37 in besonderer Mappe.）

②572a : [Briefe an Otto : 1-30] : 30 Briefe versch. Absender an Otto.
③[Gedruckte Anlagen 1-28] : Reise nach Indien, Japan, China.（28 Anlagen.）

HS 797/572 には、正確には前半部の旅の資料も若干含まれてはいるが、その表題「インド、日本、中国への旅」が示しているように、資料の大半は後半部の「アジア旅行」関係である。これにはつぎの三種の資料が含まれている。

〔略号：Pk.（ハガキ）、Br.（手紙）〕

①[Briefe von Otto] は、旅先からの発信書簡（ごく一部を除き大部分は姉 Johanne Ottmer 宛）で、ここには日本からの唯一の発信書簡（1. Mai 1912）も含まれている。

②572a : [Briefe an Otto] は、旅先での受信書簡。

③[Gedruckte Anlagen] は、旅先で収集した諸種の印刷物。

たとえば、ホテルのパンフ類（宮島みかどホテル、日光ホテル、箱根富士屋ホテル、奈良ホテル、鎌倉海浜ホテル、伊勢山田五二会ホテル、ダージリン Woodlands Hotel、テネリフェ Grand Hotel Quisisana Santa Cruz 等）、チケット類（シベリア鉄道二等乗車券、拝観許可書（「オットー氏、右京都御所及二修、桂修学院離宮拝観被差許候事、明治四五年四月一五日」、衆議院・外国外交官傍聴券、明治四五年三月二五日等）、京都堀内歯科医院領収證等）、パンフ類（シベリア鉄道、大阪住友コンツェルン等）、新聞冊子類（「真理」（明治四五年三月一日、「同人消息：オットー博士、三月《マ》一日《マ》京都に入り帝国大学、其他に於て講演ある筈」）、「民主報」（一九一二年二月二六日）、Annual Report 1910-1911. of the / M.A.-O. College）等。

この「アジア旅行」に関しては、これら二つの資料（OA 379, HS 797/572）に依拠し、とりわけ全体の客観的推移の把握には、主として旅の内実を比較的詳細に記した「報告書」に依拠し、かつ資料HS 797/572によって、「報告書」からは窺いにくいオットーの内的経験の掌握に努める。

五—二 はじめてのインド

「一九一一年一〇月一一日、オットーはインド、日本等へと赴く旅の第二部に出発」と「ゲッティンゲン・ドキュメント」は報じている。

一一月以前はインドを訪れることはできないので、八月と九月は故郷で休み、インドと東洋の準備に当てることができた。九月末にミュンヘンとフィラッハに短期間立ち寄り、トリエステに旅立ち、そこでインドのカラチ行きの——インドの皇帝戴冠式のお蔭で旅客船が全席予約済みだったので——オーストリア貨物船に乗船した。航行中、二度戦争の不安を潜った。（中略）

アデンの後方でエンジン事故が起こった。それは海がこれほどのべた凪ぎでなければ重大な問題になりかねない事故だった。すでに二度紅海でエンジンが停止していた。故障の修理はきわめて不十分だった。そして今また突然停止してしまった。九時間後にやっとドッドッドッという規則正しいピストンの音がふたたび響き、船はふたたび舵が反応し、夢のように美しい星空のもとインダス河口めざして進んだ。

一一月二日朝六時、三週間にわたる船旅の後に褐色のロームのインドの海岸が見えてきた。埃まみれの羽状複葉をつけた二本の蘇鉄、その下のペルシアのモスクのドームの陸《ろく》屋根、その側の青塗りのシヴァ神殿の切頭のピラミッドが、われわれは――そのことを私はその時まで相変わらず本気で信じられなかったのだが――ほんとうにインドに来たんだ、ということを告げていた。（OA 379. S. 7f.）

一〇月一二日トリエステから船出し、遥かインドを目指しオットーは長い船旅に出る（Pk. an Johanne Ottmer（以下Johanne と略記）. 12. 10. 1911. Triest）。この旅でもすでに出発前から予期せぬトラブルに見舞われ、船旅の計画変更を余儀なくされている。まずインドの皇帝戴冠式の煽りを食って、当初予定していた旅客船が満席のため、やむなくオーストリアの貨物船を利用する羽目になる。おまけにその貨物船は紅海で二度もエンジン・トラブルを起こし、さらに修理後もアデン湾でまたもやエンジン停止するといったたび重なるトラブルに見舞われている。しかしオットーはこうした災難をも刺激的な経験として享受し、「夢のように美しい星空のもと」三週間にわたる航海の果てに待望のインドの海岸を目にして、「ほんとうにインドに来たんだ！」との感慨に心胸を熱くし、一一月二日カラチに上陸している（Br. an Johanne. 7. 11. Karrachi）。

インド滞在の三カ月は、ここで詳しく述べるよりもずっと充実したものだった。最初の日から大勢のインドとイギリスの指導者たちとの個人的な親交がどんどん増していった。それによって、この国の古い歴史と文化についてだけでなく、今日の政治的、社会的、宗教的、道徳的状況についても、英領インドの教育制度と大学組織についても、伝道と社会改革についての印象も一層増していった。

ムスリムとヒンドゥー教徒、シク教徒とパールスィーに個人的に紹介された。まさにこれから開催されようとしている皇帝の戴冠式と皇帝のカルカッタ入場、同時に開催されている全インド「国会」、インド宗教改革者カルカッタ「会議」、これらにまことに好都合にうまく巡り合えた。ひとりのマハーラージャの好意で、マハーラージャの立派なミニアチュール（細密画）のひとつをよく識ることができた。新旧スタイルの英国とインドの学者たち、賢者と隠者を訪ねた。二、三回の熱病の発作のために仕事が妨げられもした。しかし全体としてはすべてが計画通りに進行した。

世界漫遊旅行につきものの散漫な観察の宿命を免れより深い洞察を得るために、南部訪問はすべて犠牲にして、インド旅行を、インダスとガンジス、シッキムのヒマラヤの容易に行ける処、テースタ峡谷、カリンポン、そして南方ではプリーまでだけに限定し、マユルバンジ県の小都市バリパダに足を踏み入れた。（OA 379. S. 8f.）

この旅は、これまでの旅のようなもっぱら自己の主体的な情熱と関心に基づいた自由なものではなく、渡航基金の要請もあって、訪問地や滞在期間、さらには訪問地での仕事や識者訪問などいわば公的な責務を負うており、一種の文化使節として行動することを余儀なくされている。こうした事情も手伝って、とりわけ義務的な「報告書」では主体的な経験の吐露は後景化し、もっぱら客観的な事実報告が主題となっている。

そしてこのことは、「旅するオットー」に求めてきた私たちの問い――これまでの旅では主体的な経験の直接的な吐露が主題的であり、そこからオットー独自な宗教経験、オットー宗教学の素地を窺わせる新鮮な経験模様を読みとることができたが――に対して、この旅ではそれらは主題的な位置から退き、従来のようには必ずしも十分には応えてくれないことを甘受するよう求めてもいる。それは義務的な「報告書」を主たる観察資料としたからであろうかと危惧されもするが、しかし事実は必ずしもそうとは言えない。むしろ基本的にはこの旅そのものに起因しているように思われる。ともあれこの旅の経験から、オットー宗教学の原風景を主題的に読みとろうと願うことは妥当ではない。あえて言えば、それはすでに従来の旅で発酵済みになっていて、この旅が告げているのは、むしろその後のオットーの学的展開の検証素材であるとみるのが妥当であろう。

とはいえオットーは、予定されていた万遍ない視察旅行が陥りがちな拡散した表面的観察を避け、インド宗教の深い理解を得るために、訪問地をもっぱら宗教観察にとって有効な重要な宗教施設のある地に限定しようと試みている。たとえば行動範囲を、南部インドはすべて犠牲にして、南方ではプリーまでだけに限定しているが、そのプリーはジャガンナート寺院で知られるヴィシュヌ信仰の名だたる聖地である。またヒマラヤ南麓のネパールとブータンのあいだに位置するシッキムや、ダージリン東方に位置する小都カリンポンもともにチベット仏教（ラマ教）で知られている。ちなみに、これらはいずれも秀峰カンチェンジュンガ山の景観を愉しめる地域でもあるが、しかしこれらヒマラヤ山麓の地に足を踏み入れたのは、その景観を愉しむためではなく、やはり当地の宗教に、チベット仏教に触れるためである。(30)

もっともそのすべてが希望通りに叶えられたとは言えない。たとえば「ダージリンでは、当時そこに居を構えていたチベットのダライ・ラマと面識を得ることは、私にとってそこでの非常に重要なテーマであったのだが、当局は、〈申し訳ないが、あなたのご要望に応えることはできません〉、つまりダライ・ラマに会うことはできない、とのことであった」。オットーはその理由を、「当地では近年始まったチベットにおける中国とのいざこざが目立っており、当局は政治的貴重品である活仏なる人物に対する外国からの〈影響〉を一切遠ざけておく必要があったのだ」と判断している（OA 379. S. 10）。ここではオットーは、当地の宗教現象そのものよりは、「今日の政治的、社会的、宗教的状況」の考察の方に視線を向けている。

ともあれ「報告書」でとりわけ詳細に記しているのは、宗教状況よりは、むしろ「英領インドの教育制度と大学組織」についての考察である。まず高等教育制度の問題について。

教育大臣バトラー卿《サー》と私は英領インド大学機構について協議した。かれがとりわけ聞きたがったのは、わがドイツの学術アカデミーについてであった。それは、自立した学問研究を、差し当たってはとりわけ言語学と歴史学の研究を奨励するために、カルカッタの大学でその種のものを軌道に乗せることが望まれていたからである。

各種のカレッジと総合大学では、スピーチと講義はほとんどは英米方式で行うよう強いられている。インドの大学生がとくに知りたがっているのは、ドイツの大学と学校制度についてである。英国の教育制度が不十分だという気持ちがかなり強いだけに、かれらインドの大学生、とりわけインド生まれの大学教授たちではとくに、ドイツの大学と学制についてそれだけ積極的に知りたがっている。（中略）

ドイツの書物は沢山利用されている。たとえばヴント心理学、ドイツの哲学者の書物、ドイツ人の書いた哲学入門、ドイツ版サンスクリット哲学書、しかしこれらは残念ながらいつも英訳のものだ。（OA 379. S. 10f.）

つぎに、初等教育の状況を巡って。

オットーは、初等教育制度そのものよりは、それに対する伝道活動の影響に、とりわけ欧米の宣教師たちの、狭義の宣教活動にとどまらず教育・文化事業を広汎に展開する強力な伝道活動に注目している。「宣教師たちの巨大な文化事業に対する驚嘆は日ごとに高まっている」（Br. an Johanne. 14. 12. Darjeeling）。

公立小学校の創設は、「当時すべての人びとの心を揺り動かしていたかなり重要な政治問題」のひとつであったが、その人びとの渇望に応えていたのは、英領インドの行政というよりは伝道活動であり、より正確には行政と伝道の協同である。オットーは小学校教育の現状に触れ、とくにミッションスクールが人びとの信頼を得ている点に注目している。たとえばラホールでは、ムスリムでさえも、自分の息子たちをイスラームの学校《マドラサ》よりもむしろアメリカのミッションスクールに送り込むほど、伝道活動の教育・文化事業は信頼を得ている。「行政と伝道の協同も私の注意を惹いた。カリンポン周辺では、行政は小学校制度をすべて、まことに素晴らしい活動をしているスコットランド長老会のミッションの手に委ねている」（OA 379. S. 11f.）。そしてこうした学校教育活動に見られる教育事業とともに、大衆の社会的向上のための活動をも進める伝道活動に注目している。

しかし、宗教研究の面からオットーのインド体験を語るとき、やはりインド宗教世界とのはじめての本格的な出会いという事実を注視することが求められよう。なぜなら、このインド体験は、オットーのインド宗教研究の、西洋と東洋の比較宗教研究の貴重な出発点になったからである。そしてのちに、宗教の並行現象への理論的考察とともに、それを踏まえた実践的な活動をも展開することになる。

一月末、オットーはインドを離れビルマに向かう。しかしインドで「あまりにも多岐にわたってあれこれ追いかけた無理が祟って、数日間病気を患う」羽目になった。その過労による疲れを、ラングーン（ヤンゴン）に向かうこの船旅が癒してくれたのである（Br. an Johanne. 15. 2. auf Fahrt nach Birma）。それだけではない。船旅は、陸の上同様、否それ以上に多くの洞察をもたらしてくれた。これまでの旅でもオットーは船上での人びととの出会いを詳細に描いていたが、このラングーンへの船旅で、みずからの旅の経験を踏まえて、旅全体に占める船旅の意義をあえて書き留めている。「長い船旅それ自体が、旅全体のなかでももっとも重要なものに数えられる。というのは、まことに多種多様な種族、職業、利害を異にする人びととの共同生活、生々しい国際交流や商品交換や海事の直《じか》の観察がもろもろの有益な洞察を与えてくれるからである」（OA 379. S. 13）と。過密スケジュールがもたらした過労と病からの身体的蘇生もそのひとつであるが、それ以上に船旅は海路を共にした旅人たちとの出会いがもたらす広い世界見聞の貴重な機会でもあった。

ラングーンでは、やはりビルマ仏教に注目している。「仏教はここではまことに純粋に保持されており、まことに生き生きしている」（Br. an Johanne《ママ》. 16. 1. 1912. Rangoon）。しかしビルマ仏教との出会いはラングーンでの収穫の一部でしかない。ラングーンがかれに与えてくれたものはもっと広汎に及んでいる。すなわちオットーは、「ビルマ仏教とビルマ独自の芸術、仏教布教とヨーロッパ人への布教活動、イギリスの宣教活動と学校組織と、イギリス文化の普及とイギリスの影響にとっての宣教活動と学校組織の意義」（OA 379. S. 13）を学ぶ機会を与えてくれた、と告げている。ここでは宗教観察は経験の一部なのであって、かれがより注目したのは、当地の宗教状況よりはむしろイギリスの宣教活動と学校組織の問題、とりわけミッションスクールの活動である。インド同様、ここでもオットーは、当地の宗教、ビルマ仏教の現況よりは、ミッションスクールというかたちで当地の宗教と文化に深く食い込んでいるヨーロッパの伝道活動の影響により注目している。

ラングーンを後にし日本への航路を辿るオットーは、途中ペナン島（マレーシア）に六日間、そしてシンガポールにも立ち寄り、またつぎの寄港地、香港には「ほんの僅かな時間」立ち寄っただけで、さらに上海に向かっている。

「上海に一四日間滞在した。親切で高い教養の持ち主であり、中国史の著者であり、中国の言語と文化の優れた精通者である、ここ上海のドイツ人牧師シッラー修士が私を客として迎え、案内人と通訳の役を十分に果たして下さった」(OA 379. S. 14f.)。

上海からさらに南京へ。「南京では、中国革命の舞台に立ち合うことになった」。

南京では、明の皇帝の陵墓（おそらく朱元璋の陵墓、明孝陵であろう）や、付近に金山寺、甘露寺、焦山などがある「魅力的な」鎮江《ちんこう》（チェンチィャン）も訪ねている。しかしそれらの名所名刹や名だたる歴史遺跡訪問は、この地で遭遇した中国の歴史的変革を前にしてはまるで色褪せたものに映らざるをえなかったであろう。オットーは奇しくも前年に始まった辛亥革命に際会することになったのである。

陶磁器製の仏塔《パゴダ》のある仏教寺院の金堂で、荘厳な仏像の前で略奪兵士たちは豆を煮炊きし、そこにふさわしい経文は唱えなかった。「かれらは礼儀作法など持ち合わせていない」と年老いた僧院長《アプトゥ》が悲しげに言った。……二〇人の軍人護衛者たちの先頭に立って、西洋風のカーキ色の制服を身に纏い、優越と聡明さと確乎たる意志を漲らせた風貌の孫文《ソンブン》が馬に乗って通り過ぎていった。そうこうする間、遠くの揚子江には日本とアメリカの戦艦と、一艘だけイギリスの戦艦が停泊していた。そしてそれらの間に、わが国の華奢な小砲艦、ジャガーがいる。その艦上で艦長がわれわれをひと時手厚くもて成してくれた。（中略）

旅は格段の上流社会の若者、際立って思慮深い中国新政権の二、三人の高官たちと一緒に進められた。一高官の秘書が、かれは上海新聞の主幹でもあるが、中国の将来の軍事問題と宗教問題について自説を披露した。軍は在り続けるだろうが、しかし多くは民兵という形で。宗教も在るだろうが、しかし「むしろ哲学的な」ものが。共和国が中国独特の国家形態となろう。というのは、昔から地方には、都市と州には広範囲に発展した自治が保持されていて、そのお蔭で民衆は決定参画に慣れていたからである。(OA 379. S. 15f.)

この革命に関してオットーの発言でまず聞こえてくるのは、中国の歴史にとってのその意義やポジティブな評価ではなく、「中国の国民性と精神生活の比類のないものが改革者たちの粗暴な振舞いによって汚され損ねられている」ことを、つまりは革命がもたらした混乱、民族の伝承文化の破壊を嘆く声である。しかし同時に、革命がもたらすであろう新たな世界への言及も怠っていない。

五―三　日本訪問

つぎに、日本に向かう。三月初旬オットーは日本に着く。日本滞在は二カ月余りにおよび、インドにつぐ長期の滞在である。まずその概要を、「報告書」から窺っておこう。

三月三日から五月六日まで日本滞在は続いた。ドイツ大使レックス伯が、私と私の研究を誠心誠意受け入れて下さった。かれに斡旋いただいたお蔭で、私は伊勢で天皇の聖域(伊勢神宮)を拝観することができ、床次(竹二郎)大臣と学制改革の新計画にかんしてまことに有益な協議をし、大学組織の指導者たちや大教団の重鎮たちと交流することができ、大使館の客として乃木(希典)将軍、桂(太郎)公爵、当時の西園寺(公望)首相といった政界の指導者たちとお会いした。私が修道院の聖職者、大学や神学校の教師としてかかわった著名な仏教者たちとの個人的な交誼は、そうでなければ比較的短期間の滞在では得られないような、この国の宗教的、精神的文化に対する遥かに深い洞察を与えてくれた。私はこうしたまことに親密な交誼が、私の今後の新たな学問研究にとって有益なものになることを期待している。

　ここでも私のために大変ご尽力いただいたのは、東京のドイツ人牧師シュレーダー氏と、とりわけ京都のまことに経験豊かな伝道教区監督シラー博士である。シラー博士は一八年間京都に住み着いていて、とくに神道に精通しており、言葉を完全にマスターしていてまことに有益な交誼もきわめて豊富である。私は長期間かれの家の客人であった。（中略）京都と東京では、帝国大学で、また同じように学会でも、さらには仏教寺院でも、そして最後には高野山の山岳コロニーでも、ドイツの学校制度と大学について、西洋とドイツの世界観の問題について討論と講演を求められた。さらに仏陀の誕生日に京都のある大寺院で、仏陀についてのわがドイツ人の見解について講演を求められもした。でも今度は、そのことに私はあまりにも無知なのでお断りした。（OA 379. S. 16ff.）

日本での日々は過密スケジュールに追われはしたが、めまぐるしく充実したものであった。そのことは姉ヨハンネ宛の書簡からも容易に窺える。


　新聞と四月二日の手紙、たしかに受けとりました。ありがとう。僕の筆無精のために心配をかけてしまって申し訳ないことをしました。この溢れんばかりに豊かな感銘深い印象と出来事について、詳細に徹底的に書き記す暇を来る日も来る日も見出しかねている。そしてそんな状態がいつまでも続いている。というのも、その次の日はいつも前の日よりも一層充実した日だからです。

　もう四週間東京にいる。大学やドイツ協会、英国東アジア協会での講演、省庁、公使館、僧院、神社訪問、ならびに宗教界と政界指導者たち訪問。レックス大使がまことに親切に万事よろしく取り計らってくれた。最後にはまだ天皇の園遊会への招待が間近に迫っていた。しかし僕は旅立ち山中の修行僧たちの処へ、高野山へ避難した。——するとそこですぐに生気を取り戻した。というのも、かれらに取っ捕まって詰問されることはまずなかったからだが、でもそこでも、僕は一五〇人の仏教徒たち、僧侶や修行僧を前にして、海抜千五百メ《ママ》ートルの地で講演する羽目になったのだ！　それはまるでとんだお笑い草だ。でもこの手首に短い数珠《ロザリオ》をつけた剃髪した人たちを前にして、緞子《どんす》の祭壇布で覆われた説教壇の後ろに立って教授の役を務めるのは乙なものだった。

(Br. an Johanne. 1. 5. 1912. Tokyo.)

日本からの発信書簡は、この一通しか遺されていない。そしてそれは後年の書簡収集時に一通しか収集しえなかったというよりは、現実に発信されたのが一通のみであったと思われる（この書簡の判読を試みたクラーツ氏は、「おそらく唯一の、いずれにしろ唯一保存されているもの」と記している）。そして四月二日の手紙に対し、その返信の日付は五月一日である。返信書簡の冒頭で疎音を詫び、その理由を、毎日が刺激的な出来事と充実した経験の連続で、日々の経験や印象を仔細に書き記す暇も、記録する心の落ち着きを見出す暇もなかったと打ち明け、スケジュールの過密ぶりと、そして何よりも日々の経験の溢れんばかりの充実ぶりを告げている。

オットーは日本ではまず、たんなる研究者としてではなく、より基本的に「ドイツ政府の命を受けて」宗教視察に務める文化使節として滞在している。そしてドイツ大使が、日本の政治リーダーたちとの面談や公的行事への参加を周到に企画し、東京でのオットーの活動を親身になって支えている。また収集資料に収められた衆議院の「外国外交官傍聴券・明治四五年三月二五日」（HS 797/572. Anl. 11）や、書簡に見られる天皇の園遊会への招待——オットーはこれには応じていないが――をめぐる記載からは、外交官的な特別使節としての処遇が窺える。ともあれオットーは、駐日大使の計らいで時の代表的な政治リーダーたちをも訪ねている。それもたんなる表敬訪問ではなく、たとえば学制改革について床次や桂と実質的な論議を交わしている。

インド同様、ここでもオットーは教育制度、とりわけ学校制度に強い関心をもち、それも教育制度の理念的な検討よりも、学制改革の現実的な方策に向けて具体的な論議を重ねている。その際基本的に日本の教育制度そのものよりは、日本の学制に対するドイツの制度の有効性を検討することに重きを置いている。ちなみにオットーは、シラー氏やシュレーダー氏をはじめとする在日ドイツ人有識者たちとも、「日本人のためのドイツの学校制度の問題と課題」の徹底した検討を試みる機会をもっている。

このように日本でのオットーは、少なくとも公的任務としては、宗教研究者よりは文化使節の務めを優先しているように見えるが、それでもやはり宗教界との交流は「宗教学者」オットーにとって格別な意味をもつものであった。かれは大学人、宗教者、宗教研究者として、大学の、宗教教団の指導的人物たちと会っている。なかでも貴重な経験は仏教界との本格的な交流、著名な仏教者たちとの親交であり、それは個々の宗教者たちとの交誼を告げるだけでなく、広く日本の宗教文化、精神文化について深い洞察をもたらしてくれた、とあえて記している。ちなみに著名な仏教者たちとのこうした収穫多い交流を親身になって配慮したのは、ドイツ伝道協会の二人の代表者、東京のシュレーダー牧師と京都のシラー博士であり、東京と京都ではそれぞれ両人のお宅に客人として世話になってもいる。[31]

東京では義務的な公的行事が過密に設定されていた。その故であろうか、そのひとつ、「天皇の園遊会への招待」の責務から逃れるようにして東京を離れ、高野山に「避難」しようやく生気を取り戻す。

明治45年３月23日撮影

オットー博士演説　今回獨逸政府の命を受けて世界各國の宗教視察の途にある獨逸ゲチンゲン大學教授オットー博士は去る四月二十七日登山し本大學を訪問せられ翌二十八日大學第一號教室に於いて「予の日本宗教觀」と題して長時間に亘り警句を吐かれたり。（「六大新報」四五二号、明治四五年五月二六日[32]）

これら大学等での講演や討論[33]は、もちろん「日本の宗教文化、精神文化について深い洞察」を得るに有効な機会であったろうが、そこにもある種義務的な色彩が付きまとう。日本の宗教文化について直接的に主体的に深い洞察をえる貴重な経験は、むしろシラー氏の尽力によって実現した宗教者たち、とりわけ仏教者たちとの交流であろう。なかでも大きな感銘をうけたのは禅仏教との、禅師《ぜんじ》との出会いである。出会った仏教者たちの個人名をオットー自身は記していないが、たとえば遺された写真などの資料から推して、真言僧・釈慶淳（1869-1919）、臨済僧・釈宗演（1860-1919）や竹田黙雷（1854-1930）などを指摘することができる。

ある禅僧との出会いの模様をオットーは後の書物で触れている。「私は東京《ママ》（正しくは京都）の、とある静寂な禅堂で、高徳の老師に〈禅の根本理念〉は何かと問うてみた[34]」。これを受けて、ベンツはつぎのようにも述べている。「かれは個人的に日本の禅堂を訪ね、禅師と宗教哲学的対話をし、かれらから禅仏教と禅瞑想の実践の指導を受けた最初のドイツ人宗教学者だった[35]」。その禅師は、おそらく建仁寺の竹田黙雷老師であろう。

ともあれ仏教者たちとの出会いは、たんに禅僧と禅理念をめぐる信仰論議を交わしたと言うにとどまらず、禅師の指導を受けて実際に禅の行、座禅の実践をも試みたものであった。そしてこのことは、かれの禅理解[36]が、宗教研究者がもっぱら依拠する文献資料からではなく、禅師との直接的な対話とともに、何よりも座禅の実践にも根ざしたものであることを物語ってもいる。

しかも宗教現象の理論的、観察的な把握にとどまらず、その信仰の現場へと赴き実地に宗教的行に参加し、修行の実践によって主体的に直覚してみようとするこの実践的参与の姿勢は、禅宗にとどまらない。たとえば、「ある仏教寺院（Zoju-ji. 増上寺?）のまことに荘厳な勤行」にも参加している。もっともその際は、「簡素な格子壁の隙間越しに隙間風が容赦なく入りこむ吹き曝しの床にコートも着ずに座り続けた」ために重い気管支炎を患う羽目になり、その回復には一四日間も要して、つぎの滞在地青島《チンタオ》まで持ち越し、お蔭で青島には予定以上の長きにわたって留まることを余儀なくされた、と「報告書」と姉ヨハンネ宛書簡に記している（Br. an Johanne. 3. 7. 1912. Tsing tau）。

オットーが訪ねた神社仏閣等は多岐にわたっている。収集資料（主としてパンフ類）は、そのすべてが必ずしもオットーが現実にそこを訪ねた証左とは断定し難いが、これら資料から見るかぎりでも、既出のもの以外に、「比叡山延暦寺（五月二日）、宮島、日光、奈良、鎌倉、伊勢神宮、京都御所・桂離宮・修学院離宮（四月一五日）、清水寺」などを挙げることができる。ともあれ日本滞在は、文化使節としての過密スケジュールのなか、それも体調を崩し幾日も休養を余儀なくされながらも、宗教界との真摯な交流によって、日本宗教への強い関心を呼び覚まし深い理解をもたらす貴重な経験に満ちたものであった。

五―四　中国へ、そして帰国の途に

帰国が間近に迫っていて、はっきり御上《おかみ》から求められたのでなければ、おそらく僕はすでに帰国していただろう。でもベルリンへの照会で、僕はまだ中国にも滞在しなければならないのだ。だから望んでいた聖霊降臨祭には帰国せず、まだ六月中旬までは帰らないだろう。(Br. an Johanne. 1. 5. 1912. Tokyo.)

すでに帰国が迫っていた。当初は聖霊降臨祭には帰国できるものと期待し、かれはそれを望んでもいた。しかしベルリン教育省の指令で、まだ中国をも訪ねることが求められた。

「あと四日間だけいて、その後神戸から船で青島と中国に行く」。姉への書簡にはこう記しているが、「報告書」には日本滞在は六日までと記している。ともあれ一〇日には青島に到着している。

宗教研究者オットーにとっての青島の収穫は、道観訪問、道教とのはじめての本格的な出会いであろう。それは「古い道教文化のひとつの中心地」、嶗山《ろうざん》の麓に位置する由緒ある道教寺院太清宮《タイチンゴン》訪問であり、それがオットーの道教理解の出発点になったと思われる。

とはいえ、文化使節オットーが中国でその理解に努め、経験し、洞察を深めた主題は、宗教世界よりもむしろ教育政策であり、ドイツの対外文化政策であったように思われる。青島では、「ワイマールの伝道協会に属する私的なぜミの運営者である卓越した中国学者ウイルヘルム博士の家庭」の客人となり、そこでの高等教育を受けた教養ある人びととの出会いなどから、中国の若い世代に期待を寄せることになる。そしてかれらのためになる具体的な行動を起こしてもいる。すなわち、「私はウイルヘルム博士と一緒に、中国の若い世代にドイツの精神教養を伝えることを目的とした雑誌を、この地と大学生たちのために創刊する計画を立てた。この雑誌はまもなく発刊される予定である」(OA 379. S. 21)。

オットーはすでに日本で、名だたる政治リーダーたちとの面談や大学の指導者たちとの交流で、教育制度、学制の在り方をめぐって論議を重ね、さらに「日本人のためのドイツの学校制度の問題」の検討を在日ドイツ人有識者たちと試みていたが、ここ青島でもやはり教育制度の課題の追求に情熱を傾けている。「大学の方々は、ドイツの大学の仕事と東洋のドイツ人学校行政の課題について私に洞察を与えてくれた」(OA 379. S. 20)。そしてこうした、先にインドや日本で、さらにここ青島での考察から得られた知見を、オットーは青島のドイツ総督の前で、「外国におけるドイツの文化課題」"Deutsche Kulturaufgaben im Ausland"と題した講演で披瀝している。

このテーマは、インドでも日本でも、さらに中国でも、したがってこの「アジア旅行」のなかで文化使節オットーがみずからの課題として一貫して追求し、また現実の場面でその具体的方途をめぐっても検証を重ね洞察を深めてきた問題であった。しかしここから窺えるオットーの知見は、そしてアジア各地で努めてきたオットーの活動が告げているのは、日本や中国の、総じて東洋自身の教育制度の改革よりは、あくまでもそれに対するドイツの文化的寄与の在り方という問題に比重が置かれている。

すでに「アメリカとイギリスの影響が、日本では今のところはわが国よりも完全に勝っている」(OA 379. S. 19) と記していたが、中国でも各地の見聞で、英・米に比してドイツが明確に遅れをとっている現実に直面する。

つぎの訪問地は北京《ペキン》。北京への旅は、山東《シャントン》省を横断してまず済南《チーナン》に向かい、それから「文化史的・地理学的に興味深い聖山、泰山《タイシャン》に行った」。つぎの天津《ティエンチン》では、「総領事の支援で学校活動と経済活動についての知見」を得る。そして北京に。「北京だけで私は二、三週間滞在し、ドイツ公使、中国の新しい「大学」のドイツ人講師たち、中国の税関局長へメリンク博士、さらには多くの個人的な交誼のお蔭で、……政治・教育・宗教状況を学ぶことができた」(OA 379. S. 23)。北京で、「中国の今日の文化的、経済的、社会的状況と、現今の途方もない歴史的大変革（革命）」について明確なイメージをもつことができるようになったが、ここでも、「イギリスとアメリカがこの東洋の国々で自国のはっきりした利益のために行なっている多様な文化的影響の強力な政治的意義」について、そして「かれらと競合しているわが国にとってのその重要性」について明確な印象をもつにいたっている。オットーは先進国の文化的影響の具体相を学び識るために、たとえば、「北京近郊の西部丘陵地帯にまで入り込み、わざわざアメリカの教育施設に行き、それを指導している人たちとかかわる」ことをも試み、「ここで事業がなされ資金を十分に使えているのはすごいことだ。この事業は、アメリカ人によって、ほとんどもっぱら「宣教師たち」によって遂行されている」のを確認する。その宣教師たちはまた経験豊富な教師でもある。

ここに見られる「宣教の仕事と文化的な影響とのこの結びつきは疑いもなく有効である」。すでにインドで幾度も経験したのと同様の、宣教師による伝道と教育が一体化した活動を目の当たりにし、その有効性を改めて実感することになる。そして、英・米等先進諸国に伍して、あるいはそれに対抗して影響力を発揮するには、ドイツにとっていかなる文化的寄与が望ましく有効なのか、その具体策を「知り合った指導的なドイツ人グループ」と検討してもいる。かれらの一致した意見のひとつは、たとえば、ドイツ本国の財政支援によって中国の若者のための学校事業を支援し、またかれらがさらにドイツの学校に進めるような教育施設を強化することなどである。ともあれ、アジアを旅するオットーが各地の見聞でその検討の必要性を痛感した、教育制度を主眼としたドイツの文化的寄与なる課題は、ここ北京でその知見を一層深めることになった（註（25）参照）。

こうしたもっぱら「文化問題のために時間を空けておくため」に名所旧跡詣では必要最小限に絞ったが、それでもオットーの足跡は、万里の長城、明の皇帝の巨大な陵墓群（十三陵）、ならびに西山にまで及んだ。

中国にほぼ二カ月近く滞在した後、オットーはシベリア経由の帰途につく。

その時利用した乗車券「シベリア鉄道二等乗車券」が収集資料に遺されている。この帰国の旅は、チェリアビンスクで一時中断している。それはシベリアのステップへの騎行を愉しむためであり、「あらたに生まれたロシア・シベリアの開拓者生活とシベリアの新興都市のほとんどアメリカナイズされた急激な創設と発展を見るため」であり、その後ズラトウストでは、「ドイツ人の少数派居住地域の生活を見るため」であった。そして、「五日間ビャトカ川とカマ川とボルガ川を下ってカサンとニジニ・ノヴゴロドへ旅し、強力に始められた新しい農民改革と農地分配、ロシア人国家内のタタール人とユダヤ人の飛び領地の実情」を知ることができた（OA 379. S. 25f.）。

「七月一七日に、旅はベルリンで終わった」。

この「アジア旅行」の、オットーの宗教研究にとっての意義としては、そのひとつとして、もちろん東洋の神秘思想研究のようなアカデミズムの学的収穫も指摘しうるが、しかしやはり注目すべきは、これまでの机上のアカデミズムの研究営為枠をこえた新たな活動構想が生まれたことであろう。すなわち、

㈠「宗教学資料館」構想は、このインド旅行中に生まれた（フリック）。

㈡帰国直後、諸宗教の文献的紹介の企画『宗教史資料集』の出版計画を懐いていた。

㈢ 旅行中に、『宗教人類同盟』の基になる諸宗教の協同、提携を目指す運動の構想が生まれた。この旅の独自な意義として、これら三つの研究企画や宗教的実践活動を招来することになった、という点は看過しえないであろう。しかしこれらの具体的検討は第二部（七―二・四）に譲ることにして、ここでは学問的な収穫のごく一面のみを指摘するにとどめておきたい。

『聖なるもの』や『西と東の神秘主義』など、オットーの基本的な宗教学的成果の大半は、いずれもこの旅以降に開花したものであるが、なかでも後者の神秘主義研究も、翻ってみればその成果の結実を遥かに遡るこの旅の、とりわけインドと日本での経験が出発点となり開花の原動力となっている。このことをオットーは『西と東の神秘主義』の「前言」[37]に記している。

今から一四年前に私がインドと日本で過ごし得た日々と、そこで東洋の神秘主義の玄妙な世界を洞察するに力を添えてくださった方々に対しても感謝の思いで一杯である。とりわけ献身的なキリスト教宣教師であり、インドの思想世界の綿密にして愛情に溢れた研究者でもあるベナレスの尊師ジョンソン博士の尊厳なる姿や、インドの諸学派の賢哲や尊者の方々、それにその学問と信仰の場への同道の歴訪が思い起されるのである。この時初めて東洋的な感情や体験と西洋的なそれとの不可思議な並行に関する見解が具体的に浮かんだのであった。そしてまた深い特異性と異質性も同時に認識したのであった。

こうした点から見ても、オットーのとりわけ後半の宗教学的営為にとって、この旅の重みを推し量ることができる。

第六章　〈三度目の大旅行〉――インド・エジプト旅行

六―一　〈三度目の大旅行〉へ――概要

〈二度目の大旅行〉後も、オットーは幾つか旅を重ねている。

そのひとつは、オバーリン大学（オハイオ州）でハスケル講義の講師として招請された一九二四年秋の「アメリカ旅行」である。この講義で求められたのは、「東洋の神秘主義と比較しつつ、西洋の神秘主義について、とくにエックハルト型の神秘主義とシャンカラのそれとを関連づけて行なう」（『西と東の神秘主義』「前言」）ことであった。ちなみに『西と東の神秘主義』（一九二六年刊）は、このハスケル講義のいわば増補改訂版に当たるものでもある。ともあれこの旅は基本的に講演旅行であって、新たな宗教経験との出会いや、ましてや新大陸の宗教状況のフィールドワークを企図したものではない。

もうひとつは、一九二五年夏学期（この学期、オットーは健康上の理由で休職している）の、「キアーヴァリ（ジェノヴァ湾岸）への休暇旅行」である。「この旅でオットーはスウェーデンの牧師フォーレル Birger Forell と面識を得た」（Schinzer, S. 25）とされている。(38)

さらに二六年には、「スウェーデン旅行」に出ている。すでにキアーヴァリで、フォーレルからウプサラでの講演の招きを受けていたが、この旅はそれに応えてのもので、オットーはウプサラ大学とオスロ大学でラーマーヌジャ教団とバクティ教団について語った[39]。

　ともあれこれらの旅は、二つの大旅行間のいわば間奏曲に位置するもので、いずれも講演旅行や休暇旅行であって、基本的に、旅の経験内容からみても、これまでの「旅するオットー」に求めてきたレベルのものをこれらの旅に期待するのは困難である。

　オットーは、一九二七・二八年の冬学期から夏学期にかけての二学期間、研究休暇（講義免除学期《フライゼメスター》）をとり、〈三度目の大旅行〉に出る。この旅はドイツ学術助成協会の補助金を得たもので、帰国後協会に「報告書」（OA 378）を提出しているが、そのタイトル「一九二七年一〇月一八日から二八年五月一四日におよぶ、インド、エジプト、パレスチナ、小アジア、コンスタンティノープルへの宗教学的な目的の研究旅行」から窺えるように、ほぼ八カ月におよぶその期間からみても、インドからエジプト、パレスチナ、トルコにいたるその歴訪地からみても、オットーの多くの旅のなかでも、やはり〈三度目の大旅行〉と称されるにふさわしい大旅行であった。なおこの旅には、「キアーヴァリへの休暇旅行」以来懇意にしているフォーレル牧師が同行している。

　まず、この旅を語る直接的な資料を確認しておこう。

①HS 797/705 : R. Otto, Reise nach Indien und Ägypten. 27. Okt. 1927 - 24. März 1928. Briefe an Verwandte. Nr. 1-7.　（Br. an Else. 28/29/30/31. Okt. 1927.）＊タイプ刷

Nr. 8.　（Ozean-Brief, v. Dampfer Trier. R. Otto u. B. Forell an J. Ottmer. 29. Okt.）

Nr. 9-16.　（an Else. 28. 10. 1927. 14S.）＊Nr. 1-7 の手書き

Nr. 17-19.（an J. Ottmer. 24. 1. 1928 : 24/25/27. 1. 1928. Himalaya-Geb.）

Nr. 20-22.（an Schwestern. 24. 3. 1928. El Kandara.）

Nr. 23.　（Pk. an Fräulein Grch Ottmer. 26. 1. 1928.）

② ChrW. Jg. 52. 1938. Nr. 24 : Briefe Rudolf Ottos von seiner Fahrt nach Indien und Ägypten. Sp. 985-990.

（= OA 382 : *Die freie Volkskirche*. Jg. 26. Nr. 4. 17. 12. 1938. Sp. 609-613.）

1. An Bord Trier unterwegs nach Port Said, den 22. 10. 27.

2. Bombay, den 4. Januar 1928.

3. Himalaja=Gebirge. Über Simla, 24. Januar 1928.（=HS 797/705. Nr. 17-19.）

4. Assuan. Montag, den 11. März 1928. / Liebe Johanna !

③ OA 378 : R. Otto, Bericht über eine Studienreise zu religionskundlichen Zwecken vom 18 Oktober bis 14 Mai 1927/28 nach Indien, Ägypten, Palästina, Kleinasien und Konstantinopel. Marburg, den 6. 11. 28. An die Notgemeinschaft der deutschen Wissenschaft. S. 1-7.

④ HS 797/735 : Birger Forell, Auszug aus der Reise Prof. Otto's nach Indien. Bd. 1 : 155 Bl. 4°. in kleinen Mappe. 10. 10. 1927-14. 1. 1928.

⑤ OA（Sep. 1993）: Birger Forell, Von Celon zum Himalaya. übertrag. v. Ursula Lorenz, 1987.

*B. Forell, *Från Ceylon Till Himalaya*. Stockholm, 1929 の独訳

オットー自身の記録①②③のうち、①HS 797/705は、主として二人の姉（ヨハンネとエルゼ）に宛てた旅先からの書簡。②ChrWは、オットー没後、それら「旅の書簡から若干のものをかれの親族の同意を得て」、雑誌『キリスト教世界』に掲載されたもの。③OA 378は、旅行基金を得たドイツ学術助成協会に帰国後提出した「報告書」。一方④⑤は、オットーに同行したフォーレル牧師による旅の記録。このうち④HS 797/735は、*Fran Ceylon Till Himalaya* の準備草稿で、⑤のいわば準備ノートに当たるものであり、その内容も中途で終わっている。なおこれに記録されているBd. 2（S. 156-274. 15. 1. 1928 - 1. 3. 1928）なるものは、HS 797/735には実際には収録されていない。⑤は、Forell, *Från Ceylon Till Himalaya*（これはオットー生誕六〇年に捧げたもの）のUrsula Lorenzによる近年の独訳（註（7）参照）。（OA登録番号不明のため、引用では（⑤S.1）のごとく、記号⑤と頁数のみを記す）

はじめに、この旅の目的や課題などを、旅した当人たちの直々の発言から尋ねておこう。まずオットー自身は、この旅の具体的な課題を、「報告書」冒頭につぎのように纏めている。

㈠　インドの有神論的宗教の発展の研究、とくにその宗教がラーマーヌジャとその学派にどのように与しているか、この対象についてのさらなる研究のための知見と資料を得ること、および有神論的宗教がそれと対立関係にあるインド宗教の神秘主義的・一元論的傾向の研究。
㈡　私はシク教修道院でラマ教の礼拝と儀礼を経験した。
㈢　つぎにインドで、他の国々でこれまでに得たイスラームについての、とくにその神秘主義的側面についての知見を深めること。

(四)　これまでの信条学的方法の研究をキリスト教領域にふたたび採り入れること。

ここに掲げたいずれの面でも、私が目指したのは主につぎのことであった。すなわち、先述の宗教グループとかれらの生活についての印象を得、とくに一方では侵入してくる西洋文化全般との、他方ではキリスト教宣教によって侵入してくるキリスト教精神との接触がかれらにもたらし、かつ今なおもたらしているその影響を研究すること。こうした理由から、古代文化遺産や宗教芸術や宗教的建造物をとり立てて詳しく調査することは問題外で、かつごく短期間にこれらの課題に努めることを強いられていたために、「名所」についての魅力たっぷりな考察をほとんど断念せざるをえなかった。一方では私たちには入手困難であるか、あるいは知られていない文献を見出すことが大切であり、他方では先に挙げた宗教集団の活動家や典型的な信者たちとの出来るだけ実り多い出会いとともに、儀礼と祭式への参加によって望みどおりの観察を得ることが大切であった。(OA 378. S. 1.)

一方、同行したフォーレルは、「この旅の目的」をつぎのように記している。

オットーは、マールブルクで比較宗教研究の国際的研究機関をスタートさせるために、プロイセン教育省から四万金マルクの第一回助成金を得ることに成功した。この旅行の目的は、ひとつは、アカデミックな授業に適した視覚教育用教材を入手すること、もうひとつは、この研究機関に協力する意志のある有力な東洋人学者を見つけることである。(⑤ S. 1.)

この旅を共にした二人の発言は、まるで別の旅について語っているかのように異なっている。それはしかし二人が課題を明確に分担したということではない。むしろ、この異なった発言は実は旅行資金の出資母体に関係している。すなわち、オットーの「報告書」の発言は、補助金を得た「ドイツ学術助成協会」（以下、協会と略す）に対するものであり、一方フォーレルの念頭にあるひとつは、マールブルク宗教学資料館がその準備助成金を得たプロイセン教育省である。結果的にオットーは、協会に対してこの旅行資金の収支を、「私は旅行全体に一万二千五百マルク《ママ》使った。そのうち協会の資金からは八千マルクである」（OA 378. S. 7）と報告している。

まず、協会に申請したオットー自身の課題は明確である。ひと言で言ってそれはインド宗教の学術調査研究である。一方フォーレルは、マールブルク宗教学資料館の資料収集と、この資料館に協力してくれる東洋人研究者を見つけること、すなわちもっぱら資料館の充実が旅の課題であるかのようである。しかしフォーレルは、こうした「純粋に学術的な課題」とならんで、もうひとつ、異教の宗教者との連携を図ることによって諸宗教の協調を実現する具体的な運動を展開することである、とも述べている。かくしてフォーレルの発言から見ると、この旅の目的は、資料館の資料収集と、諸宗教の協調を目指す実践活動の展開と集約しえよう。

しかしここにはさらに、上記には収斂しえないもうひとつの事情が介在している。それはフォーレル牧師の旅行資金の問題である。

一九二一年ドイツで、オットーのイニシアティブで諸宗教信者相互の協調に関心ある者が組織的に集まるひとつの協会（宗教人類同盟）がつくられた。一方アメリカでは、一九二四年、A・カーネギーによって創設された「教会平和連盟」が、このオットー教授のプランを採り入れ、すでに一九三〇年に開催することがほぼ決まっている宗教相互世界会議の準備を始めた。そしてこの二つの組織の連携が図られるが、その際、しばらくは東洋と西洋の歩み寄りの企画の可能性を調査する必要があり、その調査に当たって「オットー教授の助手のために大半の費用を負担する用意がある」ことを教会平和連盟が明らかにしたことによって、両者の協調が実現した。そして、この「オットー教授の助手として、私はこの旅に同行することが認められた」のである（⑤ S. 1f.）。つまりこの旅行資金は、オットーが受けた協会の補助金とプロイセン教育省の助成金に加えて、教会平和連盟による補助金で賄われていることになる。かくしてこの旅行は、こうした旅行の資金事情と関連して、オットーが担当するインド宗教の学術調査研究とともに、二人協力しての、宗教学資料館の資料収集、協力要請、さらに諸宗教の協調を図り、宗教人類同盟の展開、情宣活動をも課題とすることになったのである。

六―二　インドへの旅立ち――セイロン

「一〇月一八日、一万二千トンの船「トゥリア号」は、ブレーメンから途中ジェノヴァに停泊し、ポートサイト経由でコロンボに向け出航した」（⑤ S. 1）。

「一一月四日から一二月三日まで、私はコロンボからデリーとボンベイまでインドを周遊し、その後ボンベイからエジプトへ旅立った」（OA 378. S. 2）。

インドを目指す船旅は数週間を要した。その長途の船旅模様をフォーレルが詳しく紹介している。乗客の大部分がドイツ人とオランダ人で、そのうちドイツ人教授が少なくとも五名以上いて、かれらは国家機関の助成金を得ていて、研究任務をもってヨーロッパを後にしインドか中国を目指している。また、「オランダのカトリック・イエズス会の神父三人が中国に向かっていた。中国やインドやエルサレムやカイロなど各地に赴くプロテスタントの宣教師たちも乗船していて、かれらは皆、宗教研究者オットーを尊敬していた」（S. 2）。トゥリア号船上では、すでに『聖なるもの』を読んでいて、感銘をうけたその著者に格別な想いを抱いている人たちに出会い、オットーが自著について意見を耳にすることも稀ではなかった。そして長い船旅もあって、船上では「民衆大学」と称する洋上大学が催され、乗り合わせた学識経験者が船内講義室で聴衆の興味をひく各自好みのテーマを披露した。オットーは「プロテスタント教会における典礼所作」なるテーマで講演し、フォーレルはスウェーデンの教会について語った（HS 797/735. S. 25）。ともあれこの船旅は、トラブル続きの前回のインド航路に比して、きわめて快適で充実したものであった。

数週間の静穏な船旅ののち、「一一月四日夕刻コロンボの灯台の明かりが見え、真夜中ごろ私たちは旅の最初の目的地、セイロンに上陸することができた」（⑤ S. 3）。

前回のインド旅行では、日程上「南部訪問はすべて犠牲にせざるをえず」、したがってセイロン（スリランカ）訪問は断念せざるをえなかった。そのこともあってであろうか、今回は、この仏陀ゆかりの名だたる仏教聖地を最初の訪問地に選んでいる。

セイロンでは、私は美しく興味深いキャンディさえも、その聖なる歯（仏歯）ともども断念し、コロンボ近辺とアヌラーダプラの僧院で、民衆宗教 Volksreligion の儀礼と実生活を一部は非常に詳細に知るために、私に与えられた機会を利用した。「仏教」というこの見かけ上きわめて抽象的な思想流派が、いかにして数百万人の民衆宗教になり得たのかという問題は、ここの内面的な豊かさに心寄せている仏教支持者たちとの個人的な交流によってはじめて解決したのである。この宗教の学者たちと説教者たちの全組織、日曜学校と青年会、雑誌と巡回講義、一般大衆代表と学者代表を含めての再改革と刷新は、同時に国家的な期待と緊密に結びついて具体的に明確になってきている。(OA 378. S. 2.)

セイロン滞在は一週間足らずであった。そのため古都キャンディ訪問は断念し、したがってダラダー・マーリガーワ寺院(仏歯寺)を訪ねそこに納められているとされる仏歯(釈迦の歯)を見ることは断念し、かわりにコロンボから何度も仏教聖地への小旅行を試み、コロンボ近辺の僧院と仏教伝来の王都アヌラーダプラの僧院で、この地の民衆宗教たる仏教の儀礼と実生活の観察、調査に努めている。

厳しい日程に追われながらも、かれらは多くの僧院、聖地を訪ねている。たとえばルワンウェリ・サーヤ仏塔では、その巨大な白い仏塔《ストゥーパ》に率直に驚嘆し、イスルムニヤ精舎では、本堂に横たわる涅槃像の高貴な相貌に感じ入っている(HS 797/735. S. 45-48)。さらにジェーターワナ・ラーマヤやスリー・マハー菩提樹なども訪ねている。そしてこうした僧院や仏教遺跡を訪ねた際に、オットーはそれら仏教施設の佇まいをみずからの目で確認し調べるとともに、その具体的な信仰行為の現実に、すなわちそこで営まれている読経や祈禱など宗教儀礼や、お詣りにきた信者たちの振舞いの観察に心傾けている。

さらにこうした宗教現象の観察、調査の合間を縫って、オットーはたとえば仏教学者スワミ師に、「涅槃《ニルヴァーナ》とは何か」と訊ね、「ニルヴァーナは何かネガティブなものと思っている人が多いが、私は仏陀はポジティブなことを考えていたと思っている」との返答に、「それは正しい。私はあなたの意見にまったく賛成です」と応答するなど、仏教思想の本質論議を交わしもしている(⑤ S. 7)。ただし、こうした仏教思想の奥義への問いかけにおいても、オットーの関心は、仏教という「きわめて抽象的な思想流派が、いかにして数百万人の民衆宗教になり得たのかという問題」、すなわち、その抽象的な思想が民衆の心にどのように浸透し、多くの人々の実生活を捉える民衆の民俗宗教になり得たのか、に向けられている。そのために、「民衆宗教の儀礼と実生活」の観察に努めている。

しかしこの地の識者たちとの論議でオットーが採り上げることを望んだ主たるテーマは、この地の仏教やヒンドゥー教そのものよりも、かれが当時情熱を傾けていた宗教の実践的活動なる課題であったように思われる。たとえば、この地の仏教青年会（YMBA）でもっぱら仏教学徒を前にしておこなった講演でオットーが選んだテーマは、当時のかれの宗教的な実践活動の主題である「宗教人類同盟」であった（HS 797/735. S. 38f.）。

六—三—一　インド歴訪——マドゥライ、マドラス

マドゥライ。英国弁務官の特別な計らいで、寺院の指導部の方の案内をうけて、その巨大なシヴァ寺院への有意義な出入りを許され、そこで寺院建築と儀礼を学び識ることができた。そこの有神論的な傾向をもつ代表的な特別なシヴァ宗派との、神秘主義的・一元論的な見解をもった指導者たちとの実り多い交流。ヴィシュヌ寺院の儀礼に参加。ムスリムとの交流。諸会合での講演。ラーマーヤナ劇の上演。（OA 378. S. 2f.）

インド亜大陸の最初の訪問地マドゥライでは、インド最大規模のヒンドゥー教寺院、ミーナークシ寺院を訪ね、一二の山門《ゴープラム》を備えたその寺院建築を学び識り、識者たちとの交流でシヴァ信仰の思想を確認する。そしてここでも、セイロン同様、宗教の識者、研究者たちと会議を重ね、またかれらを前にして講演をおこなっている。

私たちは幾度も若年の研究者や年配の学者たちと会議をもち、興味深い神学論議を重ね、私たちのインドでの課題について報告した。オットー教授はマールブルクに創設された宗教学施設の目的を説明した。それはあらゆる重要な宗教形態を、文献、神殿モジュール、人々の宗教生活の画像、宗教的シンボルによって、しかしそれは任意の気ままな方式や純粋に審美的な視点ではなく、それとは違った方式で説明することを目指すものであると。

（⑤ S. 17.）

研究者たちとの議論では、インドの宗教について、とくにその思想内容を問題にしているが、しかし講演では、オットーの長年の取り組みでこの年創設をみたばかりの宗教学資料館や、すでに活動していた諸宗教の協調を目指す実践活動（宗教人類同盟）が採り上げられ、かつその解説にとどまらず、それへの支援、参加を呼びかける情宣をも試みている。ちなみにコロンボでは仏教青年会でおこなった「宗教人類同盟」についての講演は、ここではYMCAでおこなっているが、聴衆はキリスト教徒とは限らなかった。「会場はキリスト教徒、ヒンドゥー教徒、ムスリムで一杯だった。そして講演後の質問で会衆が意見を述べ、ここでもその考えに賛同する者が多かった」（S. 18）。この後各地でおこなった「宗教人類同盟」、ないしは「世界諸宗教の協調」と題する講演から察するに、「報告書」に記している協会に申請した学術的な旅行目的にはないが、オットーにとっては、この「宗教人類同盟」への呼びかけが、したがって諸宗教の協調を促進するというかれの宗教的な実践活動の情宣、展開こそが、この旅のもうひとつの柱でもあったことが窺える。

四日後、マドラス（チェンナイ）に向かう。「オットー教授は前回のインド旅行で多くの知己を得ていて、私たちはインドの人々としばしば親しい関係にあった」。そのため、「すでにマドラスでの最初の夜に、インドの貴族階級のある名士の招待を受けている。この人物はたんなる法律家ではなく、強い宗教的関心の持ち主で、つい最近『聖なるもの』を読んでいて、そのためマドラスでオットーに会いたいと望んでいたのであった」（⑤S. 20）。フォーレルが「ナショナリズムと神智学とキリスト教伝道の中心地」（S. 19）と呼んだここマドラスでも、オットーはヒンドゥー教改革運動の指導者のひとりであるマドラス大学学長や、神智学の本部の指導者たちなどと面識を得て、ヒンドゥー教改革運動の理念と現状を学び識った。また各方面から多くの招きを受け意見や指導を求められているが、依頼された講演でオットーが選んだテーマは、いつもの「世界諸宗教の協調」（HS 797/735. S. 56）を巡るものであった。

ここで、フォーレルの別の報告（Forell, G-5）にも注目しておきたい。

オットーは至るところで盛大な歓迎を受けた。私にとって忘れがたいのは、マドラス滞在中の歓迎会で、そこには公人の指導者たちとともにインドの学界人も出席していた。……オットーが神学者であるだけでなく、かれが愛してやまぬドイツ民族と祖国ドイツの親善大使でもあることを知っているのは、僅かのドイツ人と、ここに出席している客たちのなかでもごく僅かの者だけであった。（S. 2.）

ともあれ、この旅のオットーを考える場合、かれがインドでもその主著が多くの人に読まれている著名な神学者であるだけでなく、同時に政治的な使命をも帯びた祖国の文化使節でもあることも考慮する必要がある。講演の多くで、みずからの学問的なテーマよりも宗教の協調を軸にした文化交流の課題を語っていることも、これと無関係ではない。「私たちのマドラス滞在は、マドラスの南方八〇キロの小さな都市で、仏教徒《ママ》（→ヒンドゥー教）の七大聖地のひとつとして知られているカーンチープラムへの旅で終わった」（⑤S. 26）。すでにカーンチープラムに着く前に遠くから沢山の寺院の塔を目にしていたが、かれらはそのひとつエーカンバラナータル寺院を訪ねている。このインド最大の寺院建造物のひとつである大きなシヴァ寺院については、フォーレルは、たとえば、「この寺院には毎年非常に多くの巡礼者がやってくる。それはいずれにしろ私たちにとって奇妙な体験であった」といった感想も含めて、その佇まいや信仰模様を比較的詳細に記している（HS 797/735. S. 54f.）。しかしここでのオットー自身の発言は読みとり難い。

六―三―二　インド歴訪――マイソール侯国

つぎの訪問地は、マイソール藩王国の二大都市、バンガロールとマイソール。マドラスから「バンガロールとマイソール行きの急行列車」で、一二月一日夜、つぎの訪問地バンガロール（ベンガルール）に着き、インド在住がすでに二二年におよぶデンマーク人宣教師夫妻の出迎えを受けかれらの客人となる。このマイソール藩王国訪問は、オットーのインド歴訪のなかでもとりわけ重みのある実り多いものであった。まずバンガロール到着の翌日、二日には、マイソール藩王国の国務大臣イスマイル Mirza Mahomed Ismail の丁重な招きを受けている。ちなみに、「かれはムスリムであるが、マイソールがヒンドゥー教徒の都市であるにもかかわらず、この地位に就いている」。イスマイルは、マイソール王侯マハーラージャの委託を受けて、オットーたちをマイソール（藩王国）に来るよう招いたのである。

かれは、マールブルクの比較宗教研究の研究施設（宗教学資料館）を創設するというオットー教授の計画が、インドで大いに賛同を得るだろうと信じていた。マイソールではこの地の宗教芸術がまだ無事遺っていることを指摘し、資料館にふさわしいサンプルを調達できる者の名を挙げてくれた。かれが大いに興味をもったのは、種々の宗教の信者同士の理解と協力を創り上げることを目指した私たちの活動であった。イスマイル氏は、この目標はインドにとって貴重なものであることを見出し、かれ自身が大幅に和らげたいと望んでいるヒンドゥー教徒とムスリムの緊張関係を指摘した。（⑤ S. 27.）

イスマイルは西洋の研究に対して深い理解をもっていて、マイソールでのオットーたちの研究を支援することを約束した。とりわけオットーの宗教学資料館計画に対しては、それがインドでも積極的な支援を得られるばかりでなく、具体的にこの地ではその資料が見出せる可能性が高いことも指摘し、さらにはその収集を手助けしてくれる者の紹介までおこなっている。

しかしそれ以上にかれが強い関心を示したのは、宗教人類同盟による諸宗教の協同、協調を求めるオットーの運動に対してであった。それは、ムスリムの身でありながらヒンドゥー教徒の藩王国で政務を担い、ヒンドゥー教徒とムスリムの緊張状況の現実に苦慮し、その解決に努める者として切実な問題であったろう。それゆえイスマイルは、オットーのこの運動の良き理解者であり貴重な支援者として、この時ちょうどバンガロールに布教師として滞在していたひとりのイスラーム学者、ハイダリー師をオットーに紹介している。ハイダリー師はイスラーム研究者であるとともに優れた活動家でもあった。そして一九三〇年に予定されている宗教相互世界会議の準備にもたいへん興味をもっていて、みずから「バンガロールからハイデラバードを経てペルシアへ」と赴き、すべての信徒たちにこの計画を伝えていきたい、と希望しさえした。

講演活動もこの旅の重要な課題であった。ある日オットーは、「共通の重要な問題を討議するために集まった約五

○名のイギリス人とアメリカ人宣教師たち」と大学生たちを前にして講演を求められている。しかしその演題は、これまでの講演でしばしば語った諸宗教の協調の実践的な呼びかけではなく、かれの当時の学問的なテーマ、「東洋と西洋の神秘主義」であった（HS 797/735. S. 104）。

この講演会では、オットーの講演のあと、出席していた宣教活動の経験豊かな宣教師たちが自分たちの経験を語り合っている。そのひとり、サンスクリット語を学び、いまは「ヒンドゥー教の聖者たちのように田舎で布教している」宣教師の発言に注目しておこう。

「ひとりのスコットランド人宣教師は、どうすれば福音を分かりやすく告知できるかについて、自分はヒンドゥー教徒の友人たちから多くを学んだと語った」。そしてかれはさらに言った。「布教方法を私たちが学ぶのは、大学においてではなく、遥か遠く離れたこの地でなのだ」と（⑤ S. 28）。講師としてオットーが語ったのは前回のインド訪問以降主題的に追究してきた学術的なテーマである。しかしそれを聞いた参加者たちが情熱的に語り合ったのは、東西思想の出会いや比較の学術的な照明作業ではなく、そうした作業においては現実的には学びえない実践的なテーマであった。宗教思想の理論的解明では素通りされている、思想が現実に生きている場での生きた思想の現実の出会いであり、西と東の現実的な出会いの在り方であり、その実践の具体的方策であった。残念ながらフォーレルの記録からは、これについてのオットー自身の反応、発言を聞くことはできない。しかしこの経験は、かれが情熱を傾けた諸宗教の協調を呼びかける「宗教人類同盟」等の実践的な運動のなかで生かされることになったと思われる。

その後シャンカラ僧院を訪ね、修行僧、教師等シャンカラ学徒たちと、シャンカラ哲学について議論の場をもってもいる。ちなみにバンガロール滞在は、当初は、マイソールに向かう中途で「数日の予定でバンガロールで途中下車した」ものであったはずである。それが当初の予定より長期に及んだのは、ひとえにオットーの健康状態によるものである。オットーはこれまでの旅でも、そしてこのインド旅行でも、旅行中に健康を損ね幾度となく各地で予定外の休養を余儀なくされているが、このバンガロールでも、「健康が回復し必要な休息もできるようにするために」（HS 797/735. S. 108）滞在日程を二度にわたって延長している。

ともあれ当初より遥かに遅れて、一二月一二日早朝バンガロールを発ち、昼にはマイソール藩王国のもうひとつの都市マイソールに着く。駅ではマイソール大学の管財官の出迎えをうけ、午後には学長を訪ねている。その後マハーラージャの私設秘書を表敬訪問し、「来週に予定されているマハーラージャの接見」のための助言を受ける。

バンガロールとマイソールの二大中心をもったマイソール藩王国。マイソール大学での「インド神秘主義と西洋の神秘主義との比較」についての講演。当地の知り合いの学者たちと東洋図書館長のご助力で、私はここでとくに体系的な文献を閲覧し、ラーマーヌジャについての私の今後の研究に必要になるであろうものを入手することができた。この地での調査の最初の成果をまもなく発表することができればと願っている（註（40）参照）。

とくにマイソールはわたしにとって有意義なものになった。というのは、ここで、固有の古い伝統を知っているだけでなく、それを現代の思考方式で把握することを理解してもいる学者たちを見出せたからである。同時に私はそこのマハーラージャのご高配によって、寺院と僧院を見学し、僧侶と学者たちに出会いかれらと接触することができ、その幾人かと持続的な交流をもてる機会を得た。もっとも重要なことは、ラーマーヌジャ自身の学問的な後継者である、そこのパラカーラ・スヴァーミン Parakala-Swamin との出会いである。図書館、カレッジ、大学が私に親切に開放されていた。（OA 378. S. 3.）

宗教研究者オットーにとってのマイソール滞在の最大の収穫は、やはりラーマーヌジャへの深い理解を得たことであろう。具体的には、まずラーマーヌジャ信仰の代表的な識者たちと知り合えたことであり、宗教者、研究者との交流でこの信仰への学問的な認識を深め、またマイソール大学や東洋図書館でラーマーヌジャ研究の貴重な資料を精査することができ、さらにはラーマーヌジャ僧院滞在によって、この宗教の歴史と信仰の現実を十分に確認することができたことであろう。このことは、オットーが帰国後纏めた『インドの恩寵宗教とキリスト教』（一九三〇）の序に記した丁重な謝辞[40]からも容易に窺える。なお、この地の東洋図書館長は、オットーのこの旅の重要な目的のひとつである宗教学資料館の資料収集を支援し、「宗教芸術品の購入も斡旋してくれた」。

マイソールでの貴重な出来事のひとつは、ゴーヴィンダ・スヴァーミン Govinda Charya Swamin 師との出会いであろう。かれは、「おそらく南インドでもっとも高い学識をもつ八〇歳の学者で、ヒンドゥー教神学を書いていて、長年オットー教授とラーマーヌジャについて手紙で遣り取りしていた」。だからオットーの来訪がよほど嬉しかったのであろう。「オットーの両手を握りしめて、言葉に支えながら、こんな日が体験できるなんてまるで信じられなかった」と喜びを露わにし、病んだ脚部の苦痛も忘れて語り始め、その会談は三時間に及んだ。そしてこの老ゴーヴィンダは、高齢にもかかわらずマイソールでのオットーたちのガイド役になり、名所旧跡を案内するとともに、重要人物との貴重な出会いの場を親身になって世話している。

なかでもとりわけ注目すべきは、ラーマーヌジャ僧院訪問と、大僧院長パラカーラ・スヴァーミンとの出会いである。

ここには約五〇名の若者が修行僧として暮らしていて、サンスクリットを読み、インド文学、とりわけラーマーヌジャの著書を読む。僧院の大僧院長パラカーラ・スヴァーミンは、ここ南部の至高の霊的指導者「グル」でもある。だから外国人とは一切会わない規則になっている。しかしゴーヴィンダ師は、私たちを特別扱いにすると言ってきた。というのは私たちは平和の使者として来たからで、親切なゴーヴィンダが私たちを同国人と同等の者と見なしてくれたからである。（HS. 797/735. S. 124.）

私たちがホールに入ってゆくと、間仕切りの後ろで、オレンジ色のガウンを身に纏い、かれの「グル」の顕職の印である杖を手にもち、毛皮の上に身を屈めた人の姿が見えた。……

教授は私たちの課題を伝え、老ゴーヴィンダが通訳した。ゴーヴィンダが、教授はサンスクリットの詩編をドイツ語に翻訳したと伝えると、かれ（パラカーラ）はその返答をサンスクリット語でおこなった。かれはラーマーヌジャに関するオットー教授の研究について訊き、インドを助けて強い自信を得させてくれたドイツの研究に敬意を表した。かれはマールブルクの比較宗教研究の国際的研究施設（宗教学資料館）の計画に注意深く耳傾けた。かれは自分の宗教の助言者として、その施設を喜んで支援するだろう。（⑤ S. 32f.）

オットーはラーマーヌジャ僧院を訪ね、ゴーヴィンダ師の計らいで大僧院長との接見も許される。この接見で最初に問題になったのは、やはりパラカーラ・スヴァーミンが熟知し徹底的に研究しているラーマーヌジャのことであった。しかしかれがより強く興味を示したのは、この世の平和という人類の夢の実現に寄与しうる世界の諸宗教の協調、協力の可能性を追求する「宗教人類同盟」構想をオットーが説明した時であった。

教授は最初に自分の「宗教人類同盟」において詳述[41]している自身の考えについて語り、いかなる類いの宗教混淆も自分にはまったく無縁だと強調した。オットーはここで、その宗教のきわめて熱心で信心深い協力者を得たかったのだ。……

終わり頃に教授が真の信仰団体の感情に言及した時、パラカーラ・スヴァーミンは肯いて同意を示し、私たちにみずからの経験を伝えようとした。かれは自分の領民の忠実な息子であって、自領民の歴史と現状を知っていた。かれは、ムスリムとヒンドゥー教徒が一緒に生活し、その闘いを殺害と放火によってではなく、霊的な武器でのみ行うこと以外にはどんな高い望みも持っていなかった。

つぎに教授が、すでに一九三〇年に世界会議を招集しているアメリカの計画について語った時、パラカーラ・スヴァーミンの瞳は輝いていた。かれの返答は素早く生き生きしたものであった。「私自身が若かったなら、そして海を渡って出かけて行くのを教典が私に禁じていなければ、私はその会議に参加するためにヨーロッパへの長途の旅をその最初の者として引き受けるのだが」。（⑤ S. 33.）

スヴァーミンは最後に、「忘れがたい訪問の記念に」と、自筆の献呈の辞を記した三巻のサンスクリット研究書をオットーに贈呈した。ともあれオットーはここで、まずは自分の学術的研究の主題（ラーマーヌジャの恩寵思想）について学び論じ合うことを試み、この宗教についての理解を深めることができたのであるが、しかしこのグルとの接見でも、インドを旅するオットーの課題は学術的知見の習得にとどまるものではなかった。ここでもオットーは、その推進に情熱を傾けていた「宗教人類同盟」構想を採り上げ、来たるべき一九三〇年の世界会議にグルの参加を呼びかけ、宗教の実践活動の展開に想いを掛けている。

この訪問を終えて後すぐ、オットーは宿舎に引き返している。それはいつものようにかれの健康状態が休息を求めていたからである。と同時にそれに加えて、この日は夜にマハーラージャの接見が控えていたからである。ラーマーヌジャ僧院で大僧院長を訪ねた日の夕刻七時に、オットーはこんどはマイソールのマハーラージャ（マイソール王侯）の招きに応じている[42]。これは、すでにバンガロールでイスマイルが、マイソールでマハーラージャの客になるよう申し出ておいてくれたからである。たしかにそれは、オットーの意を汲んで、「マハーラージャをオットーの世界宗教会議計画に参加させよう」とのイスマイルの計らいから実現したものであったようにも思われるが、しかし実は、マハーラージャ自身が世界会議の計画を個人的にオットーから聞きたいと所望していたからでもある。

かれは、計画されている会議についてひどく興味をもち詳しく聞きたがった。より良い理解をもたらすためにインドの種々の宗教信者が一堂に会することは、長年にわたるかれの願いであった。つまりかれの領国で、マハーラージャは、いかなる騒乱と無秩序が村々のムスリムとヒンドゥー教徒の間にある緊張を惹き起こしうるのか体験することができた。敬虔なヒンドゥー教徒であるマハーラージャが、ムスリムであるイスマイルを領国の主席顧問にして最高位の役人に任命したということは、誠実な意志の喜ばしい証明を意味している。（⑤ S. 34.）

してみれば、この接見は「宗教人類同盟」を構想するオットーの希望——同盟への支援と世界会議への参加要請——であるだけでなく、むしろマハーラージャ自身の、領国内の現実問題——ムスリムとヒンドゥー教徒の緊張関係——の解決策を探りたいとの願望の産物でもあったということに留意しておく必要がある。ちなみにマハーラージャは敬虔なヒンドゥー教徒であるとともに、「改革派」のヒンドゥー教徒でもある。たとえばイスマイルの処遇、すなわちヒンドゥー教領国の政務の長官にムスリムを配置するという試みから窺えるように、マハーラージャは、すでにムスリムとヒンドゥー教徒の緊張緩和に現実的に努めている。こうした点からもこの接見に対するマハーラージャ自身の希望を読みとるのは容易である。それだけではない。これにはかれのある具体的な経験が込められている。すなわち、かつてインドでオットーの試みとほとんど同じことが企画され、「そこではマハーラージャ自身が議長の地位を引き受けることになると思われていた。しかしこの試みはある政治的理由で失敗に終わった」。それゆえ、「マハーラージャが世界会議の私たちの計画に非常に興味をもっているのは確かだった」からである（HS 797/735. S. 127）。しかし、この接見で問われた一九三〇年の世界宗教平和会議へのマハーラージャの参加計画は、会議そのものの挫折もあって実現しなかった。いずれにしろ、この接見にはフォーレルは同行しておらず、かれの記録からは二人の会談の具体的な内容は確認しがたい。

ともあれマイソールは、マイソール侯マハーラージャの居住地であるとともに、この地域のラーマーヌジャ信仰の霊的指導者パラカーラ・スヴァーミンの居住地でもある。してみれば、オットーはマイソールの宗教的権威と政治的権力の頂点に立つこの二人のいずれとも親しく接することができ、インド宗教研究というみずからの学術的課題のみならず、祖国の政治的ミッションも携えた文化使節の使命をも十分に果たしえたことになる。

かくして、「マイソールの日々は瞬く間に過ぎていった。というのも、いずれの日も新たな感銘と新たな面識を得たからである。私たちはたっぷり仕事していて、休養をとることも困難であった」（⑤ *S.* 38）。

六—三—三　インド歴訪——ボンベイなど

マイソールを後にしボンベイに向かうことになるが、オットーのいつもの体調を考えると、ボンベイで仕事を始める前に、何はともあれ仕事に明け暮れたマイソールでの疲れを癒すために数日間休養する必要があった。そしてクリスマスも間近に迫っていた。さいわいフォーレルの知人、プネーの宣教師マクニコルから二、三日家に来るよう招かれ、プネーで牧師家族とクリスマスを過ごし、マイソールでの疲れを癒すことができた（⑤S. 37）。

しかし、こうした休養のさ中でも、オットーはインドの宗教状況の理解に余念がない。

かれ（マクニコル）はマラーターの聖人と詩人の学識者であるが、同時にインドのキリスト教全国評議会会長でもあり、お蔭で私にとってインド全体の宗教状況全般と、宣教とキリスト教の文化影響について経験を積むまことに貴重な機会となった。同時に私はプネーの多くの大学《カレッジ》の学者と教授たちとのかれの豊かな人脈と多量の蔵書、とりわけマラーターのバクティ信仰関連図書を利用することができた。（OA 378. S. 3f.）

こうして任務からの解放と休養を享受するとともに、この地の新たな知見にも恵まれ、オットーはプネーを後にしボンベイに向かう。

ボンベイで私たちはマールブルクの宗教学施設のために沢山の仕事をした。購入したものとこれから購入すべきものを出来るだけ安価に故国に輸送するための領事館と船舶取扱店との交渉。また新しい掘り出し物を入手する手助けになるインド人と面識を得たかった。私たちは貧しいヒンドゥー教徒の家庭内の祈禱用品を製造する小さな工場のアドレスを得た。そんな些細なことも、私たちの収集のために必要だった。（⑤ S. 48.）

オットーたちは、ここボンベイでも鋭意宗教学資料館の資料収集に努めている。それも、フォーレルのこの然り気ない報告からも窺えるように、インドでも著名なかれの名声を支えにして宗教施設、宗教者、識者たちとの折衝やその支援を求めるだけでなく、みずからもこうしたきわめて日常的な些事の労も惜しまず資料取得に努めている。とはいえこのボンベイのオットーを語る場合、やはり何はともあれエレファンタ島の体験に注目しておきたい。かれはボンベイの見事な湾とエレファンタ島が見晴らせる宿舎のバルコニーから、「この旅でこれまでに経験したひどく重要な体験とまことに強烈な印象」のひとつとして、激しく心動かされたエレファンタ島の経験を振り返っている。

私たちは三日前そこにいた。見事な石の階段を、右側に火山の岩壁に広い門が開いている山の中腹まで登って行く。その門は古代インドのもっとも巨大な石窟寺院のひとつへと通じている。岩のどっしりした列柱が屋根を支えている。目が薄暗がりに慣れるにつれて、壁に彫られたインドの宗教伝説の華麗な彫刻がしだいに姿を現し、ついにはその巨大な頭部まで姿を現すにいたった。

ここには神像が聳え立っている。それに匹敵するものとして指摘しうるのは、日本の幾つかの彫像や初期ビザンティン教会の大きなキリスト像だけだと言ってよい。岩を彫った、胸部までだけの三面顔の人物像で、胸部から頭冠までで人の三倍の大きさがある。全体像を摑むためには座らざるをえない。中央の頭部は静かに厳かに見下ろし、他の二つの頭部は側面が見えている。その像には完璧な安らぎと威厳が立ち籠めている。シヴァ神は世界創造者、守護者、破壊者であるとともに、救済者、恩寵を施す者として描かれている。超俗的なるものの秘義がこの三面顔においてほど荘厳に完璧に表現されているのを、私は何処でも見たことがない。

私たちを案内してくれた若いインド人ガイドは、私たちの感動振りを見てとって多弁になった。かれは語った（そしてそれはきわめて真実味が籠もっていた）。大きな柱廊越しに入り込んでくる昼間の僅かな明かり具合に応じて、この像がどのようにその表情を変えるかを。ときには冷静に力強く、ときには恐ろしく威厳に満ちて、またときには微笑みを浮かべ慈悲深くと変わる様を。およそ千年来、信者たちに見捨てられてこのようにここに立っている。振り返って見ると、その眼差しは、岩壁の入口の門越しに、ずっと離れた控えの間を横切って灰色がかった碧い海へ、向かい側の樹木の生い茂った丘陵にまで達している。造物主の尊顔は御身の御業を見渡している。ここを見れば、それだけできっとインドに来た甲斐があり、ここに生きていた宗教の生気から、一瞬の体験で万巻の書を読むよりも多くの洞察を得ることになろう。（ChrW. Sp. 986. Bombay, den 4. Jan. 1928.）

このエレファンタ石窟群の経験は、オットーの宗教経験のなかでも、もっとも代表的なもののひとつとして採り上げられ注目されている。たとえばハイラーは、オットーが旅先で経験した非キリスト教的諸宗教の「きわめて強烈な感銘」に注目し、「この個人的な体験のもっとも重要なものとして、北アフリカ、シナゴーグの安息日の典礼におけるイザヤの三聖唱と、インド、エレファンタ島の岩石で造った三頭のシヴァ神の光景」を挙げている（G-5. S. 15f.）。と言うよりも、主としてこのハイラーの発言ゆえに、エレファンタの経験は、オットーのもっとも重要な生きた宗教経験のひとつとして注目されているように思われる。

ところで、ハイラーが指摘した二つの体験は、そしてそのひとつ、このエレファンタの経験は、オットーの宗教体験にとって、とりわけシナゴーグの「聖なるかな」の三唱の体験に比して、いかなる意味をもつのであろうか。

すでに見た（四—三—五）ように、三聖唱の経験では、それを耳にした時の聴覚的な高揚が基本をなしていた。そしてその感動は、外部の伸びやかな光景の反転模様として、視覚的飛翔を閉ざされたシナゴーグの薄暗い閉鎖空間が、「聖なるかな」の三唱が放射する聴覚的高揚の隠れた素地をなしてもいた。それに対して、この三面顔のシヴァ神を前にしたオットーの経験には、かの三聖唱の経験に比して、何よりも聴覚的世界の素地が欠落している。かれの心胸を激しく打った、かの聖なる響きはここでは聞こえてこない。そして視覚の拡散を遮断し想いを内へと集約せしめた閉鎖空間の世界も、ここではすでに解き開かれている。

このように超俗的な聖なる経験の知覚的な発酵土壌は、これら二つの経験では大きく異なっている。広がった眺望のなかに聳え立つ三面顔のシヴァ神は、視覚的飛翔を遮断されて屹立する聴覚的高揚の聖なる世界とは無縁であって、むしろ彫像の視覚的な、直接的な形姿そのものが、超俗的なるものの秘義の源泉として注視されている。してみれば、この異なる発酵土壌の対照的な知覚世界から、いかにして宗教経験の共通の聖なる経験が発酵し、超俗的なるものの秘義が読みとられるのか。いかなる感性がそれを感得しうるのか。

ここに見られる二つの聖なるものの経験模様は、その素地をなす知覚的表象はまったく異なっている。しかしそれでいて同じく聖なる経験が生起しているとすれば、ある現象を聖なるものとして感得する宗教経験の知覚的地平ではなく、あるものが聖なるものとして感得されるその対象そのものがヌミノーゼ性を帯びていると見なされることになるのであろうか。その対象そのものが、それが宿している超俗的なるものの秘義の故に聖なるものとして感得されるのであろうか。

しかしここでは、聖なるものの存在論ではなく、聖なるものを感得するオットーの感性に注目し、それを読み取るひとつの手立てとして、この石窟寺院をオットーと共に訪ねたフォーレルの記録にも注目しておきたい。

ボンベイ湾に、仏陀時代の石窟寺院がある小さなエレファンタ島が横たわっている。私たちは島に上がり、石窟寺院に通じる石の階段のところにやってきた。海抜八〇メートルのところに神殿があり、私たちは案内役の考古学協会員に迎えられた。北側に入口を備えたその主堂は山のなかへと四〇メートル伸びていて、平均の高さは六メートルである。仏教の影響が認められる装飾模様は後代のヒンドゥー教に由来するものだ。入口の脇にヒンドゥー教の三位一体の巨像、三頭のシヴァ神が立っている。前面が創造主ブラフマー、左側が破壊者シヴァ、そして右が守護神ヴィシュヌである。巨大な支柱ががっしりした石造りの約四〇メートルの高さの天井を支えている。神殿は広く長く、支柱の左側には四角石の祠堂が立っている。壁面と支柱には神話の絵図とテーマがあって、無料でインド宗教史の視覚教育が受けられる。（⑤ S. 48.）

その描写はオットーとはまるで違っている。牧師フォーレルは、この異教シヴァ信仰の佇まいを、何ら信仰的評価や批判も添えず、しかしまた共鳴も感動も交えずに、その事実のみを――オットーよりも具体的に――淡々と記している。列柱ホールの最深部の壁面を飾る三面顔のシヴァ神も、それが放射する不可思議な秘義への想い――オットーではそれが主題であった――などまるで無縁であるかのように、その客観的表象のみが簡潔に記されている。

それに対して、この地の宗教的表象の観察を求めて訪ねてきたはずの宗教研究者オットーは、事実の観察姿勢の遵守など無意味であるかのように、それが放射してくる「超俗的なるものの秘義」に心胸打たれ、その秘義を照射する視覚的表象の魅力に心委ねている。ここでは、信仰世界に生きる宣教者（フォーレル）は、信仰的視角とは無縁な事実の客観的観察に終始し、一方宗教研究者（オットー）は、客観的考察の桎梏からいとも自由に飛翔して、宗教経験の生気を滲ませた知覚的表象の輝きに率直に共振している。

ところで、フォーレルと対比したとき際だってくる、この異教の聖なる表象に率直に共振する独特の感性の発露は、しかしオットーにとっては、聖なる表象を前にした時にのみ見せる宗教経験に固有のものではない。たとえばテネリフェ島で麗しの自然眺望を前にした時の美的感動も、それは変わらなかった。してみれば、この三面顔のシヴァ神の経験は宗教経験固有のものとして特記されるべきものかどうか、また「旅するオットー」の経験としては格別な出来事として特記されるべきものかどうか、いささか疑わしくもある。あるいはむしろ、この感性の発露は、「旅するオットー」に幾度も見られた一般的な傾向でもあると見なすことができはしまいか。

しかしいまは宗教経験のこうした査定にこだわるのは控え、先のシナゴーグの経験とこの三面顔のシヴァ像を前にしての経験とに通底する徴表として、「超俗的なるものの秘義」の感得なる経験を指摘するにとどめておこう。

ボンベイはインドでパールスィーがもっとも多い地でもある。ここでオットーはこの教団の多くの識者に会い、改革派の教団改革運動の動向などパールスィーの現状を学び識ることができた。そしてパールスィーとの接触においてもやはり、この教団の神像の入手を図るなど資料館の資料収集に努めている。

私たちはほぼ一週間ここボンベイにいて、主として学識あるパールスィーたちと付き合っていた。ゲルトナー（マールブルク大学教授）の教え子が私たちを迎え入れてくれて、神像を買い入れる手助けをしてくれた。明日かれはそこから入江と街の素晴らしい眺望が見て取れるパールースィーの庭園と墓地にも私たちを連れて行ってくれる。明晩私たちはジャイナ教の中央聖地、マウント・アブーにも行くつもりだ。そこでは私は二、三日山の窪地で静かに仕事ができるだろう。そして厄介な気管支炎を完治できればいいのだが。
(ChrW. Sp. 987. Bombay, den 4. Jan. 1928.)

ボンベイ滞在は短かった。一月五日夜二人は列車でボンベイを発ち、翌日夜マウント・アブー（アブー山）に到着した。

デリーとアーグラへの途次、私はほぼ一週間マウント・アブーに滞在した。私はマハートマ・ガンディーからアフマダーバードに招待されたが、しかし読書に集中して取り組んだために眼の炎症を患っていたので、ガンディーのところへの旅行を断念せざるをえなくなり、私に同行していた若い友人だけを、かれのところに派遣することができた。(OA 378. S. 4.)

オットーたちには、アフマダーバードだけでなくバローダ行きも企画されていた。ガンディーからアフマダーバードに招待されただけでなく、ボンベイで、バローダに行けば貴重な資料を見出せるだろうとも聞いていたからである。しかしオットーの体調は何よりも休養を要する状態だった。それは彼自身が告げているような一時的な眼の炎症の故よりは、むしろ以前から患っていた気管支炎を治療するためである。ちなみにオットーは、アブー山頂駅から毛皮を纏わざるをえないほどの寒さのなかを車でホテルに向かい、到着して「部屋が宛てがわれた後、教授は這うようにしてすぐにベッドに入って、すぐに眠りについた」(HS 797/735. S. 140)。オットーの体調がいかなる状態にあったかは、このフォーレルの報告からも容易に窺える。

いずれにしろオットーは休養のために北方のマウント・アブーに滞在し、その間にフォーレル単独で、オットーの代行として、資料を求めてバローダに、ガンディーの招待に応えてアフマダーバードに向かうことになった。

アラバリ山脈の最高峰であるマウント・アブーは、よく知られた高原の避暑地ではある。したがってそこがオットーの休養、治療の場として選ばれたのは自然でもある。しかし同時にここはジャイナ教の聖地でもある。とりわけインドのもっとも精巧な芸術のひとつとされるディルワーラー寺院群はジャイナ教聖地巡礼地として知られている。それゆえオットーは、この休養の時を利用して、「ジャイナ教の独特の僧院施設とその暮らしぶり、とりわけその巡礼者の振舞いについても身近に学び識ること」に努めてもいる。

ここで、静養するオットーを残しての、フォーレルのいわば〈オットーの代行〉としての活動についても、「旅するオットー」の理解に必要なものにかぎり簡単に触れておこう。

一月一一日、フォーレルはバローダに向かい、まずバローダ大学学長とサンスクリット語教授を訪ね、オットーに依頼された宗教学資料館の資料収集活動を始める。たとえばバローダ政府に収集の具体的な支援を依頼し全面的な協力を得る。そしてバローダの博物館では、館長の計らいでバローダ侯の注目すべき収集品、世界中から収集したマハーラージャの芸術財宝、古今のインド絵画部門等を確認する、など。しかしフォーレルの報告（HS 797/735. S. 144ff. ⑤ S. 56）からは具体的な収集品の確認は求めがたい。

一三日フォーレルはガンディーの活動の地アフマダーバードに入る。ここでガンディーが出席している国際会議に参加する。そしてのちには、ガンディーの招きを受けかれの執務室を訪ねることができた（HS 797/735. S. 147-153）。

ガンディーの私設秘書がやってきて、私にガンディーの部屋に来るよう招いた。それは異例のことだった。ふだんガンディーは、日中はいかなる来訪も認めず、休息と孤独のなかで瞑想するのだ。

私が入って行った時、マハートマは紡ぎ車の側に座っていた。……かれは私に、この旅の印象と計画を語るように、と言った。とくにかれの興味を惹いたのは、種々の宗教の信者間の協調というオットーの提案であった。マハートマは、教授の病気のためにかれと個人的に知り合えなかったことを心から残念がった。というのはマハートマは、オットーがインドで多くの友人を持っていることを多くの人から聞いていたからである。かれの友人たちがきっと大きな関心をもってオットー教授の提唱に聞き入るであろうということが私を勇気づけてくれた。

（⑤ S. 81.）

ガンディーを訪ねてきたフォーレルの目的は、そしてフォーレルをガンディーのもとに派遣したオットーの目的は叶えられたように思われる。フォーレルに託したオットーの伝言、「世界人類同盟」に見られる諸宗教の協調の呼びかけにガンディーは強い関心を示し、かれとかれの友人たちがオットーの呼びかけに応えるであろう、との確かな感触を得ることができたからである。ちなみにフォーレルは、報告⑤の末尾に、あえて「マハートマ・ガンディー」と題した独立の章（S. 74-87）を設けて、この接見の詳細と、いわばガンディー・サークルの活動ぶり、ガンディーの運動の歴史などをも詳述している[43]。

つぎにオットーたちはマウント・アブーからさらにデリーとアーグラに向かう。デリー訪問の目的は、ここでもやはり資料館の資料収集を指摘しうるが、それに加えてアーディナータ寺院を訪ねることでもあった。

私たちが目指したのは、デリーのもっとも美しいジャイナ教寺院である。それは白い大理石で出来ている。前方の聖室は格子垣で仕切られている。そこの壁龕のなかにマハーヴィーラ立像のある主祭壇が立っている。像はすべて白大理石で出来ている。私たちは大理石の床に腰掛けている。私たちの周りでは、老いも若きも皆沈黙したまま一心不乱に祈っている。礼拝のすべては瞑想《メディタチオーン》から成っている。声にしての祈禱は思いもよらない。

(⑤ S. 59.)

山奥にこつ然と聳えるラーナクプルのアーディナータ寺院。インド最高の建築と称されるその壮大な建造物の佇まいや、繊細な彫刻群で埋め尽された白大理石の壮麗な内部空間を目にして、オットーはいかなる想いに囚われただろうか。その空間的表象のなかに、いかなる宗教的経験を読みとったであろうか。このアーディナータ寺院については、フォーレルの報告は見られるが、オットー自身の想いは聞くことはできない。しかしそれはデリーでの経験にかぎらない。たとえば、その後の、「すぐ下には別荘や宮殿や教会や路地を備えたシムラーが展がっている」ヒマラヤ山麓(二月二四日)に二日間滞在した時も、またアーグラ(二六日)でも、あるいはオットーのインド歴訪の最終地となったと思われるヒンドゥー教の聖地ナーシクでも、その地の宗教世界について格別な想いを聞くことは困難である。

ちなみにアーグラでも、オットーは資料館の資料収集のために、「古い神像を求めてバザールを隈なく探し歩き」幾つかを見つけることはできたが、それらは「ほとんどが新しいもので、粗悪品だった」と嘆いている。このアーグラを訪ねたのは、やはりタージ・マハルのためであろう。しかし前回のインド旅行でも訪ねていたタージ・マハルを再訪し、「タージ・マハルは今回は一六年前よりも強烈に私を捉えた」と述べてはいるが、その墓廟の素晴らしい佇まいに簡潔に触れているのみで、かれの心を捉えた想いの内実は窺いがたい。

このアーグラに足を運んだのはヴリンダーバンを訪ねるためでもある。オットーはこのヒンドゥー教の聖地を、クリシュナ生誕の地に因み、「クリシュナ信者のベツレヘム」と形容し、クリシュナ神殿の佇まいを比較的詳細に描写している。しかしそれは神殿聖域の客観的素描とさりげない感想を記しているだけで、それを目にしたオットー自身の経験内容は読み取りがたい。

オットーとフォーレルはデリーではまだ行動を共にしているが、しかしこの辺りから二人の行く先は別れがちである。「一月二七日、アーグラとデルフィーに向かう途中のビルゲル（フォーレル）に私は出会った。私たちは仕事を分担していた。私はシムラーに行き、かれはハットワハに行っていたのだ。私たちは自分たちの経験について意見を交わした」（ChrW. Sp. 988）。この別行動は、ひとつには、オットーが前回の旅ですでに訪ねている北部や東部——たとえばベナレス、ブッダガヤー、カルカッタなど——の再訪を避けるためでもあろうが、基本的には、仕事の効率化を図るため仕事内容を分担し、お互い別々の地に出かけ、ときに合流して互いの経験を確認し合う途を選択したためである。そして二人が別行動をとったために、デリー以降はオットーの足跡は途絶えがちである。しかしフォーレル自身は訪問地の幾つかの経験を比較的詳しく残している。

そのフォーレルの単独行でもっとも印象深い地になったのは、ゴールデン・テンプルや、とりわけ聖川ガンジス河岸の「ガート」（火葬場）で知られたベナレスであったように思われる。すでにインドに向かう船旅で、「ジェノヴァからコロンボへの航路に乗り合わせた人から、ベナレスに行かなければ失望するだけだと聞かされていた」。

そのベナレスの印象を、かれはまず、「ヒンドゥー教徒にとっては聖なる都で、平均的なヨーロッパ人にとってはこの世の最もいかがわしい都市だ」と呟いている。さらにまた、「ベナレスの最初の周遊旅行に取り組む前に、一切の幻想を家に置いておくべきだ。仏陀の痕跡を街路で見出そうとか、仏陀が最初の説教をした戸外を見出そうと夢想すべきではない。蓮やアーモンドの木の香りも、私たちが外国で読んでいる夢見るインドも、この地の仏陀の誕生と遍歴も何もない。にもかかわらず、それがベナレスで、ベナレスは現代でも見るに値する」（⑤ S. 68）とも記している。おそらくは、フォーレルの「夢見るインド」への想いも、ガンジス河岸のガートなどによって粉砕されたであろうと推察されるが、ここからもフォーレルがベナレスで受けた衝撃の大きさを推し量ることができる。

ともあれオットーのインド滞在も終わりを迎えていた。「当初予定していたシッキムとネパールへの特別な調査旅行は断念」（OA 378. S. 7）し、二月三日、オットーはインドを後にし、ボンベイからエジプトに向かう。

六―四　中東世界へ――エジプト、パレスチナ、コンスタンティノープル

フォーレルと別れ、インドを後にしたオットーは、エジプトを皮切りに、パレスチナとシリアにも長期滞在し、さらにトルコ、セルビアと訪ね歩き、数多くの人、宗教集団を訪ね、多岐にわたる調査を重ねたすえウィーンを経て帰国する。

エジプトでは、――当初の予定からすると、ハウアー Jakob Wilhelm Hauer 教授が宗教学資料館の資料を収集するためすでにエジプトに滞在しているが――オットーはポートサイドでかれと合流したと思われる（HS 797/705. S. 4）。ここからしても、すでにインド各地で見られたように、資料館の資料収集がこのエジプト旅行でも重要な課題であることが窺える。

私は、アスワンへの短期間の旅を除くと、もっぱらカイロとアシュートに留まるようにしたが、ここではドイ

ツの同僚数人の親切な助力を得た。私が着目したのは、一方ではイスラームであり、他方では、ここで見出せる、コプトとギリシア正教とアルメニア教会といった古い教会と、それらから出てきたユニテリアン派とプロテスタントに関する宗派研究であった。イスラームで興味深かったのは、一方ではメヴレヴィー教団、ベクタシー教団、ならびにカイロで今なお多くの人に支持されているその他多くのデルヴィーシュ教団であり、他方では今日イスラームで際だっている種々の改革動向と熱心な近代化の試みである。まもなく見つかった個人的な交誼のお蔭でここでうまく事が運び、ひとつの画像を入手することができた。それは一部はほとんど壊滅的な状態ではあるが、しかし宗教誌 Religionskunde にとってはとりわけ有益な画像である。ほとんどいたる処に転換期の諸宗教の古くから伝承された形態があった。そして宗教領域でのこのまったく新しい状況を徹底的に研究することは、組織的に取組まねばならない今日の宗教学 Religionswissenschaft のもっとも重要な仕事のひとつである。（OA 378. S. 5f.）

三月一一日、オットーは、ドイツの同僚のひとり、ハレのオリエント言語学教授バウアー Hans Bauer とカイロを離れアスワンを訪ねる。この時のナイルとその周辺の場景を、ダムに塞き止められたナイル河に船を出し、ダムに沈むイシス神殿等の古代遺跡を目にした感想を姉に書き送っている（ChrW. Sp. 989f.）。ただし、このアスワンへの遠出はもっぱらアスワン・ロウ・ダムを目にするためであって、少なくともそれ以外の具体的な目的は確認しがたく、報告書に記しているエジプト宗教の現況調査との関係は見出しがたい。

この遠出を除けばほぼカイロに留まり、すでに〈最初の大旅行〉のカイロ訪問で興味を覚えたものを確かめ、そして何よりもそこで問い残していた問題の解明を目指している。前回のカイロ滞在では、とりわけコプトやイスラームとのはじめての本格的な出会いによって、それらが放射する宗教の生々しい原初的な姿に驚愕し、ヌミノーゼの純朴な発露に激しく心動かされていた。それら生きた宗教経験がオットーの心を捉えていた。しかし今回は、前回心動かされたそれらの宗教経験そのものよりも、それら教団の現状の客観的な理解、とりわけ教団の改革運動、近代化の試みの把握に努めている。したがって、前回のような異形の宗教経験との出会いによって揺れ動き変容を迫られるオットー自身の新たな宗教理念の発露は望みがたい。ここでは宗教経験そのものよりは、社会の近代化に伴う伝統的な宗教集団の改革の動きや、変革に直面している宗教の伝承形態の現状の客観的な把捉が求められている。そしてそれを今後の宗教学のもっとも重要な課題と見なすにいたってもいる。

ここで出会うオットーは、前回のカイロで見られた、宗教の生ける現実から宗教理念の基態を探索し宗教経験の本質の解明に腐心する、ある種の生成途上の宗教学者であるよりは、そうした宗教経験の奥義の一定の理解を踏まえた上で、現代社会における伝統的宗教の変容の現実を把握し、現代宗教が直面する問題に、さらに宗教の今後の有り様にも想いを馳せる、いわば観察する出来上がった宗教学者であり、宗教社会学者の相貌でもある。

ともあれ、唯一依拠しうる「報告書」から見ても、記された調査事項の具体的な調査内容も、ましてやオットー独自の宗教体験の内実は尚更、捉えがたい。

フォーレルは、オットーの当初の計画を、「カイロから船でヤッファ（テルアビブ・ヤッファ）に向かい、エルサレムに数日間滞在の予定」（HS 797/735. S. 3）と記しているが、旅先からのオットーの手紙（HS 797/705. 24. 3. 1928）からすると、三月二四日にはすでにカイロを後にしエルサレムに向かっている。

つい今しがた、あらゆる国々からの使者たちが集い世界宣教会議が開かれた。主宰者の英国人パートンとマンチェスター国教会司教が私に参加するよう招いてくれた。……（約二五〇名の）この会議は真摯で感銘深いものであった。そして宣教領域での近代と現代の考え方の肝要事についての認識は一致していた。しかし私は先を急がねばならないので、真面目に参加するのは難しいだろう。(HS 797/705. S. 21b.)

エルサレム滞在中、オットーは当地で開催されていた第二回世界宣教会議に参加している。世界宣教会議は、一九一〇年J・R・モット議長のもとエディンバラで最初の会議をもち、世界のエキュメニカル運動のリーダー的な役割を担ってきたが、このエルサレム会議にオットーが参加したのは、当初から予定していたものではなく、かれのエルサレム滞在が会議と重なったのはむしろ偶然であったように思われる。したがってこの会議に参加しその論議には共鳴しつつも、会議に全面的に参加することなく、当初の予定にしたがってエルサレムを離れることになる。

パレスチナとシリアの長期滞在は、私のもともとの予定にはなかったものだった。宗教としてのユダヤ教に関するシオニストの入植の注目すべき影響だけを学び識りたかったのであり、この目的のためにエルサレムに、とくにガリラヤに短期間滞在し、その後船でコンスタンティノープルに行き、そこからさらに小アジアにも旅したかったのだ。しかしハイファとベイルートの船は数カ月間まったく出払っていて、そのために私はシリア経由の列車で行かざるをえなかったのだ。(OA 378. S. 6.)

エルサレム滞在の当初の目的は、世界宣教会議への参加ではなく、ユダヤ教の多様な現状を調べることであった。とりわけガリラヤ湖畔の最初期のキブツの現状、その影響を確認することであった。

エルサレムで、当地の今日の厳格な正統主義のものから、宗教的にほとんどまったく拠り所を失ったものにいたるまでのまことに多様なタイプのユダヤ教を知るにいたり、つぎにガリラヤとハイファの入植地と教育施設では、今日ではすでに独自な新しい精神的な考え方の出来上がった一団として承認されている、そこで編成された新しいタイプの新ユダヤ人のことを知ることができた。(OA 378. S. 6.)

そしてベイルートでは、「フランスとアメリカの、カトリックとプロテスタントの、宗教的なものと純粋に文化的なものとの文化プロパガンダの対抗的競争」状況を把握できたが、しかしオットーにとって、「宗教史的にもっとも興味深かったのは、そこの元もとはキリスト教的・宣教的な領域で遂行されている独特な〈世俗化〉であった」かも知れない。こうした現象は、かれがすでに旅先の各地の宣教現場で直面していたものでもあったが、それにベイルートで現実に触れて、「それは今日の宗教状況のもっとも注目すべき現象のひとつである」との想いを新たにしている(OA 378. S. 6)。

ベイルートから、船の利用が不可能になったため、シリア経由の列車でコンスタンティノープル(イスタンブール)に向かう。コンスタンティノープル滞在については、それを報じた書簡もなく、また「報告書」でもきわめて簡単な内容しか見当たらない。

コンスタンティノープル。トルコにおけるイスラームの改革というよりはほとんど崩壊の事態をここで今日学ぶことができる。それは研究に値する。というのは、ナショナリズムや政治や経済といった世俗的権力に直面しての大きな宗教伝統の衰退も、その一時的な後退も、多くの問題を孕んだたしかに悲劇的ではあるが重要な現象である。――当地の正教会の現状を学び識ることができるように、私はファナール（注：ファナリオト。コンスタンティノープルのギリシア人地区ファナールに居住し、オスマン帝国下で東方正教会の行政機構を支配し権力を振るった有力なギリシア人官僚家族）とギリシア正教大主教と親交を結んだ。（OA 378. S. 6f.）

コンスタンティノープルで宗教状況調査の主たる対象として選んだのは、この地のイスラームとギリシア正教会の現状であったように思われる。ここでもオットーの課題は、カイロ同様に、イスラームの改革の現状、そして世俗化状況における宗教の伝統的形態の変容の事態を明らかにすることであった。しかしまたコンスタンティノープルは、アレクサンドリア、エルサレムなどとともに総大主教区のひとつでもある。その故であろう、オットーはこの地のギリシア正教会の現状の把握を目指しているが、そのためにファナリオトとコンスタンティノープル大主教とに関わるための有力なコネを見出し、親交を結んでもいる。

そしてここでもオットーは、宗教学資料館の資料収集に努めているように思われる。というよりはむしろ、その資料の買い付けは、コンスタンティノープル訪問の重要な課題でもあったと見なしうる。ちなみにフォーレルは、出発前オットーの計画に触れて、「コンスタンティノープルで幾つかのものを購入」の予定と述べている。ただしこの件に関してはオットー自身の発言は見出せない。それはひとつには、インド旅行では、資料購入についてはもっぱらフォーレルの記録で言及されているが、そのフォーレルとはすでに別れているためかれの記録に期待できないこと。第二として、残存しているオットーの書簡にはコンスタンティノープル関係のものが欠けていること、第三に、したがってコンスタンティノープルの記録としては唯一「報告書」に依拠せざるをえないが、その報告書は、その基金が宗教学資料館とは無関係であるため、基本的に資料館関係についての言及は見られないからである。ともあれ、こうした理由で資料館資料の購入記録が見られないのであって、それは資料収集の事実がないことを意味しはしない。むしろ状況から推して、資料館資料の収集はコンスタンティノープル訪問の重要なテーマであったのは明白である。

約三週間滞在したコンスタンティノープルから、オットーはさらにベオグラードとノヴィ・サドに向かう。予定外のセルビアを訪ねることになったのは、コンスタンティノープルでは果たせない問題を尋ねるためである。それは、「新たな試みと新たな宗教的兆候はコンスタンティノープルの正教会では期待できない」ことを知ったからである。コンスタンティノープルでは、ギリシア正教会は、「教会はギリシア精神の体制であるべきだ」という伝統的観念に囚われていて、オットーが関心を持っていたその変革の試みを見ることができなかったからである。

> そのために私はさらにセルビアにも行き、ベオグラードで総主教たちを訪ね、その後しばらくノヴィ・サドで、ドイツの教育を受けたエイレナイオス主教の客になった。かれは誰にもましてその硬直した教会組織の精神的刷新に努めている人物であって、かれのところで過ごした日々は、私の旅行のきわめて有益な最後の成果であった。それに加えて、私はカルロヴィッツで亡命総主教ロシア人アントニウスと知り合い、かれをとおしてロシア正教会の状況について、ならびに東方正教会全般の状況について聞く機会を得た。同時に私はノヴィ・サドで、プロテスタント少数派とドイツ・プロテスタント少数派《ディアスポラ》の関係について情報を得ることができた。それはこの領域についての私の今後の研究に役立つであろう。(OA 378. S. 7.)

ここからして、イスラームと東方正教会の世界を訪ねるオットーの関心が、カイロ以降一貫して、それら教団内部の改革のうねりを把握することに向けられていたことが容易に理解できる。

「ウィーン経由で私は五月一四日に帰国した」。

かくして〈三度目の大旅行〉は、「旅するオットー」の最後の旅は終わった。この旅の成果を、自身の宗教研究にとっての意味を、オットーは「報告書」末尾に簡潔に総括している。

旅行は、一般宗教学 allgemein religionskundlich の領域にも個別神学領域にも、さらなる研究への洞察と可能性に十分な収穫をもたらしてくれた。旅行の収穫のひとつは、私がいまちょうど始めているインドの一元論的神秘主義とは違った有神論的バクティ信仰、ラーマーヌジャに関する作品を準備したいと思ったことである。

（OA 378. S. 7.）

第二部　オットーの遺産

――「マールブルク宗教学資料館」博物誌

マールブルク宗教学資料館（旧方伯官房《カンツライ》　1573年建造）

第七章　宗教学資料館の構想

七―一　はじめに――「マールブルク宗教学資料館」創立六〇周年記念祭

Die “Marburger Religionskundliche Sammlung” その名称

中世の面影を色濃く遺したドイツ中部（ヘッセン州）の小都市、マールブルク。この古い大学都市の異郷の生活にも少しは慣れ、「資料館」での仕事が軌道に乗り始めた一一月初旬のある日、コーヒーブレークのひと時、クラーツ Martin Kraatz 館長から、和やかな誘いの言葉とともに、一通の案内状を受けとった。それには、この日の催しがつぎのように記されている。

「宗教学資料館六〇周年」“Die Religionskundliche Sammlung ist 60 Jahre alt”

この日をフィリップス大学の宗教学と宗教史の教師、学生たちと共に祝いたいと思います。

一九八七年一一月二四日、一五時に資料館の講義室に集い、最初のプログラムは学問的なもので、いずれも資料館収蔵品のひとつを扱った、以下の簡単な研究報告が行われます。

開会にあたって：マルティン・クラーツ　――祝賀日？《ママ》
ライナー・フラッシェ　――Trundholm の太陽戦車
ハンス-イルゲン・グレシャート　――アフリカの一呪物
マルティン・クラーツ　――クリシュナ　――インドの聖像
ミヒャエル・パイ　――日本の注連縄

一九時からささやかな祝賀会をもちます。この準備には学生たちが協力してとり組んでくれました。食べもの、飲みものを用意し、見たり、聞いたり、みずから参加したりの催しものが予定されています。長時間にわたるこの資料館の午後の催しに招待いたします。

マルティン・クラーツ

「マールブルク宗教学資料館」Die "Marburger Religionskundliche Sammlung." マールブルクの街を見おろす丘の上、方伯城のすぐ下、一五七三年に建てられたルネサンス様式の旧方伯官房《ラントグラーフ・カンツライ》のなかに、それはある。

一九八七年一一月二四日。日頃耳にするのは近くのマリア教会《マリエンキルヒェ》（ルター派プファール教会）の鐘の音のみ、といった静寂に包まれたこの赤砂岩の古い建物全体が、今日は朝からどこか落ち着かぬものとなっていた。七〇段の螺旋階段をぐるぐる回り登りつめ、研究室や図書室のある四階、最上階に辿り着くと、ふだんは秘書の方が、ときにはクラーツ館長みずから「お早う」と開け迎えてくれる重いドアが、今日はすでに開け放たれており、ロビーでは、催し時にはいつも加勢にみえる館長の家族の皆さん、秘書や職員にまじって女子学生たちまでが忙しげに立ち働いていた。日頃は静まりかえったロビーや厨房があたかも祝宴の舞台裏と化し、近づく祝祭への期待ゆえか、準備に追われながらも人びとは愉しげであった。

午後には、来訪者の数は三桁に膨らんでいた。なかには神学部の教授連や、宗教学、宗教史の学生たちだけでなく、日頃見慣れぬ高齢のご婦人たちも数多く見うけられ、あたかもコンサートの幕間《まくあい》のように、人びとの顔は一様に晴れやかに輝いていた。

一五時、会場に当てられた二階講義室では、立錐の余地なく膨らんだ会衆を前に、クラーツ館長が頬を紅潮させながら開会を告げていた。「宗教学資料館創立六〇周年記念祭」は、かくして定刻開始された。

記念祭のプログラムの中心は、学術講演である。

講演のはじめに、館長が、開会の挨拶をかねて資料館創設の理念や歩みに触れ、この資料館に託した先人たちの想いへと出席者たちを誘った。最初の報告者を務めた神学部宗教史講座の私講師フラッシェ Rainer Flasche 氏は、近年取得した大学教授資格《ハビリタチオーン》のテーマ「ワッハの宗教学」や宗教現象学ではなく、今日は、一九〇二年にデンマークの Trundholm 湿原で見つかったブロンズ彫像の太陽神が乗る二輪馬車、太陽戦車を採り上げた。つぎに同講座のグレシャート Hans-Jürgen Greschat 教授が、長年追究しているアフリカの部族宗教の一呪物崇拝を紹介した。再度登壇したクラーツ氏は、今度は研究報告者として、専門領域であるヒンドゥー教の神クリシュナの聖像を紹介した。最後の演者を務めた「非ヨーロッパ言語・文化学部」宗教学講座のパイ Michael Pye 教授は、もっか学部長と国際宗教学宗教史学会（IAHR）事務局長の要職にあり多忙の身であるが、今日は、長年の滞日研究中に調査した数多くの注連縄のスライドを紹介しながら、聖俗観の日本的特性に光を当てた。

これら四つの研究報告が採り上げた問題は、いずれも各自の専門領域にかかわるものではある。しかしそれは、一般の学術講演に見られるような、自己の研究テーマのストレートな現状報告とはいささか趣を異にしている。案内状が告げているように、いずれもその対象として資料館収蔵の展示品のひとつを具体的に採り上げている。また各テーマは、基本的に非西欧世界の、しかも非キリスト教的諸宗教に関するものである。そして何よりも印象的であったのは、たとえばパイ教授が「日本の注連縄」を論じている演壇の背後の壁面には注連縄が飾られているというように、この日は各論者のテーマの実物資料が展示室から運び出され、講演会場の前面や壁面を飾っていたことである。

それはしかし、祝祭に付きもののたわいない茶目っ気といった代物などではなく、この日の責任者クラーツ館長の、創設者オットーの理念を見事に体した巧みな演出によるものである。記念祭の中心をなすこの催しは、資料館に託された精神《おもい》へのクラーツ館長のいつもながらの行き届いた配慮によって、創設者を偲び、資料館創設の理念を改めて追思し、六〇年の歩みに想いを馳せるにふさわしい印象深い「記念講演会」となったのである。

講演会終了後、館長の案内で参会者たちが常設展示室を参観している間に、先ほどまで知的興奮に張りつめていた講義室は祝宴会場に一変していた。隣接ロビーに運び出された卓上には、すでに食べ物、飲み物が用意されていた。これ以降の祝宴の部をとり仕切るのは、数日前からその準備に努めてきた「宗教学」Religionswissenschaft（非ヨーロッパ言語・文化学部）と、「宗教史」Religionsgeschichte（福音神学部）の学生たちである。

ロビーでは瞬く間に、市民、ご婦人たちも交えてワイングラスを片手に幾つもの歓談の輪ができていた。程なくして講義室では、民族衣装を纏った東欧出身の女子学生に導かれて民族舞踊が始まっていた。この踊りの輪のなかには、朝から準備に努めてきたクラーツ館長の家族の皆さんやパイ教授家族らの、不慣れな民族舞踊に愉しげに打ち興じる笑顔も見受けられた。照明を落とした講義室は時とともに思い思いの舞踊の場と化し、ロビーでの語らいの輪は、いつの間にか教授たちをとり囲んでのオットー宗教学や宗教研究をめぐる議論の輪と化していった。

いつ果てるともない賑やかな語らいの輪をぬけ出し帰路についたのは、すでに日付も変わる頃であったろうか。街灯に淡く照らされた通いなれた急な石畳を小走りに下りながら、ふと仰ぎ見ると、資料館のすぐ上、晩秋の深夜の静寂《しじま》のなかに、かつてオットーやフリックが資料館の終《つい》の住み処として長年その獲得に努めた方伯城が照明に明々と映え浮かんでいた。

あれは、たしかこの時であったろうか。この資料館の創設に長年にわたって情熱を傾けたオットーの深意を読みとり、資料館の創設に託された理念や経緯を創設者とその後継者たちの直々の発言から明らかにし、宗教の生ける現実の解明に腐心したこれら先達たちの、体系以前の理念の裸像を解き明かし確認しておきたいとの想いに駆られたのは、たしかこの時であったろうか。

この想いはたしかに学問の先達たちの学の生成現場を幸運にも垣間見た時に覚えるあの素朴な心の高揚を記憶に留めておきたい、との私的な感傷とも無縁ではない。さりとてこの種の私的感傷の誘いに惑わされ不毛な自己陶酔の迷路に踏み込むつもりは、もちろんない。しかしそれでいてなお、この種の学的収穫が保証されているとはかぎらない想いにあえてこだわるのは、宗教研究の学的構成が研究者個人の学以前の理念に深く根ざしており、とりわけ西欧の宗教研究においては、それが殊のほか固有の歴史的境位に拭いがたく規定されている事実に、かくして宗教研究の有り様をその基層において規制する歴史の重みに、ドイツ宗教学の制作現場に滞在中、日々直面しこと改めて思い知らされたからである。さらに言えば、それでいて西欧の〈歴史に呪縛された精神〉とはおよそ無縁な私たち東の住人が、歴史嗅覚の根本的欠落という東国に特有の〈幸福な素姓〉の故に素通りしがちな、あるいは理論の普遍性の足手纏いとして学的体系から不用意に捨象しがちな、特定の歴史的境位と深く結びついた宗教学の生成場面を彩る理念の裸像を、体系的な書物からは窺いにくい学的構成の隠れた基調として洗い直す必要性を痛感せしめられたからである。

Die "Marburger Religionskundliche Sammlung"　その名称

この資料館 Sammlung に冠せられた"religionskundlich"なる語を、オットーは基本的に「神学的」"theologisch"なるカテゴリーとの対比において用いている。すなわち、宗教研究の方法を die religionskundliche と die theologische に分け、前者を、宗教をもっぱら「現象」として「外から」、すなわち「それ自身は宗教的でないカテゴリーによって」考察する「純粋に現象学的な」方法とし、後者を、「宗教がみずからに関して、宗教自身に由来するカテゴリーを用いて」考察する方法と規定している（Otto, (B-4). S. 58)。

そして Religionskunde なる語は、宗教学 Religionswissenschaft のなかでも、たとえば宗教の本質や根拠の理論的解明のごとき宗教現象の体系的な解釈などとは区別して、宗教の事実の観察、収集、比較整理にかかわる部門を指して用いられるのが一般的である。そのため、「宗教学」と区別して用いる場合には、「宗教誌」なる用語が使用されもする[1]。また神学の世界では、宣教学の一部門としてキリスト教以外の諸宗教の現象形態の知識を目指すものとされてもいる[2]。

この点を考慮すれば「宗教誌資料館」とすることも可能であり、一般的には適切でもあろう。しかしオットーの場合、宗教学的な一般理解に見られるような体系的な「宗教学」（Religionswissenschaft）との対比よりは、あくまでも「神学」との対比が基本であり、かつまたそれは広義には「宗教学」と呼ばれるものでもあり、そして何よりも資料館の理念と歴史と現実は、ある意味ではそれが紛れもなく「宗教学」の基本精神に沿うものであることを考慮して、Die "Religionskundliche Sammlung" の訳語として、「宗教学資料館」なる語を選んでおく。

七―二　宗教学資料館の構想――「宗教史資料集」Quellen der Religions-Geschichte

確認しうる資料は一様に、「マールブルク宗教学資料館は、一九二七年のマールブルク大学創立四百年記念祭に創設された」と記している。

しかしその構想そのものは遥かに古く、すでに一九一二年にアジアを旅するオットーの心胸に去来していた、と伝えられている。いずれにしろ、この資料館の実現には、一神学者の実存遍歴と結びついた長く緩やかな助走がある。したがってその創設の理念を窺い知るためには、ひとまずその前史に遡り、その興味深い助走路を伴走してみることが必要である。

「旅するオットー」を追うなかで見たように、オットーは幾たびも世界各地への遠く長い旅を繰りかえしている。そして資料館の構想がオットーの脳裡にはじめて去来したのも、そうした旅の現実の諸宗教との生きた出会いのなかにおいてであった。

そのひとつ、たとえば「エジプト、エルサレム、アトス山への旅」（一八九五年）のカイロで、オットーはコプト教会との、イスラームとのはじめての刺激的な出会いを経験している。とりわけコプト教会でその典礼の独特の美学に強く心惹かれた。そしてそれは西方キリスト教が近代的展開のなかで喪失したものへの驚きであり共感でもあった。

この旅で神学生オットーは、私たちがかれに期待しがちな宗教の理論的考察の新たな展開ではなく、宗教の現実への、体験的参与を介してのいわば知覚的な共鳴を露わにしている。この旅のなかでかれの心に生じている宗教の感性的な現象形態へのこの知覚的共鳴が、いまだ主題的対象としては意識されてはいないものの、後の資料館構想と無縁ではないことをあらかじめ心に留めておきたい。

ゲッティンゲン時代の後半、一九一一年から一二年にかけての大半、オットーはふたたび旅に出ている。最初はテネリフェ島と北アフリカへ、その後はアジア各地へと。資料館の構想なり生成に直接決定的な役割を果たしたものとして注目されるのは、この後半のアジア旅行である。

この旅では、たとえばインドで、イスラーム、ヒンドゥー、シク、ならびにパールスィーと接触をもち、ラングーンではビルマ仏教と出会っている。ビルマとタイの上座部仏教も印象深かったが、より心動かされたのは日本での禅をはじめとする仏教諸宗派との出会いである。そして中国滞在では道教をも識ることになった。

オットーのインド研究の出発点ともなったこの旅は、出会った文化や宗教の多様さ、その出会いの感動、衝撃の大きさなどからして、容易にその影響や意義の重要性を推し量ることができる。しかしここでは、この旅がもたらした影響なり意義の全容の追跡作業（五章参照）はひとまず措き、この旅行中に急激に加速されたと思われる神学者オットーの変貌ぶりに注目したい。それは、ルター派の神学者や、宗教理解の哲学的な基盤をフリース主義に見出す宗教哲学者から、具体的な宗教の事実に寄り添う宗教学者への変容の事態でもある。そしてこの変容の事実を顕在的に告げるものとして注目されるのは、この旅のなかで構想されたと推量される独自な三つの計画である。

まず第一に、オットーはこの旅行中にはじめて資料館の構想を懐いたとされている。ただしおそらく、この事実を指摘した論者たち（Almond, Boozer, Kraatz）はいずれも、オットーの後継者のつぎの発言をその典拠にしているように思われる。すなわちフリックは、資料館の宣伝冊子で、「この考えは、オットーによって、一九一二年のインド旅行中に構想された」と述べている（Frick, Heft (1931). S. 4)。

フリックのこの発言は、たとえばその冊子の発行時――それはかれがオットーから資料館を引き継いでさして間もない一九三一年一月であり、この頃二人はまだ共同で資料館の館長として名を連ねている――ひとつをとってみても、ましてや、オットーに協力して開設間もない資料館のいまだ不確かな地位と不十分な内容の改善に努めるなかで、おそらくは直接オットー自身の口から聞いていたであろうと推量される点からしても、たしかにこの構想の誕生の在り処を告げる証しとしては、もっとも確かなものに値しよう。しかしそれでも、この構想がこの旅のなかではじめて誕生したのか、それともすでに漠として抱かれていたその想念がこの旅のなかではじめて具体的な計画として決定的に意識されるにいたったのか、そのいずれかは見定めがたい。ましてやそれが明確に一九一二年の「インド旅行中」であったとは、少なくともオットー自身の発言からは確認しがたい。

いずれにしろ、しかしこの旅は資料館構想の誕生と深く結びついている。しかもその計画が構想として兆す切っ掛けを生み出しただけではない。注目すべきことには、この時すでに、「マールブルク宗教学資料館のストックの基になるものも収集されたと思われる」(Schinzer, S. 19)。ちなみにこの大旅行はカーン基金の奨学金によって実現したものであるが、オットーは、受けとった一万三千金マルクのうちその大部分(一万二千金マルク)を書物や旅の記念品の購入に当てた、とされている(Schinzer, S. 17f.)。この事実は資料館収蔵品の初期の入手状況を物語ってもいる。ともあれ資料館の構想は、その実現の遥か以前のこのアジア旅行中にすでに芽生えていたのであるが、先のフリックの文章には、じつはその後に、「『宗教史資料集』の計画と同時に」との短いフレーズが続いている。

すなわち第二として、この旅行中にオットーは、資料館計画と並行して、宗教の現実的な理解を目指すもうひとつの構想を懐いていたのである(Vgl. Almond, p. 19 ; Kraatz, (C-4). S. 383, (C-5). S. 3)。それは、種々の文化の重要な諸宗教文献をすぐれた翻訳(ドイツ語)で広く一般の人びとに供しよう、との計画である。

そして資料館計画の実現が遥か先に延期されざるをえなかったのに対して、この諸宗教文献の出版計画は、ゲッティンゲンで公刊された叢書『宗教史資料集』"Quellen der Religionsgeschichte"によって実現した。帰国後オットーは、たとえば一九一三年一月、ベルリンの大蔵大臣にこのプロジェクトの支援を要請する書簡（OA 1194）を送り、翌年五月には、一九一三年から一八年までかれが議員として参加したプロイセン領邦議会に財政的支援の承認を懇請（OA 1202）するなど具体的な活動を展開し（cf. Almond, p. 21）、この叢書を出版するためにゲッティンゲンに設立された「宗教史委員会」では、みずからその委員のひとりとして、一二名からなる事務局代表幹事も務めている。

この企画の大綱は、シリーズの一冊（*Die Historischen Quellen der Shinto-Religion*. v. K. Florenz. Göttingen 1919）の巻末に添えられた広告記事に、以下のごとく記されている。

「宗教史資料集」Quellen der Religions-Geschichte

ゲッティンゲン帝国学術協会に宗教史委員会が設けられた。それは国内外の優れた学者たちの協力のもとに、「宗教史資料」Quellen der Religionsgeschichte を収集し、ドイツ語で出版することを課題としている。この委員会の委員は、ゲッティンゲンの教授たちである。（以下列記されている一三名の委員名は省略。）委員長はオルデンベルク、事務局はアンドレアス、オットー（マールブルク）、ティティウスによって構成されており、このうちオットーとティティウスは事務局の代表幹事でもある。

この宗教史委員会が主宰する新事業の目的を簡単に記せば、こうである。すなわち、「宗教史的研究のために、出来るだけ包括的で信頼のおける原資料を提供すること」であり、同時に差し当たっては、今日の視野の拡大に対応して、かつて『東方聖典』"Sacred Books of the East"が研究に貢献したものを、ドイツの学問のために役立てることである。聖書は、キリスト教の歴史をあつかう他のすべての諸資料同様、除外されていい。というのは、聖書に対しては他の企画によってすでに十分に配慮されているからである。その他についても、個々の領域ですでに成されているものはなるだけ考慮される。こうした制限つきではあるが、可能なかぎり世界の諸宗教のすべてに対して、過去のもの、現存のものを問わず（書物の宗教だけでなく、文書に書き留められるに至っていないものも）、きわめて重要な資料をグループ別に整理してドイツ語で出版することに重点が置かれる。必要な場合には原典が、主企画とは別に不定期のシリーズで、宗教史資料用のテキストとしてテクスト・クリティーク版で添えられる。

しかし唯一確実な基盤を提供しうる厳密に文献学的、歴史学的、文学史的研究は、ここではそれ自体が目的なのではなく、むしろ宗教学 Religionswissenschaft に役立ち宗教学に仕えることを目指している。護教的、党派的、哲学的、審美的、主観的なテーマと基準は、宗教史文書の説明にはしばしば妨げになるので徹底して排除したい。

「宗教史資料集」は、以下のグループにわけて出版される。

一、ヨーロッパにおけるインド・ゲルマン言語圏の宗教。　二、エジプトと古代セム族の宗教。　三、ユダヤ教。　四、イスラーム。　五、ウラル・アルタイ族と北極民族の宗教。　六、イラン、アルメニア、小アジア、コーカサスの宗教。　七、仏教以外のインド諸宗教。　八、仏教。　九、東アジアの宗教。　一〇、アフリカの宗教。　一一、アメリカの宗教。　一二、南アジアとオセアニアの未開宗教。

以上簡単に述べた企画は、純粋に学術的な目的を定めたものであり、それゆえその遂行には厳密に学問的な視点のみが重要になる。にもかかわらず、しかしそれは理論的研究だけに役立つのではなく、実務的な職業にも結果的には有益であろう。というのは、ヨーロッパ外の国々に出かけてゆく外交官や役人も、いな医者、エンジニア、商人、海外農園主さえも、かれらは皆適切な資料を手に自分が仕事をしようとしているところの民族の宗教観に通じている必要があるからである。法律とも密接な関係のある宗教観についての知識がなければ、ある民族の精神的特性に食い込むことは不可能である。このことはいずれも、とりわけ宣教師に当てはまる。宣教師にとってその職業上もっとも大切な準備は、自分の担当地域に関する宗教史資料の研究である。

この企画は、興味深いことに、その理念はもとより具体的な内容にいたるまで、後の資料館のそれときわめて類似した構成をもっている（Vgl.（A-2）: Otto, Prospekt（1926）;（A-4）: Otto u. Thiel, Prospekt（1928））。一方は文献資料の出版、一方は祭具のような具象的な「対象《もの》」Gegenstand の収集とその形態は異なっているが、可能なかぎり多くの諸宗教をというその対象も、提示されたそれらの分類方式も類似している。そしてそれらは護教的、哲学的、審美的なモティーフを避け、宗教の客観的な事実の提供を目指すが、しかしそれを可能にする文献学的な手法はそれ自体が目的ではなく、あくまでも「宗教学」に仕えることをねらっている。すなわち、この企画は何よりも宗教学的アプローチという共通の理念によって規定されている。さらには、それは宗教の理論的研究に役立つだけではなく、異文化世界に出てゆく実務家たちの異教理解という実践的な課題に応えることも念頭においている。したがって、この出版企画から、いまだ告げられていない資料館構想の概要を先読みすることも可能である。

これら二つの構想に因んで、これらの計画に賭けたオットー自身の情熱から少し距離をおき、ここで、これらの構想の背後にあると思われる、オットーをとりまく歴史的境位の一端にも触れておきたい。

ドイツ人の歴史意識の重要な基盤として、古くから各都市や郡部《クライス》にあった「歴史協会」Geschichtsverein なるものの存在が指摘されている。そしてたとえば古文書集 Urkundenbuch の編纂といった史料刊行とともに、絵画、諸民具等の記念碑的諸対象を博物館に遺すこともこの歴史協会の重要な事業であって、市民の歴史意識はこうした歴史協会

の活動によって醸成されてきた、と指摘されている。(3)

ところで、オットーがこの旅のなかで構想した二つの計画、すなわち宗教史資料の刊行（宗教史資料集）と、宗教的諸対象の収集（宗教学資料館）とは、まさしくこの歴史協会の事業と符合する。そしてまた今日、ドイツ各地に公文書館 Archiv や博物館 Museum を訪ね、そこで営まれている資料編纂や記念碑的諸対象の収集・保存活動を目の当たりにして、私たちはしばしばそれらを支えている熱い歴史意識に驚かされるが、オットーが追求している二つの計画を尋ねていると、歴史協会によって培われたこの歴史意識の存在に改めて気づかされる想いがする。かくしてまた、旅のなかで諸宗教との生きた出会いをとおしてここに芽生えている二つの構想が、たんなる一神学者の私的情熱やゲッティンゲン宗教史学派のごとき特定学派の産物ではなく、オットーの精神の基層にあるドイツ人の歴史意識といったより普遍的な存在と深く関わっているのではないかとの想いにも駆られる。しかしその確認作業は、いまの課題ではない。

さてこれら二つの計画に加えて、さらに第三として、諸宗教の提携という考えが生まれたのも、この旅行中であるように思われる（Vgl. Schinzer, S. 19, Almond, p. 19）。そしてこの構想を、オットーは帰国後まもなく参加したパリの国際会議「自由キリスト教と宗教進歩のための世界会議」“Weltkongreß für freies Christentum und religiösen Fortschritt” で実際に展開している。

この会議の講演（一九一三年七月一八日）(4)で、かれは不信仰と迷信に対抗するために諸宗教が共同して戦うことの必要性を論じている。ちなみに実践的要請から出発したこのいわば諸宗教の共同戦線の提唱は、のちには「宗教人類同盟」Religiöser Menschheitsbund として具体的に追求されることになる。しかしいずれにしても、先の二つの計画が、宗教の現実的な理解を目指す基本的に学術的な試みであるのに対して、宗教のあるべき姿を追求しようとするこの

「ひとつの普遍宗教の可能性」を探る試みは、宗教活動への現実的参画という実践的な志向に彩られている。ちなみにオットーは、帰国直後の一九一三年から終戦で解散する一九一八年まで、民主党員としてプロイセン領邦議会に出ているが、ここから見て取れる政治的関心は、宗教運動への実践的参画とともに、この期のオットーの志向の一面を窺わせるものとして興味深い。

いずれにしても、アジアへの旅から帰ったオットーの胸裡には、資料館計画を中心に幾つかの構想[5]が去来していたのであるが、それらはいずれも、宗教研究の机上の資料的要請からではなく、旅先での現実の諸宗教との生きた出会いの衝撃と感動のなかで決定的なものになっていった。かくして、資料館の礎石を求めて、その前史に遡り、その創設に託されたオットーの宗教研究の理念の裸像を尋ねようとするとき、「旅するオットー」の存在は、そしてこのアジア旅行は格別の意味を帯びてくる。

七―三　オットーの変容

資料館構想は、旅のなかで芽生えた。しかしここには、宗教研究の姿勢、方法をめぐって、その理念にいかなる変化が生じていたのであろうか。

クラーツ氏は、この理念の変容の輪郭をつぎのように想い描いている。

旅によって、オットーは、キリスト教以外の諸宗教の文化生活、日常生活を知るようになり、諸宗教の古典的、権威的テキストのもっぱら文献学的な研究では不十分だと思うようになった。かれは、テキスト研究を補うものとして、その時代状況の研究と、諸宗教の非言語的表現手段、芸術作品の研究、儀礼と習俗の対象《もの》Gegenstandの研究をおこなった。（Kraatz,（C-5）. S. 3.）

組織神学教授オットーは、みずからの幾度かの旅で、見ること、触れること、嗅ぐこと、聞くことが、知的思考を補い知性とまったく同じ価値をもった認識手段であることを経験してからは、諸宗教をたんにテキストによって知るだけでなく、宗教の感性的な表現形態をも知ることができるようにすることが不可欠だと感じていた。研究者が己の感覚でもって把握するものは、しばしば宗教意識の直接的な表現でさえあり、いずれにしろ屈折されていない表現である。一方多くの宗教研究者が贔屓《ひいき》にしている記述された言葉は、たかだか思考によって隔てられた産物にすぎない。（C-9.）

神学者オットーは、幾たびもの旅をとおしてこのような想いを懐くにいたったのである。そしてこの想いの意義に注意を促すかのように、クラーツ氏は言い添えている。「オットーの時代には、こうした認識は決して自明なものではなかった」と。

問われている宗教研究の理念の変容の核心が、ここでは感性（知覚）的認識への傾斜に求められている。この指摘は貴重である。オットーの旅の記録を読み進めるなかで繰りかえし痛感せしめられるのは、まさにこの点である。現実の諸宗教との旅先の出会いにおいてオットーを捉えているのは、信仰理念の深みや宗教の理論構成の重みではなく、この感性的な表現形態であり、それがもたらす知覚の覚醒である。そしてこの感性的な存在が観察対象としてあらたに主題化されるとき、それにアプローチするにふさわしいものとして、その方法の変容も求められる。つまり、見る、触れる、嗅ぐ、聞くといった知覚的把握が求められる。かくしてここに要請されているのは、宗教の感性的な表出の知覚的感得の途である。そしてこうした宗教研究の理念の変容をもたらしたものは、まさに旅という異界に身を置くことによって生み出された知覚の覚醒である。かくしてオットーの旅の記録が綴っているのは、この知覚の覚醒を軸としたかれの実存変容の物語でもある。旅路で芽生え培われていったオットーのこうした認識は、当時の書斎派宗教研究者、ましてや神学部の組織神学者にとっては決して自明なものではなかっただけに、重ねて注目しておきたい。

ともあれ、ここから窺えるオットーの相貌は、もはや神学の砦から非キリスト教的諸宗教、異教を裁断する伝統的な「組織神学者」のそれでないことは勿論であるが、しかしまた、宗教の理念的な本質をもっぱら宗教文献や哲学文献から理論的に詮索する「宗教哲学者」のそれでもなく、むしろ、諸宗教との具体的な出会いをとおして「宗教並行論」を実感する「比較宗教史家」のそれに近く、現実の諸宗教との生きた出会いによって、宗教の感性的表出のなかにそれが放射する聖なる力を感得し、その宗教感情の方法論に想いを馳せる「宗教現象学者」のそれでもある。してみれば、「かれは生涯にわたって生きた宗教との出会いをもとめた教師であった」(C-4) とのクラーツ氏の発言は、資料館の創設を構想するこの期のオットーの心意の解読にも符合する。

帰国後のオットーは、ゲッティンゲンでの最後の二年間も、その後のブレスラウ時代にも、あたかも伝統的な神学世界からの自覚的な飛翔を告げるかのように、その関心はたとえばサンスクリット研究とヒンドゥー文献の翻訳に向けられていて、旅行以前の、あの宗教哲学や神学の理論的研究はもはや中心課題ではなくなっている観がある。

七―四　マールブルクのオットー

一九一七年、『聖なるもの』が世に出たその年、オットーはマールブルクに移り、ヘルマン Wilhelm Herrmann の後任として組織神学講座を担当することになる。そしてこのマールブルクにおいて、ゲッティンゲン（1899-1914）でもブレスラウ（1914-1917）でも日の目を見ることのなかった、かの資料館の構想がついに現実のものとなる。ただしそのためにはなお一〇年をこえる時を要した。この停滞の主たる要因が「戦争と戦後の困窮」にあったことは容易に推察しうる（Vgl. Frick, Heft（1931）. S. 4）。しかしこの困難な状況のもとでも試みられたであろう計画の実現に向けての諸々の営みの仔細は定かでない。この間の不鮮明な事情に探りを入れるひとつの試みとして、この新任教授を待ち受けていたマールブルクの当時の神学状況に注目しておきたい。

このマールブルクで、オットーの完全な活動がはじめて本格的に展開されることになる。かれの名は、ヘルマンの後継者となったその年、前任地ブレスラウで出版された『聖なるもの』によって一躍世界中に知れわたり、ジーベル通り（マールブルク）のかれの家には、その国際的な広範な交誼によって、世界各地からの非常に興味深い数多くの訪問客が見られた(6)（Vgl. Schinzer, S. 20）。そして「学生たちは、雪崩をうってかれの講義に押しかけた」（Boeke, S. 133）とも伝えられている。ちなみにマールブルク大学回顧録の多くは、公的なもの私的なものを含めて一様に、『聖なるもの』の名声につつまれたこの神学教授を、マールブルクを代表する教授のひとりとして顕彰している(7)。

しかしこの「聖オットー(8)」のマールブルクにおける位置は、必ずしも安定したポジティブなものであり続けたのではなかった。とりわけ神学部におけるかれの位置は、着任後程なくして微妙なものになっていった。

「たしかにマールブルクの組織神学教授に就いた最初の数年は、オットーは同僚からも学生たちからも高く評価されていた。しかし弁証法神学が流行した一九二一年以降、神学部内に亀裂が生じた。学生たちは、ブルトマンを、したがってまたハイデガーを聞きに群がり、どんどんオットーを見捨てていった」（Almond, pp. 5-6）。

弁証法神学の影響は、ここに指摘されたとおり、この歴史神学の牙城に集う神学生たちにおいても絶大であった。しかし神学部内に亀裂を惹き起こしたものが弁証法神学と深い関係があるとしても、その張本人は『ロマ書』（1919）のバルトではない。一九二一年冬学期、ブルトマンがマールブルクに移ってきた。それはまたかれの『共観福音伝承史』が世に出た年でもある。さらに一九二三年あらたにフライブルクからやって来たハイデガーによってもたらされた衝撃は、哲学のみならず神学部においても強烈であった。たとえば弁証法神学に傾斜していたブルトマンが実存論的神学（解釈学）を練り上げてゆくことになったのは、ハイデガーとのふだんの共同研究をとおしてである。(9)

このブルトマンとオットーとは、かつてブレスラウで同僚であり友人であった。しかしブルトマンは、そのブレスラウ時代に、長文の書簡（HS 797/757：Brief an R. Otto vom 6. 4. 1918）で、『聖なるもの』における心理主義的な宗教解釈に対する批判を展開している。そして興味深いことには、この書簡を公表したシュッテも触れている（Schütte,（G-6）. S. 118f.）ように、オットーはこの書簡に答えようとはしていない。いずれにしても神学部におけるオットーの位置が微妙なものになっていった一因は、このブルトマンとの確執にあるように思われる。

当時学生としてこの思想圏にいた哲学徒ガダマーも、神学生たちがオットーから離反してゆく様子を、「たしかに学生たちは、朝まずオットーの講義に出かけたが、つぎの時間には、ブルトマンが教える鋭く包括的な聖書解釈学に出て、さきほど聞いたばかりの堅固な教義学に対抗する武器を手にいれたのだ(10)」と伝えている。またベンツは、オットーの講義内容が、ブルトマン神学と実存哲学の洗礼を受けた神学生たちの嘲笑の的にもなり、後の宗教学資料館も、

「偶像の神殿《ゲッツェン・テンペル》」と揶揄して呼ばれていた、と報告している(Benz, (G-7). S. 32f., cf. Almond, p. 5)。

これらのエピソードからも窺えるように、かの精神の困窮せる「不安の時代」にあって、神学のなかにもっぱら自己の信仰の主体的な根拠を求めていた、時の神学生たちにとっては、オットーの神学は、自由主義神学や歴史神学の徹底した自己批判を踏まえて信仰への決断をせまる言葉の解釈学を展開するブルトマン神学の前では、もはや色褪せた存在に映ったであろう。かくしてオットーの学問がより多くアピールしえたのは、組織神学教授オットーが念頭においていたはずの当の神学生の主体的な信仰の解答を求める性急な心に対してではなく、諸宗教を比較考察し広く宗教一般の普遍像を尋ねようとする宗教学(宗教史)の学生の方であった。

いずれにしても、神学部におけるオットーの姿は、『聖なるもの』の名声とは裏腹にまことに孤独な影を宿している。それはしかし、多くの回想が伝えているように、[11]「近づき難い冷やかなその威厳にみちた英国風の容姿」[12]や、その厳粛すぎる性格の故などではなく、見てきたように、時のマールブルクにおけるブルトマンに代表される新たな神学潮流との確執に、したがってそれと亀裂の生じたかれの神学そのものに根ざしている。

そしてこの神学は、すでに特異な展開を遂げげつつあった。

オットーがこの時期、組織神学教授として講じたその講義題目は、かりに着任後の数年間(1918-1922)を見ると、ごく稀な東西宗教の比較研究を除けば、ほぼ組織神学、宗教哲学あるいは神学的倫理学に集中している。[13]しかしこのいわば講座主任としての講義責務(「宗教学」関係の講義は、一九二〇年以降は、新設された比較宗教史・宗教哲学講座のハイラーが担当した点も考慮する必要があろう)とは別に、かれがみずからの問題として関心を寄せていたのは、少なくともこの期(1917-1925)の、たとえばサンスクリット語のヒンドゥー文献研究や東西神秘主義の比較研究といったその著述から見るかぎり、組織神学よりはむしろ宗教学的ないしは宗教史的問題領域である。そして非キリスト教的諸宗教や宗教一般の研究に携わるこの「宗教現象学者」オットーの姿勢は、神学部内の亀裂に見られたように、一見すると、このプロテスタント神学の牙城の異端的逸脱であるかに見える。しかしまた別の面では、それが「いまやマールブルク神学のトレードマークになっていた[14]」のも事実である。

ここで私たちは、『聖なるもの』の著者に注がれた神学圏外の現象学者たちの視線にも注目しておきたい。

一九二〇年、マックス・シェラーがカトリックの学生団体に招かれてマールブルクに来講している。そしてかれが、マールブルクの思想状況を嗅ぎ取ろうとして、かれを迎えに出た二十歳の哲学徒ガダマーに最初に聞いたのは、ガダマーが予想していたマールブルク新カント学派や、それからの離脱を試みていたハルトマンの動向ではなく、この『聖なるもの』の著者の仕事振りであった。「かれは私に、ナトルプやニコライ・ハルトマンのことは訊ねなかった。最初に訊かれたのは、ルードルフ・オットー、いわゆる〈聖オットー〉のことだった。……かれは私にオットーのことを訊ね、オットーの方法は現象学的だと言った」。その前年にはじめて現象学なる言葉を耳にしたばかりのガダマーは、このまるで予期しなかった「シェラーの質問にはまったく驚いた」と告白している。ちなみにかれがオットーの講義に出たのは、その「神学的倫理学」（それは、一九二〇年夏学期の「倫理学」講義であろう）に、それもただの一度きりであった[15]。すなわち当時のマールブルクの哲学生ガダマーにとっては、オットーは、このすべてが崩れゆく不安の時代に、既存の学的枠組みの解体を迫る神学と哲学のラディカルな動き、弁証法神学と現象学や実存哲学とは無縁な、安穏な神学的倫理学を講じる伝統的な組織神学者にすぎなかったのである。それに対して、このオットーに対するシェラーの異様な関心は、すでにシェラーが、みずからガダマーに告げてもいるように、『聖なるもの』を誰よりも鋭く「現象学的」なものとして注目していたことを物語っている。

また、一見宗教解釈とは無縁に見える現象学者フッサールも、『聖なるもの』が世にでた翌一八年夏、ハイデガーとハインリヒ・オクスナーに指摘されてこの書物に注目し、その翌年にはオットーに書簡（HS 797/794）を送り、この書を「宗教的なるものの現象学の端緒」として高く評価し、その著者を自分と志を同じくする現象学者として歓迎している。しかし他方では、その現象学を不透明にしている「オットーのなかの形而上学者（神学者）なるものの存在」への批判的な指摘も怠ってはいない。

　神学部内の孤立したオットーは、ここでは、その孤立を招く一因でもあった宗教現象学的視角への傾斜ゆえに、逆に熱い注目を呼んでいる。

　しかし、オットーがマールブルクで心を傾けたものは、二人の現象学者が期待したその現象学的方法の理論的彫琢ではなかった。この期（1917-1925）かれが展開したのは、その学術的著述から窺うかぎり、すでに『聖なるもの』で提示したテーマの延長線上の作業であり、その補完であった。「とくに晩年の十年間にますます集中することになった倫理学でさえ、『聖なるもの』では、宗教の倫理化への問いとして終始考慮されている。それゆえオットーは、すでに出来上がった者としてマールブルクにやって来たと読みとれよう。かれに残されていたのは、確証し、拡張し、収穫することであった」（Schinzer, S. 20）。ただし、『聖なるもの』でもってかれの神学の発展過程は完了した、とのシンツァーの発言には同意しがたいが、その検証はいまの課題ではない。

　資料館へとつながる痕跡を求めて、オットーのこの期の関心の所在を尋ねようと試みてきた。そして組織神学の展開や宗教現象学の理論構築とは別な方向にむかうオットーに出会い、神学部内におけるその微妙な位置を確かめた。しかし私たちが追跡してきたのは、いずれにしてもかれの学問的な作業であった。ところがこの期オットーがあらたに携わることになったテーマは、実はこうした研究者としてのアカデミックな作業枠を超えた実践的な命題でもある。[16]かれの情熱の矛先は、神学圏はもとより宗教研究一般の理論的な世界をも超えて、あらたに実践的な宗教活動に向かっている。すなわちオットーはこの時期、「宗教人類同盟」“Religiöser Menschheitsbund”（RMB）の組織づくりに情熱を傾けている。(17)

諸宗教の同盟なる構想は、かつてアジアへの旅において芽生え、その理論の輪郭はパリ国際会議（一九一三年）の講演でも触れられていた。しかし一九二〇年二月までは、その設立を目指す活動を展開しておらず、オットーがこの計画の実現を目指し、実際にRMBの組織づくりに専念したのは一九二〇年から二四年にかけてである。一九二〇年にはじめてその設立を提唱（ChrW. Jg. 34. Nr. 9. 1920）し、翌年にはそのプログラムを提起（*Deutsche Politik*. Jg. 6. 1921）してまず各地方組織をつくり、一九二二年八月にはオットーはその第一回大会をウイルヘルムスハーゲン（ベルリン）で開催している。この成功を可能にしたのは、『聖なるもの』の名声とともに、先の旅行中に培われたオットーの国際的な広範な交誼である。その大会の報告集も編まれたが、しかし計画されたその規則的な出版はすでにその翌年（1923）にはインフレで果たせなくなっている。また当初四七〇名を数えたメンバーも一九二四年以降は下降線をたどり、一九三三年にはその活動を閉じている。根本的には時代が災いして、結果的にはこの運動は大きな成果をもたらしはしなかった（Vgl. Boozer, S. 371, Schinzer, S. 21ff., Almond, pp. 19-21）。なお一九五六年には、この組織の再建がハイラーとキィスナーK. Küssnerによって呼びかけられた。(18)

しかしいずれにしろ、ここから私たちは、宗教のたんなるアカデミズムの研究者とは別の、宗教運動への現実的参画というオットーの実践的志向を窺うことができる。そしてこの宗教的実践活動が、プロイセン領邦議会解散によってかれの政治的実践が閉ざされた一九一八年以降の実践活動の空白期に位置している点を考慮すれば、ここから窺えるオットーの実践的志向は、研究生活からの逸脱や余技ではなく、宗教研究者オットーの本質的な一面であるとも見なしえよう。

資料館計画停滞の不鮮明な事情を尋ねて、マールブルクの当時の神学状況を窺い、そこでのオットーの微妙な位置を確かめ、かつかれの情熱の矛先を探ってみた。見てきたように、その仔細はいまだ確認しえていない。しかし同時に、以上の追跡作業をとおして、いまだ推測の域を出てはいないが、私たちはある種の確信を手にしてもいる。すなわち、かの資料館計画の一時的な停滞は、多くの努力を要したこの実践活動への傾注と無関係ではないように思われる。旅で培われた宗教の生ける現実への関心は、この時期、宗教のあるべき姿を求めた実践活動に向けられ、その故に資料館計画はかれの活動の中心的な位置から後退、ないしは周縁化せざるをえなかったのではないだろうか。そしてまた、宗教のあるべき姿を求めて試みた諸宗教の同盟の活動の挫折が、その直後、宗教の直接的な実践活動から距離をおいた、諸宗教の事実の現実的な理解を図る資料館創設運動へと、オットーを駆り立てることになったのではないだろうか。

いずれにしろ、この同盟の組織づくりでも発揮され、かつ拡大強化された世界の宗教者たちとの交誼は、資料館の創設にも、その後の資料館収蔵品の充実にも役立つことになり、そしてこの活動の理念は資料館の創設理念にも投影されることになる。

第八章　宗教学資料館の設立

八—一　宗教学資料館の設立運動

マールブルク大学創立四百周年を翌年に控えた一九二六年から、長きにわたる停滞を振り払い、資料館はその実現に向けて急速に動き始める。

長年の構想の実現を企図して、オットーは、四月二九日、プロイセン学芸・教育長官に書簡を送り、資料館の開設をはじめて具体的に申請する。「宗教史と信条学の教育資料館の件」"Betr. Lehrsammlung für Religionsgeschichte und Konfessionskunde" と題したこの申請書（Antrag. 1926）において、「宗教史と信条学の講義用の教育資料館」の開設をもとめてオットーが具体的に要請しているのは、三千マルクの開設資金とマールブルク城の建物の一部（礼拝堂と聖堂内の小部屋）の獲得である。ここから、オットーはすでに当初から、資料館にふさわしい場所として、この地の宗教の歴史と深い縁《ゆかり》をもつマールブルク方伯城を意図していたことが窺える。かれはまた、最初ひとたび邦《くに》の援助で発足しさえすれば、その後は個人の寄贈などによって資料館の急速な充実が期待できると確信していたのである（Vgl. Losemann, S. 355）。そしてこの申請書を見るかぎり、資料館は、すぐ後に見られるように、その対象を広く関心ある一般の人びとにまで広げるよりも、むしろ当初はもっぱら大学の教育目的を念頭においている。ただしその所属は、特定の専門領域に限定しない学際性を考慮して、神学部の枠を外し神学部と哲学部とに共属するものとしている。

いずれにしても、この最初の申請書からすでに、その後の資料館の基調を読みとることができる。すなわち文献資料ではなく、「宗教の祭式や儀礼の表現手段の収集」、マールブルク城を使用する、宗教史と信条学の教育資料館として使用する、収集には篤志家の協力を求める、学際性を考慮しそのポジションは神学部の枠を超えたものにする、などである。

ところで、この期の資料館創設運動にとって見逃せないのは、当時大学創立四百年祭に因んでその設立が企画されていた「マールブルク学術協会」Marburger Gesellschaft der Wissenschaft の存在である。それは自然科学と精神科学の二部門から構成されている。両部門の代表者は、ティール Alfred Thiel 教授（物理化学）と、オットーである。そして資料館は、オットーみずからがその長を務める精神科学部門の、第一の、そして多分に中心的な研究機関として位置づけられており、その創設は、当時それ自身まだ準備段階にあったこのマールブルク学術協会に全面的に依拠する方針をとっている。

このマールブルク学術協会と準備委員会（代表者、オットー）名で、一九二六年秋、はじめて公式に「マールブルク資料館」と名づけた資料館計画の物心両面にわたる支援をよびかける趣意書（Otto, Prospekt（1926））が公表された。これには協会の二人の代表者ティールとオットー、大学督学官ヒルゼン Geheimrat Ernst von Hülsen、ならびに資料館の予定各部門の専門代表者たち（ハイラー、ヘルメリンクなど）一七名、計二〇名の署名が添えられている。

この資料館の代表者リストには、七名の神学者以外に、考古学、文献学、地理学といった神学外の専門家たちも見うけられる。そしてこの学際性は、主として大学内を念頭においていた春の申請書よりもさらに拡大され、大学という枠をこえて「研究者と学習者一般の普遍的関心に寄与」すべき施設とすることが予定されている。ここでは、他大学の研究者をたんに共同研究者として受け入れるだけでなく、各部門代表者の地位をマールブルク以外の専門家たちにも開放することが望まれていたのである。ちなみに代表者リストには二名の外国人も見うけられる。いずれにしろ、「このプロジェクトには、一地域にかぎられない研究所の輪郭がすでに見られた」(Losemann, S. 356) のである。

この宣伝パンフが告げている資料館の輪郭の基本的な特徴は、以下のごとくである。

すなわち、「宗教の原初形態と、文化的諸民族と諸グループの宗教的文化とからはじまって、西洋と東洋の文化諸宗教にいたるまで、それらが建築か、絵画か、さもなくば直観的に把握できるような表現手段によって提示される範囲で、儀礼と祭式の、宗教習俗の対象（具象物）Gegenstand が、実物で、あるいは実物が入手できない場合には良質の複製で収集されるべきである」と。そしてこの「プロイセン教育省管轄の宗教学資料館」は、「民族学博物館」といったものに限るべきでなく、ましてや「記念品」や「骨董品」に集中すべきでもなく、もっぱら使われている実物教育の教材を採り入れることを主眼とする旨が告げられている (Losemann, S. 356)。ちなみにこのパンフが告げる資料館の内容は、その後種々の機会にほぼ類似した文章で繰りかえされることになる (Vgl. Otto u. Thiel, Prospekt (1928); Otto, (B-7); Otto u. Frick, Chronik. Jg. 36. 1930)。

八―二　宗教学資料館の設立

資料館の実現に向けひき続き努力が重ねられるが、翌一九二七年の二月二八日には、学芸・教育長官がこの計画に根本的に同意 (Erlaß d. Minister f. Wissenschaft, Kunst u. Volksbildung an Kurator v. 28. 2. 1927) し、さらにマールブルク学術協会の代表者名義の財務長官あて申請書（Otto u. Thiel, Antrag（1927））の発案に基づいて、ついに六月一〇日には、「異文化資料」の購入資金四万金マルク（三月の申請書で要請したのは六万金マルク）が長官によって承認された（Erlaß d. Minister. f. W. K. u. Vb. an Kurator v. 10. 6. 1927）。これでもって、アジアの旅のなかで芽生えたオットーの長年の夢はいまや現実のものとなり、「マールブルク宗教学資料館」"Die Marburger Religionskundliche Sammlung" はついに設立される運びとなった。

ここでいささか寄り道をして、資料館設立要因として無視できない世事にも触れておく必要がある。資料館の設立は、実はたんに特定の学問領域の改善策が長年の要請で功を奏した、あるいは具体的には、宗教の研究施設がその直接の関係者たちの努力によって実現した、ということに尽きるものではない。

この年、マールブルク大学は創立四百周年を迎えていたが、資料館の創設は、実はこの大学創立四百年記念祭の贈りものでもあった。その意味ではむしろ、必ずしも直接宗教研究とは結びつかない大学の創立記念祭に幸運にも際会し、この歴史的な節目にあたって求められていた大学組織の新たな発展の機運に乗じ、具体的には、研究組織の進展を企図して求められていた「マールブルク学術協会」なる機構に全面的に依拠し、その創設を大学全体の発展の指南役として位置づけることに成功した結果でもあったのである。この点では、「マールブルク学術協会」精神科学部門の代表者という、マールブルク大学における当時のオットーの地位はきわめて有効に機能している。あるいはむしろ、オットーがその地位を有効に利用している。

ちなみに当時神学部部長であったオットーは、資料館の創設が確認された直後の大学創立記念祭（七月二九―三一日）で記念講演（Otto, B-1）をおこなっているが、それは出席者たちの多くに感銘すべきものとして記憶されている。(19)なおこの期のマールブルク大学の研究プロジェクトについてのローゼマンの詳細な報告によると、この記念祭の贈りものとして、「記念館」（後の Ernst-von-Hülsen-Haus）、耳鼻咽喉病院、および小児病院が大学に譲渡されている（Lose-mann, S. 353）が、この記念館の大学への譲渡は、資料館の設立を可能にする物的条件の獲得を意味することになる。

学の体系とは一見無縁なこうした世事の要因にあえてこだわるのは、個別事象の無意味な詮索に現《うつつ》を抜かすためではない。そうではなく、それらが予想以上に重要な意味をもっていることに注目しておく必要があるからである。たとえば大学の記念祭なるものをみても、ドイツの伝統的な大学都市では、それは私たちの想像をこえた特異な重みを帯びて受けとめられており、さらには一般に歴史意識なるものへのこだわりが、人間的営為の抜き差しならぬ基軸として看過しがたい重みを帯びているからである。この彼我の歴史意識の測りがたい隔たりを捨象するとき、そこではたしかに理論の普遍性の獲得は容易になるとしても、宗教研究の有り様をその基層において規制する歴史的境位の重みを素通りすることになり、それゆえ特定の歴史的境位と深く結びついた宗教学の生成場面を彩る理念の裸像も素通りすることになりかねない。このことを重ねて心に留めておきたい。

もっともこうした幸運な、というよりもむしろ意図的な祝祭的タイミング以外にも、当時のマールブルクには資料館の創設に好都合な要件が幾つか備わってはいた。たとえば研究体制を見ても、資料館の理念と深いかかわりをもつ講座がすでに開設されていた。すなわち、すでに一九二〇年に、「比較宗教史・宗教哲学講座」が神学部に開設され、そこにはハイラーが当初からいた。これはオットー自身の配慮によって、それも、もっぱら弱冠二八歳のハイラーをカトリックの地ミュンヘンから呼び寄せるためにつくられたものでもあったが、同時にそれは、「宗教学」なるものが、マールブルクで大学の機構として市民権を獲得した第一歩でもあった。このハイラーに、オットー、それにハウアー[20]（インド学）を加えると、当時のマールブルクにはすでに三人の「宗教史家」がいたことになる。これにさらに信条学のヘルメリンクの存在をも考慮すると、スタッフ面でも資料館の開設に必要な条件は備わっていたといえよう。

記念祭明けの一九二七年一〇月一八日から翌二八年五月一四日にかけて、オットーはアジア再訪の旅に出かけている。かれにとってこの〈三度目の大旅行〉は、資料館の基礎資料となるべきものの本格的な収集の旅でもあった（六章参照）。たとえば、インドでフォーレルと別れた後、オットーはエジプトに向かっているが、それは計画どおり「マールブルク資料館の費用で買い付けをするためにすでにエジプトにしばらく滞在していたハウアー教授と、ポートサイドで合流するため」（HS 797/705. S. 4）であった（Vgl. Schinzer, S. 26）。いずれにしても、この旅で、オットーは先に承認された「供与金の一部で、エジプトの、仏教の、とりわけヒンドゥー教の文化・芸術品を入手した」（Kraatz, (C-4). S. 384）のである。そしてまた、これに先立つ「東洋への最初の旅行から帰ってのち、われわれが宗教学資料館の最初の祭具をインドとペルシアから持ち帰った時にはすでに、かれはいつかこの資料館にふさわしい定住の地を見つけたいと夢見ていた。かれが夢見ていたのは、すでに当時からマールブルク城であった[21]」。

オットーが早くから夢見ていたこのマールブルク城に入ることは叶わなかったものの、しかしアジア再訪の旅から帰国の翌年（一九二九年）には、かの記念館の改造されたばかりの三階二部屋が、これら収集品の保存、展示室として大学から提供され、資料館はここに最初の住み処を見出すことができた。かくして一九二七年にその設立がいわば理念的に承認されていた資料館は、ここに現実的に開設されることになった。

もっとも資料館の目標を実現するには、この仮住まいが不十分なものであり、最終的にはより大きなものに拡充しなければならないことが明白であった。かくしてこの目標を目指して、ふたたび「マールブルク学術協会」に支援されたさらなる宣伝活動が展開される。

八―三　宗教学資料館の理念と構成――R. Otto : “Die Marburger Religionskundliche Sammlung”

ここで、そうした宣伝活動を伝える一枚の宣伝パンフに注目したい。オットーが記したこの「趣意書」（Otto u. Thiel, Prospekt（1928））には、資料館の目的、構成などが詳しく記されており、ここから私たちは、創設時の資料館の具体的な姿を再現し、すでに見てきた資料館創設に託されたオットーの宗教学的理念を改めて集約的に再確認することができよう。なおこの数年後（一九三三年）に、オットーはこれとほぼ同じ内容の資料館紹介文を大学紹介冊子に載せている。この「紹介文」“Die Marburger Religionskundliche Sammlung”（B-7）は、基本的には先の趣意書を踏まえており、書面もその大部分は重複しているが、その後の事情を加味して少し手直しが加えられてもいる。創設時の資料館の姿を鮮明に読み解くことができるよう、「趣意書」（1928）のほぼ全容を確認し、かつ開設直後の微妙な動きをも捉えるために、「紹介文」（1933）の重要部分も対照しておく。

“Die Marburger Religionskundliche Sammlung”〈〈カッコ〉内は「紹介文」の記載〉

「マールブルク宗教学資料館」は、一九二七年、マールブルク大学創立四百年記念祭に創設された。この資料館は、宗教の多様な歴史的諸現象の研究に役立つことを目指している。

こうした目的のために以下のものが収められる。

一、キリスト教諸宗派をふくむ「信条学部門」。　二、ユダヤ教部門。　三、イスラーム部門。

こうした西洋の諸宗教のほかに、東洋の諸大宗教を描写したい。つまり、

四、パールスィーの宗教。　五、インドの諸宗教。　六、インドに由来する多様な仏教諸形態。

七、支那の道教。　八、日本の神道と、支那と日本の諸宗派。

これら今日生き続けている諸宗教のほかに、さらに、

九、古代諸宗教の遺産。

文化宗教のほかに、

一〇、「未開文化」の遺産を収集する。

祭式と儀礼、宗教習俗の諸品。神殿、教会、ユダヤ教会堂、モスクのモデル。儀式と祭礼の図版。祭祀文献。宗教者の典型的な影像《ビルダー》。祭儀歌曲のレコード。図表と統計表。そのほか宗教生活にかんする視覚的描写と聴覚的描写が資料館の内容である。

地域や民族に縛られていない諸宗教のもっとも重要な現象のひとつは、「伝道」というかたちの宗教の伝播である。伝道の面から見て今日もっとも活発な宗教はキリスト教とイスラームである。イスラームの伝道団からの具体的な対象のお蔭をもわが資料館は蒙っている。しかしキリスト教宣教についての対象領野は多くかつ重要であるので、固有の一部門を設ける。

一一、キリスト教宣教学、これには専任の主事をおく。

わが資料館の目的は「民族学博物館」の類いのものをつくることではない。むしろ宗教学 Religionskunde に属し、宗教学固有の視点と問題をもった宗教学固有の領域、関連領域をはっきり分かるようにすることが問題なのである。ましてやそれは、「芸術品のコレクション」や、歴史的貴重品の収集館ではなく、「審美的」ないしは「歴史的」記念品を収集するのではないのであって、そのものの「貴重さ《コストバール》」に主たる関心をもっているのでは

更々ない。資料館は宗教の視覚教育用の本物の教材や良い教材を収集しようとするのであるが、研究と教育の場でおよそ教育目的、研究目的を果たすに足るものであるならそれで十分である。それゆえオリジナルが入手できないか値が張る場合には、たいていは良質の複製に甘んじることになろう。

同じ類いの資料館は、すでにフランスがパリのギメ博物館を、またイタリアは最近ローマのラテラノ宮殿に大きな資料館をもっている。宗教学の領域で研究者が多くのことをなしてきたドイツは、宗教学的な視点に基づいて創られた資料館をまだもっていない。それは、宗教学が神学ならびに一般的な文化・精神科学に対してますます重要性を帯びてきていることからして、異文化世界に出てゆく外交官、商人、宣教師ないし研究者にとって不可欠である。それはマールブルクの価値を高めるであろう。そしてマールブルクほどその設立にふさわしい処は他にありえないであろうし、その中心的位置ゆえに、マールブルクの学生と研究者だけにでなく広く関心ある研究者と学習者一般にも容易に役立てることができよう。

〈資料館から定期的に刊行される通信誌『宗教学冊子』"Religionskundliches Beiblatt"は、国内外のどんどん増えている大勢の資料館愛好者たちとの精神的交流に仕えるものである。〉

資料館は、プロイセン教育省の管轄に属し、「マールブルク学術協会」の庇護のもとにある。（中略）資料館発足のために大学管理局から新しい「記念館」三階の部屋が提供された。〈しかし今ではすでにこのスペースでは狭すぎるようになっている。近いうちに資料館のために新しいより広い処を見つけることを希望している。〉

有難いことに、プロイセン国家は資料館の最初の収集品の獲得と建物の最初の修理のために多額の資金を提供した。しかしその他の点では資料館は民間の資料館という形で運営される。われわれはわが国における宗教学の領域への関心が強くなり、われわれに必要な資金を調達してくれることを期待したい。（中略）

〈有難いことには、すでにこれまでに国内外の公的ならびに私的な収集品と収集家の方々からのご支援を、寄贈か寄託というかたちで頂いている。〉われわれはとくに宗教団体、宗派団体、教会組織に、その祭祀品と儀礼用具を寄付し支援下さるようお願いしたい。（中略）

現代の宗教的な世界列強の精神的連合の生き生きした足跡を全大陸に伝えることは、われわれがとりわけ関心をもつところである。この点でわれわれはより一層の充実を期待し、基礎的な多様な学問的資料という舞台においてこそ望ましい効果を発揮しうる、分散した資料の心ある譲渡をお願いしたい。（趣意書、以下略）

〈宗教学資料館が幸いにもつぎの二つの努力を相互に結びつけていることは、マールブルクの古い伝統にも、わが大学で培われた今日の精神にも沿うものである。一方ではマールブルクは習俗慣習と太古の宗教的な民族財の研究によって知られており、とりわけゲルマン精神とキリスト教とのまことに由緒ある宗教協議によっても、故郷のヘッセンの地に結びついており、それに負うている。他方では資料館は、あらゆる種類の宗教会議や宗教学 religionskundlich の研究チームや宗教学 religionswissenschaftlich 研究のための魅力的な拠点に発展することを望んでいる。

宗教学 Religionskunde に取り組む仕事か関係ある仕事をしている個人やグループが、ここで提供している実物教育用の教材を利用するためにマールブルクにやって来る機会を与えることをわれわれは望んでいる。その際われわれは種々の宗派と宗教、国々と諸大陸からの利用を見込んでいる。宗教学資料館は、外国からの共同研究者が研究に専念し、そしてまた長期間滞在できる場をつくることが大切だと考えている。資料館と連結した研究者施設は、生きた現在の諸問題との連関をたえず持ち続けることによって素晴らしい仕事をなしえよう。（紹介文、以下略）

ルードルフ・オットー〉

（以下に、ヒルゼン（マールブルク大学督学官）、ベッカー（ベルリン学芸・教育長官）をはじめとして、二二名の研究者名が連記されており、その所属は七大学、専門領域はカトリック・プロテスタント・ユダヤ教・大乗仏教・儒教・道教等の諸宗教、さらにエジプト・古代アメリカ・古代インド・ギリシア・ローマ・ゲルマン・古代北欧等の宗教、ならびに民俗学に及んでいる。）

資料館館長がイタリア、エジプト、コンスタンティノープルへの旅行で持ち帰ったものと、その後かれが入手したものが展示されている。（趣意書）

マールブルク　一九二八年十一月

マールブルク学術協会代表　R・オットー（資料館館長）、A・ティール

ここに告げられている創設時の資料館の理念の概要は、つぎのごとくである。

第一に、資料館は宗教の具体的な「多様な歴史的諸現象」を対象とする。そして、たしかにキリスト教には特別な位置を与えてもいるが、しかしキリスト教にも、また西洋の宗教にも限定せず、東洋の諸宗教も含まれている。そしてこうした今日の生ける既成宗教以外に、過去の宗教や、さらに「未開」宗教の遺産も収められる。

しかし資料館は、第二として、こうした時空の枠を取り払った多様なすべての宗教現象を対象とし、それも宗教の抽象的な理念像ではなく、宗教を具象的に説明するための具体的な「対象《もの》」の収集に努めるが、しかし収蔵品の量的多様さや、その「審美的」ないしは「歴史的」価値にはこだわらない。したがってそれらの価値を誇る「民族学博物館」の類いに仲間入りしようとするのではない。すなわち資料館は、あくまでも「宗教学」の立場に立ち、宗教学固有の視点から宗教の教育と研究に仕えようとする。

第三に、資料館が教育と研究の対象として念頭においているのは、学生と研究者にかぎられてはいない。異文化、異宗教の知識を必要とする外交官、商人、宣教師といった実務家たち、すなわち大学の枠をこえた広く関心ある研究者と学習者一般にも役立つことが考慮されている。

創設時にオットーが抱いていたこうした資料館の理念とともに、これらの記事は期せずして発足直後の資料館の実情をも告げている。すなわち、この二つの記事の対照によって、資料館はすでに発足直後から貧弱な施設や運営資金など幾つかの解決すべき問題に直面していること、しかし他面では、計画されていた機関誌の定期的な発行（一九二九年創刊）や、望まれていた寄贈もすでに実現しつつあること、さらにはまた、その理念をめぐっても、研究所的機能の強化やいわば研究センター化構想といった、幾つかの軌道修正や新たな計画の追加が図られていることなどが窺える。

一九二九年、資料館の設立が実現したその年に、オットーはマールブルク大学を退職し、資料館はフリックに委ねられる。そして、このオットーの退職は、かれの想いと活動に決定的に依拠していた資料館の、厳密な意味での創設段階の終了をも意味することになる。

第九章　宗教学資料館の展開

九―一　オットーからフリックへ

一九二九年、「マールブルク宗教学資料館」は新たな段階を迎えることになった。すなわち、すでに一九一二年にインド旅行中に構想され、一九二七年にはその設立が理念的に承認されていた資料館は、ようやくこの年最初の住み処を得て現実的に開設される運びとなった。そして同時に、あたかもこの長年の夢の成就を見届けるかのように、この年三月、創設者オットーはマールブルク大学を退職し、その講座と資料館の責任者の地位は後継者フリック Heinrich Frick に託されたのである。

まず「マールブルク・カタログ」から、創設者と後継者の、この期の教授活動を確認しておこう。

オットーは、「一九二五年夏学期、健康上の理由で休職（この間ラーデとヴィンシュが代講）。一九二七・二八年冬学期から二八年夏学期にかけ、インドへの研究旅行のため休職（この間ジークフリート、ヴィンシュ、およびギーセン大学のフリックが代講）。一九二九年三月末、定年退職《エメリティーレン》。当分の間宗教学資料館の管理を委嘱」されている。（S. 40.）

一方フリックは、「一九二四年一〇月一日、ギーセン大学員外教授に任命。一九二九年から、マールブルク大学組織神学、宗教学、宣教学担当教授。一九二七・二八年冬学期から、宗教学資料館館長。ルードルフ・オットーの後任として、マールブルク大学組織神学講座正教授に就任」している。（S. 18.）

ここからすると、健康上の理由から余儀なくされたオットーの早期退職によって、組織神学講座の責任者の地位は、一九二九年夏学期から全面的にフリックに委ねられることになったが、しかし開設したばかりの資料館に関しては、オットーは、今しばらくはフリックとともに共同館長 Mitdirektor として名を連ねており、退職後も、この後継者と共同して開設直後の資料館の運営に当たっていることが窺える。

一方フリックは、正確にはすでにオットー退職以前の一九二七・二八年冬学期から資料館館長に就いていることになるが、これは、オットーのインド旅行による休職時に不在の館長職を代行する必要があったからと推測される。いずれにしても、少なくとも名目上は、すでに一九二七・二八年冬学期からあらたにフリックが館長に名を連ねており、オットーが組織神学講座を退いた一九二九年の夏学期からは、資料館の責任者の地位は後継者フリックに託された。そして、フリックが一九三三年に館長職を単独で引き継ぐまでは、オットーもフリックとともにいぜんとして館長として名を連ね、資料館の運営に参画している。しかし、実質的な運営責任と、とりわけ実務や具体的な活動の推進は、一九二九年以降はすでに後継者の手に委ねられたとみてよい。

オットーからフリックへの移行期の運営状況を確認するため、つぎに、当時のマールブルク大学学報『クロニーク』*Chronik der Philipps-Universität Marburg* に記された資料館の報告記事のひとつに注目しておきたい。『クロニーク』に「資料館彙報」が最初に登場したのは一九三〇年誌（それ以降一九六三年夏学期まで彙報の掲載は続いている）であるが、その最初の彙報（36 Jg. Rechnungsjahr 1930. S. 22ff.）において、オットーとフリックは館長として連名で、開設直後の資料館の運営状況をつぎのように報告している。

「マールブルク宗教学資料館」は、一九二七年のマールブルク大学創立四百年祭に由来するものである。これに因んでなされた気高い一個人の寄付のお蔭で、資料の基礎部分の収集が実現した。収集はこの間寄贈によって著しく増えていった。資料館は差し当たりまだ芸術研究所に居候の状態である。

資料館の目的は、宗教学固有の視点と問題をもった宗教学固有の領域と関連領域をはっきりわかるようにすることである。資料館は宗教の視覚教育用の本物の教材や良い教材を収集しようとするのであるが、研究と教育の場でおよそ教育・研究目的を果たすに足るものであるなら、それで十分である。それゆえオリジナルが入手できないか値が張る場合には、たいていは良質の複製に甘んじることになろう。（中略）

こうした資料館の目的にふさわしく、資料館は、種々の学部のメンバーによって、ありとあらゆる教会、伝道団、宗派、宗教の関係者を含めたマールブルク以外の人々の協力も得て運営される。

一九二九年に、資料館は『異教展』（Fremde Heiligtümer）をはじめて世に問うた。われわれがつぎに願っているのは、とりわけわが祖国の社会や人びとにもっと注目することである。（中略）

昨年は、以下のかなり重要な寄付が宗教学資料館に寄せられている。（以下、日本、インド、セイロン、スウェーデンなど外国や、オットー自身も含めたドイツ国内の個人、団体から寄せられた寄贈品・寄贈者名の紹介記事は省略。）

一九三一年一月一日以来、宗教学資料館は季刊通信誌『宗教学冊子』（Religionskundliches Beiblatt）を発行し

ている。これは宗教研究に興味をもつ各層間の研究上の意見交換に役立とうとするものである。

宗教学資料館館長　R・オットー、H・フリック

彙報前半に記された資料館紹介記事は、私たちがすでに熟知しているものでもある。すなわち、オットー自身の手になる「趣意書」（Otto u. Thiel, Prospekt（1928））で告げられた資料館創設の主旨説明（八―三参照）と、それはほぼ重複している。記述のこうした重複は、言うまでもなく、この記事が、『クロニーク』誌上での資料館彙報の最初のものであるという掲載誌の編集事情による（ちなみにこれ以降の彙報では、もはやこの種の主旨説明に出会うことはない）が、しかしそれは必ずしもこの種のたんなる形式的な理由に尽きるものでもないように思われる。その一例として、この種の紹介記事はこの時期機会あるごとに繰りかえされている（Vgl. Otto, (B-7) ; Frick, Heft（1931）, (B-5) usw.）。それゆえむしろここからは、この資料館の存在にかけた創設者の情熱と、その理念を体した後継者の資料館発展に心傾けたひたむきな意志を読みとるべきであろう。

彙報の後段では、開設直後の資料館の新たな代表的な活動の具体例が二件、すなわち、最初の「展示会開催」と、「通信誌の発行」が報じられている。

九―二　最初の展示会開催と通信誌の発行

『異教展』（Fremde Heiligtümer）

一九二九年秋、資料館は最初の特別展『異教展』（Fremde Heiligtümer）を開催している。

展示会は、五週間（一〇月六日～一一月一〇日）にわたり、期間中の観覧者は約六千名を数えた。観覧者には、「資料館全体を概説し、展示品をグループ別に解説し、写真四葉を添えて、いつまでも記憶にのこる展示会の縁《よすが》とする」ためにに作成したカタログ（Fremde Heiligtümer. Ausstellung 1929）が配布された。なお展示会ポスターのデザインは、フリックみずから担当している。カタログは、展示品の写真を添えた解説文（九頁）と、広告（六頁）からなっている。その解説文から、展示会の基本構成を確認しておこう。

展示会は二部門から構成されている。ひとつは、「アフリカ、東インド諸島、南太平洋領域」を中心とした〈いわゆる未開社会の宗教と文化〉の展示で、もうひとつは、〈文化民族の諸宗教〉（イスラーム、インド、東アジア）である。ちなみにカタログは、正確には、以下のごとき展示構成をもつこの第二部門の解説用である。

A室：イスラーム。

B室：展示室Ⅰ（支那の祖先祭祀と道教）。展示室Ⅱ（仏教寺院）。展示室Ⅲ（古代の埋葬儀礼と類似現象）。

　展示室Ⅳ（道教と儒教）。

C室：インドと東アジア。

D室：宣教学。

その「前書き」から、創設時の資料館の理念を見定め、その後の成り行きの予兆を察知するに必要な事実を確認しておきたい。

展示会名（Fremde Heiligtümer）が告げているように、展示対象はいわゆる非キリスト教的諸宗教である。しかし同時に、その枠外のキリスト教の「宣教学部門」も「展示テーマに関係あるものにかぎり」含まれている。それは、「宣教師たちが、異民族の習俗、異文化、異教の心にどのように浸透し、その特性を内側から把え、われわれ西洋人にそれへの畏敬の念をよび醒ましたか」（S. 2）を明らかにするためである。ここからも、この展示会が非キリスト教的諸宗教を対象としながらも、それへの人類学的、民族学的アプローチなどではなく、やはり比較宗教学的なそれを主眼としていることが読みとれる。同じく異教世界を採り上げても、人類学からは、そして神学からも距離をおいたこの視点こそ、創設者が資料館に託した宗教学的 religionskundlich なる理念の基本でもあった。なお個々の展示品の列品解説は施していない。しかし観覧者には専門知識をもった解説員が解説に当たっている[22]。

ここで私たちは、主催者が、展示会が「まことに多くの人びとと諸機関の支援」によって成り立っている、と強調している点に注意しておこう。それは、展示品の多くが館蔵品よりはむしろ寄託品であることを意味してもいる。そしてこのことは、この特別展の特徴であると同時に資料館運営全般の特徴の一面を告げてもいる。創設者とその後継者たちがその後も繰りかえし述べているように、特別展の展示品にかぎらず、常設展示資料の多くは、個人、団体を含めた多くの人たちの寄贈、寄託によるものである。この点はすでに創設者自身が資料館の開設、存続、発展の重要な要素として期待していたものでもあった。そしてその期待は、この展示会ですでに実現しているように、当初から実現しつつある。それが可能であったのは、〈聖オットー〉の学問的な名声であり、とりわけ世界各地への幾たびもの旅で培われたかれの広範な交誼の賜でもある。

『宗教学冊子』（Religionskundliches Beiblatt）

フリックによる新たなもうひとつの活動は、通信誌『宗教学冊子』（Religionskundliches Beiblatt）の発行である。この小さな館報は、基本的には、「宗教研究に興味をもつ各層間の研究上の意見交換に役立つ」ことを目的としているが、同時にここには、「現場で活動している宣教師たちと連絡をとり、かれらの経験を資料館の仕事に役立てよう」(Kraatz, (C-4). S. 385) との実用的な意図も込められていた。また各号には学術的な小論も載せられているが、しかし各号末尾に付された資料館の活動状況を伝える彙報欄からは、その実質的な役割として一種の〈資料館ＰＲ誌〉兼〈資料館友の会員誌〉的性格も窺える。その一部は個人に送られ、一部はキリスト教伝道諸誌にも添付された。各号わずか四頁の小冊子で、一九三一年一月一日に創刊、当初は年四回、のちにはしばしば年三回発行され、一九四一年七月の第一一巻第二号でもって、紙不足などのため廃刊となっている。なおこの通信誌を企画し各号の編集に当たったのは、もっぱら後継者フリックである。

ともあれ、開設直後の資料館のこれら二つの具体的な活動をとおして、新たな段階を迎えた資料館の一面を窺い知ることができる。すなわち、退職後もオットーが、フリックと共にいまだ共同館長として名を連ねてはいるが、資料館の実務や具体的な活動の推進は、すでに後継者フリックの手に移っていることである。そのことは、フリックの一九三三年に単独で館長の任をひき継ぐ以前の活動を告げる幾つかの資料館冊子 (Vgl. Heft (1930), Heft (1931), (B-5)) からも窺える。そしてここには、「オットーからフリックへ」の移行にともなう資料館理念の微妙な変化も告げられている。

ここで私たちは、この期のフリックの注目すべき発言をとおして、この後継者が、その基本理念を創設者と共有しながらも、しかし、委ねられた資料館の現実を前にしてあらたに展開することになった独自な活動理念を確認しておきたい。

九―三　「宗教学資料館」から「マールブルク城計画」へ

フリックがオットーから引き継いだ時、資料館はいかなる問題に直面していたのであろうか。

資料館の新たな展開にとって重要な意味をもつのは、あらたに浮上してきた「マールブルク城計画」Der Marburger Schloßplan なるものの存在である。この計画の概要を、ローゼマン V. Losemann の報告[23]から確認しておきたい。

「マールブルク城計画」を尋ねる者には、ローゼマンの報告は貴重である。ただし、もっぱら「ワイマール共和国末期から戦後初年」（一九三三―四五年）の史的展開を主題としたこの報告は、私たちが求めている「この城計画の背後にある狭義の宗教学的な問題」の分析には重きを置いてはいない（Losemann, S. 355）。したがって、問われているオットーからフリックへの移行期の資料館活動の内実を直接ここから汲みとることは困難である。しかしまた他面では、多くの公文書類を駆使したその詳細な史的分析の試みは、資料館活動の査定に必要な基礎資料や有効な解釈素材を提供していて貴重である。とりわけこの報告をフリックの発言（Heft（1930, 1931）,（B-5））と対照し、さらにクラーツ氏の報告（C-4）とも重ね合わせてみると、フリックのこの期の資料館活動の内実はかなり鮮明に浮かび上がってくる。

「マールブルク城計画」とは、端的に言えば、ヘッセン方伯城をマールブルク大学に役立てようというマールブルク城の利用計画である。このプランは、古くは一八三四年の、選帝侯H・D・ハッセンプルークの、マールブルク城を大学施設として利用したいとの上申書にもすでに登場している、と伝えられている[24]。しかしこの計画に現実的な「ひとつの弧が描かれた」（S. 354）のは、他ならぬオットーの資料館計画によってである。すなわち、「マールブルク城計画の歴史は、一九二六年四月二九日の、プロイセン学芸・教育長官に宛てたオットーの〈宗教史と信条学の講義用の教育資料館〉設立申請書でもって始まる」(S. 355)。

知られているように、オットーは早くから資料館の住み処としてマールブルク城を夢見ていた。しかし少なくとも結果的にはオットーのそれは願望の域を出ず、明確な計算に裏打ちされた現実的な計画とは見なしがたい。この不確かな見通しの活路を模索する試みとして、「フリックが宗教学資料館の共同館長として資料館の管理にかかわり始めると同時に、〈宗教学資料館〉から〈マールブルク城計画〉へのプロジェクトの拡大が浮かび上がってきた」(S. 357) のである。そして、このプロジェクトの成立にはマールブルク大学の同窓会的な一組織が関与している。

さきにオットーは、資料館創設にあたって、みずから代表者を務める準備段階の「マールブルク学術協会」に依拠する方針をとり、かつそれが現実に功を奏した(八―一参照)。しかしこの学術協会設立の試みそのものは、その後進展しなかった。一方マールブルク大学には、この時期すでに、「マールブルク大学同盟」(Der Marburger Universitätsbund e. V.) なるものが存在していた。それは、「大学の学術的・教育的課題の振興」と、「大学関係者、教師と卒業生の交流」を図るために組織された、「マールブルク大学関係者と後援者からなるマールブルク所在の法人組織」である。[25] オットーが「学術協会」に依拠して資料館創設を実現したように、後継者フリックは、この「大学同盟」を資料館発展のプロジェクトに誘い込むことに努め、かつ同盟の創立一〇周年にはこれに成功している。

この同盟創立一〇周年(一九三〇年)記念祝典において、大学督学官《クラトール》によって、「マールブルク城計画」が「大学の将来課題」として告げられた[26] (S. 358)。そして督学官のこの提案を補う形で、フリックは、祝典の「記念講演」(Heft (1930)) で、このプランの理念的な基礎づけを与えようと試みている。

このプランの初めの部分のスケッチで、フリックは宗教学資料館の新たな活動を告げる注目すべき発言を行なっている。すなわち、「神学部と文学部に付属して〈宗教学用の資料館〉を建設し、この資料館を、比較宗教学、宣教学、ならびに現代の宗教的な地殻変動といったアクチュアルな問いを探求する〈研究所〉の核にする」（Heft（1930）. S. 3）こと、そして「この目的のために、〈マールブルク城〉を大学のために獲得し、城の翼部を学問研究組織、専門会議、外国との講師・学生の交流、神学生語学研修寮に使用するため整備する」（S. 3f.）ことが、それである。

ここには資料館活動に対する一種の軌道修正の意思が窺える。すなわち、資料館は当初、具体的な宗教的対象を実際に観察することによって宗教を具象的に明らかにすることを目指していた。したがって開設直後の資料館には、宗教の生ける現実へと知覚的に誘う、「もの」としての具体的な宗教的対象の量的充実をとおして、もっぱら宗教学的な機能の質的強化を図る途が求められていたはずである。事実、創設直後のオットーの宣伝活動（Prospekt（1928））でもそれは強調されていた。しかし後継者フリックは、たとえば収蔵資料の充実、宗教学的な研究機能の強化といった当然予想される活動計画を強調するよりは、ここではむしろ、その資料館を核としながらも、宣教学的課題を背負って、時代のアクチュアルな宗教的課題との対決を意図した実践的な色彩をおびた新たな研究所の設置を求めている。それも、あらたに研究所を併設して、従来の資料館にあらたに研究所的機能を付加するだけでなく、その研究所に神学的、宣教学的課題を託し、その課題の強調を図っている。この資料館と研究所はいずれも従来どおり特定の学部に属さず学部枠には拘束されないが、しかし、少なくとも神学部と文学部の課題を義務づけたいとの意図が見られ、とりわけ神学部の教育機能に沿う研究所が求められている（Vgl. Losemann, S. 358f.）。いずれにしても、フリックは、新たな段階を迎えた宗教学資料館に、神学との距離を強めて宗教学的機能の確立を図るよりは、むしろ宗教学と神学という「この二つの学問の併存を、それにふさわしい共存に換えよう」（Heft（1930）. S. 6）との要求を託し、ここに、宗教学と神学の魅力的な共通の針路の可能性を見ようとしている。創設者の基調に窺えた神学からの距離志向は、ここでは、時代の宣教学的課題の要請を受けて、神学との共存、連携へと軌道修正が図られている。

この軌道修正をもたらした要因のひとつとして、人間フリックの実存的な時勢診断と、時代の宗教状況に対する神学者フリックの危機意識を指摘することができる。

フリックは、まずもって物質的困窮の克服が求められていたこのご時世に、およそ「時代に合わない」非現実的な課題（S. 4）と見なされる虞《おそれ》のあるこの計画を提起する理由を、「未開諸宗教の凋落と、非宗教的文化の興隆」（S. 8）という特徴をもった時代の反宗教的状況の深刻さを指摘することによって説いている。ここでかれが念頭においているのは、「はじめて自覚的な不信仰」（S. 8）を掲げて登場したロシア革命であるが、この歴史現象が突きつけているのは、個々の宗教の当否ではなく、「宗教一般の存在か非存在か」（S. 9）という問題である。そして、こうした宗教一般の存亡そのものが問われる今日の宗教状況は、「宗教の基本形態のたんなる類型論や比較叙述でもって、多様な存在を経験的に発見する作業で事足れりとする」（S. 11）ような宗教研究者に自足することを許さない。それは、今日の危機的な宗教状況の現実に対して中立的な観察者を装う宗教学者にとどまることを許さない。

今日の「宗教的ニヒリズム」（S. 8）とのアクチュアルな対決という実践的な課題を取り込もうとする資料館活動のこの軌道修正の試みは、神学者フリックの、時代の宗教状況へのこうした歴史哲学的考察に根ざしており、ここに窺える宣教学的課題への急速な傾斜や、「宗教的決断」のユートピア的強調は、この歴史哲学的診断から繰り出されたある種神学者特有の性急な実存的要請の産物でもある。

宗教現象の多様な歴史的諸形態を対象とし、それも理念像ではなく、具体的な宗教的対象を実際に観察することによって宗教の生ける現実を具象的に把握することが、「宗教学者」オットーが資料館に託した理念の基本であった。そしてこの創設者の理念は、たしかにここでも否定されてはいない。しかし時代の宗教的境位を問う「神学者」フリックのある種実存的な歴史診断は、この当初の理念とは別な、時代の宗教の危機的状況との対決という新たな実践的な課題を要請している。かくして後継者フリックは、たとえば収蔵資料の充実とか研究所的機能の開拓といった資料館本来の量的・質的充実を図るよりは、資料館を核としながらも、むしろそれと同等の権限をもった研究所をあらたに設置し、かつそこにこのアクチュアルな一種の宣教学的課題を託そうとしているように思われる。

創設者の理念からの逸脱を窺わせるフリックのこの「宗教学資料館から宗教学研究所へ」の軌道修正の試みには、こうした事情が控えているように思われる。ともあれ創設者の宗教学的姿勢に比して、フリックのそれには、実践的命題への主体的越境に傾斜してゆく、より神学的な色彩が読みとれる。

九―四　「マールブルク宗教学研究所」構想
――H. Frick: "Marburg a. d. Lahn Religionskundliches Institut der Philipps-Universität"

いずれにしても、この講演で告げられた資料館発展のプロジェクトには、新たな資料館活動を導く理念のこうした軌道修正の試みが見られるのであるが、この試みは、記念講演の翌年のもうひとつのフリック発言により具体的に述べられている。それは、「マールブルク宗教学研究所」と題した資料館「宣伝冊子」（Heft（1931）: Marburg a. d. Lahn Religionskundliches Institut der Philipps-Universität）である。フリックの試みを確認するため、この冊子（一六頁、本分一一頁、写真七葉）のほぼ全容（一部省略）に目を通しておこう。

「マールブルク宗教学研究所」　ハインリヒ・フリック　一九三一年一月

皆さん！　現代の危機が顕著になればなるほど、私たちの世代が宗教と世界観の破局のなかにきわめて深く引きずり込まれていることが一層はっきりしてきます。いずれの宗教も、今日とてつもない激震、激動を経験しています。

ここで宗教の力を学問的に探究するという課題は、これまで以上に焦眉の問題となっています。というのは、先入観に囚われない、事象に即した真理追求の意志がなければ、私たちはあの健全な確実性をふたたび獲得することは望めず、この意志なしには、宗教生活も道徳生活も長くは栄えることはできないからであります。人類の運命を決定的に左右しているのは、宗教をめぐる精神闘争の成り行きであります。世界観の基底から強い衝撃が立ちのぼり、この衝撃によって現今の世代は火山性地震に晒されているのです。

宗教研究は真剣かつ誠実になされた場合には、人間意識に創造的な救済の力を招来する道を拓き備えるのです。しかし困窮が普遍的なものになれば、その課題も人類的課題としてのみ理解されうるのです。宗教研究は文化、人種、民族といった枠内に留まっていてはいけないのであって、インターナショナルな課題として認識されねばなりません。ここで共に研究に勤しむ者は人類全体に仕えるのです。具体的な視覚教材を用い、厳密な方法論をもって、種々の専門科学と関係団体が協力して、厳密に体系的にこの任務を果たす場は残念ながらいまだごく稀であります。

マールブルク大学は、高名な神学者にして宗教研究者、ルードルフ・オットー教授の先見の明ある発案によって、大学記念周年の一九二七年にその優れたアイデアを採り上げ、速やかな実現を支持するよう呼びかけられたのです。この着想は、オットーによって、かれのインド旅行中の一九一一年に、『宗教史資料集』計画と同時に構想されました。戦争と戦後の困窮のためにその実現は再三延期され、ついにこのプランの実現に心理的に打って付けのチャンスを迎えるに至ったのは、大学創立四百周年に因んだ盛大な祝典の時でした。オットーのアイデアは喝采を博し、気高い一ドイツ人の寄付のお蔭で資料の基礎部分を手に入れることができたのです。

かくしてわが大学は、一九二九年以来宗教学資料館をもっています。これは最新の宗教学・信条学・宣教学研究所の基盤となるものです。すでにこれまで国内外のありとあらゆる領域から、学術関係者と実務家（学者、芸術家、研究者、宣教師、キリスト教の全宗派とあらゆる宗教の聖職者）が資料の基礎部分を調えるのに協力いただきました。以下に私たちの計画だけを述べ、それを成功させるための若干の好条件の概略を述べておきたいと思います。（中略）

一九三一年一月　神学教授　ハインリヒ・フリック

マールブルクは、その歴史、都市景観、大学で有名である。マールブルクが歴史的に重要なのは、聖エリーザベトと、一五二九年のルター、ツヴィングリ、ブーツァーなど宗教改革者たちの宗教討論の都市としてである。

マールブルクの都市景観は、その丘の上にフイリップ高潔公の生誕地である高く聳えた城を頂いている。大学は近年ますます都市の誇りになっている。大学はマールブルクの名を遠くまで知らしめた。マールブルクの哲学者たちと神学者たちはマールブルクに生涯愛着をもち続ける熱狂的な弟子たちを世界中に見出した。

（中略）

いま大学を一層拡充させるために優れたひとつの行動が望まれている。すなわち、宗教学資料館に基づいた国際的な宗教研究所の設立である。

宗教学資料館。それは一九二七年の記念周年の贈りものである。その創設者は、有名な書物『聖なるもの』の著者ルードルフ・オットーである。かれはみずからある趣意書（Prospekt（1928））で、資料館の学問的、文化的、宗教的価値について説明している。今日すでに資料館は第一段階を凌いでいる。一九二九年秋の特別展『異教展』は、資料館の理念を世に知らしめ、広く一般の関心をよび醒ました。

資料はすでに、資料館に宛てがわれた（芸術研究所内の）暫定的な空間ではもはやどうにも足りないほど増えている。私たちは十分な空間の獲得を計画し、マールブルク城、ないしは研究所用の新しい建物の獲得を目指している。私たちは当然のことながら、たんに「より広い」空間だけを必要としているのではなく、何よりも「対象」をしっかりとふさわしい形で展示するのに「ふさわしい」空間を必要としている。この生ける宗教の視覚教材を有効に生かそうとすると、それをできるかぎりそれにふさわしい状況のもとにおく必要がある。（中略）民族学博物館とか、ましてやもっぱら審美的見地からつくられた珍品収集館とかが問題なのではない。むしろ、もっぱら生ける現在に役立つものにしたいのである。

資料館の目的は、付属研究施設に、さしあたり図書室と研究室に具体的に表現されている。これらは宗教研究、諸宗教相互の比較、諸主要宗教の地理的伝播と競争（伝道！）の研究を目指すとともに、キリスト教伝道の研究をも意図するものである。こうしたアクチュアルな課題のすべてが正しく実現できるのは、十分な空間と充実した視覚教材があってこそである。実物を観察し実際に経験することは、往々にして抽象的すぎて現実から遊離しがちな宗教研究を学問的に確かなものにし、現在の日常生活に役立つものにするために必要である。

それゆえ会議室と、外国の研究者と共同研究者の長期滞在用の客員居住室も用意したい。……ここでは、あらゆる学部の学者、宣教師、聖職者、教師、歴史家、地理学者、言語研究者、民族学者、ならびに宗教学と関係あるその他の人びとも、とりわけキリスト教諸教団、諸宗教、諸民族、諸人種についてより深い理解に貢献したいと望んでいる諸会議も、これらすべてがここで理想の場所を見出すであろう。とくに企図しているのは研究者、

講師、学生の国際交流である。（中略）

マールブルク大学同盟。同盟は、一九三〇年の一〇年祭に、この計画の実現を目指す宣伝活動をひき受ける決議をした。（中略）

新計画に対しても大学同盟が必要な資金を集めることができるよう期待している。すでにドイツ国内の大学の関係当局と個人的な友人が資金寄付の意志を表明している。しかし課題は私たちだけの力といった限られた能力を遥かに超えている。むしろ私たちは国際的な協力に頼らざるをえない。宗教生活を具体的に例示して説明するための資料は、世界中の力を合わせた努力によってのみ揃えることができる。

……私たちは、マールブルク宗教研究所を要請するための国際的な共同研究組織をつくることを呼びかけたいと思う。この組織の一番大切な目的は、精神的エネルギーを宗教生活のさまざまな問題と宗教生活の学問探究とに振り向けることである。（中略）

私たちの企画の財政的基盤の確立を望み、この面でも支援したいと望まれる方は、「内密の説明書」（Merkblatt Vertraulich）をとり寄せていただきたい。

（末尾には、このプランの支援者として、N・ゼーダブローム（ウプサラ）、R・タゴール（インド）、友枝高彦教授（東京）らの記名が見られる。）

この「宣伝冊子」にはフリックの新たな資料館理念や活動計画などが集約的に表現されている。すなわちここには、オットーの「趣意書」（1928）に告げられた創設時の資料館の基本理念とは違ったアイデアがもり込まれており、また先の講演（Heft（1930））で提起されたその新たな理念がより具体的に展開されている。そして同時に、オットーの二つの冊子（Prospekt（1928），（B-7））の対照をとおしてその輪郭が窺えた、創設直後の資料館が直面していた「現実」問題の所在も指摘されている。したがってこの冊子をオットーの趣意書と対比して読み直してみると、かの現実問題の所在はもとより、オットーからフリックへの移行にともなって生じてきた資料館理念の変容の内実をも確認することができ、後継者による新たな活動計画とそこに込められた独自な理念に照明を当てることができるように思われる。

冊子はまず、資料館が発足直後から解決を迫られた現実問題が、ほかでもない施設問題であることを告げている。すなわち、創設時の仮住まい（記念館）はすでに膨らみつつあった収蔵品の保管や展示には不十分であって、より広い新しい場所を見つける必要があったが、その対象としてここでマールブルク城が求められている。

もっともこの計画自体は新しいものではない。すなわち、資料館の住み処としてマールブルク城を獲得することは創設者自身の早くからの夢でもあった。そしてその根拠が、この城が一五二九年の宗教討論の場となり、この地の宗教の歴史と深い縁《ゆかり》をもっている点にあることも当初から告げられていた。しかし、オットーのそれには現実的な具体的な見取り図が欠けていた。したがって、この不確かな見通しを確立することがまず求められるのであるが、その計画の実現を図る重荷をフリックが担うことになったのである。そして、資料館活動の拠点としてマールブルク城を獲得する運動は、いまやフリックによって現実的な計画として展開されることになった。ともあれ、資料館運営にあたって、フリックはこの城計画に主眼をおいた活動を精力的に展開する。

しかしまた、フリックの資料館活動においてより重要なのは、たんなる施設改善問題ではなく、資料館理念そのものの変容である。あるいはより正確には、施設問題の根本的な解決策としてマールブルク城の獲得が目指されるが、その実現のためには、この運動をとりまく客観状況が資料館理念そのものの変容を要請していたのである。そしてフリックは、この要請を読みとり、かつそれに現実的に対処している。

理念の変容を招いた一因として、先の講演に見られた神学者フリックの実存的な歴史診断に注目しておいたが、ここでは、資料館から城計画へのプログラム変更の内実を確認しておきたい。

この「宗教研究所」なるタイトルには、資料館的機能と研究所的機能とが内包されている。この複合観念が示唆しているように、冊子の狙いは資料館のたんなる量的充実策の展開ではもはやない。むしろ「宗教学資料館に基づいた国際的な宗教研究所の設立」が求められている。資料館のほかに、それはまず研究施設として図書室と内外の研究者の研究室を要請している。そしてこの研究室には、諸宗教の比較研究といった宗教学的課題のみならず、キリスト教伝道といった実践的な課題も託されている。さらに、ここでとくに企図されているのは研究者の国際交流の推進である。ともあれ、先の記念講演で提起された城計画を補う形で、その具体的な構図が提示されているのであるが、ここには、基本的志向として資料館から総合的な研究所への転身が告げられている。

そしてこうしたプランの実現のために、国内のみならず国外（とりわけ合衆国）の精神的・財政的支援を呼びかけている。ちなみに、こうした意図を配慮して、この冊子は二カ国語（ドイツ語、英語）で出版され、その末尾には、「マールブルク宗教研究所支援のための国際共同研究組織への申込み用紙」が添付されている。

オットーからフリックへの移行期、すなわち、オットーとフリックが名目上は共に館長として共同で運営に当たっていた、開設から一九三三年三月までの資料館活動の内実は、フリックの代表的な二つの発言をとおして以上のようなものとして確認できる。そしてそれは実は、大学同盟機関誌（一九三三年）掲載のオットーの資料館「紹介文」（B-7）の主張（八章参照）とも符合しているのである。

ちなみに、『クロニーク』や諸申請書類に見られるように、この時期、資料館に関する発言の多くは両者の共同署名で行われ、また単独での発言もその内容は重複している。してみれば、フリックの二つの発言から確認された新たな資料館活動そのものも、はたしてフリック独自のものなのか、あるいはいずれの主張であるのかは一見したところ見定めがたいように見える。しかし、二つの発言に代表されるこの期のフリックの発言内容を、その活動の実際と照合してその基調を確認してゆくと、オットー名義のものをも含めてこの期の両者の発言のほとんどが、基本的に後継者の主張によって規定されていることが理解される。ちなみに、オットーのかの「紹介文」には、新たな展開の現実的な模索よりも、みずから創設した資料館の存在を、その運営から身を退く者の感慨をこめて再確認する姿勢が表れている。そして、そこで集約を試みた資料館の到達点と問題点は、フリックが現実の活動のなかで模索し展開しつつあるものでもあった。

ともあれ、一九三三年三月には、オットーは共同館長の職から身を退き、フリックが名実ともに資料館館長として単独でその運営を担うことになった。そしてかれは、城計画の実現を目指して、これを中心に資料館運営の活動をひき続き展開する。

九―五　漂う「マールブルク城計画」――H. Frick: "Interne Denkschrift zum Marburger Schloßplan"

単独で館長を務めることになったその翌年、フリックは、「マールブルク城をマールブルク大学に利用する」こと、なる案件の「請願書」(Interne Denkschrift zum Marburger Schloßplan. 19. 4. 1934) を作成している。

幾たびか折衝を重ね、この年二月初め城計画がヘッセン州当局に聞き入れられ、州長官の助成が計算できるとの感触を得たフリックは、州当局との「口頭の折衝を重ねるにつれて、計画の重要性と意義を当局に完全に理解させ協力を促すには、城計画の内輪のところを一度詳細に文書化しておくことが望ましい」(Heft (1931). S. 3) と感じていた。

請願書は、こうした意図から、資料館館長として今後求められる口頭報告を念頭におき、もっぱら当局向けに纏めたもので、その体裁、内容ともに資料館活動のなかで編まれた従来の宣伝冊子、紹介文等とは趣を異にしている。すなわち、一〇葉におよぶ写真つきの八頁からなるこの冊子は、表紙に「もっぱら当局向けの、極秘のタイプ印刷物」と記されたナンバーつきの限定版（使用した限定版は［Exemplar Nr. 053］）で、記された企画もほとんど部外秘の代物でもある。なお末尾には、M・バウアー（学長）、A・ホイザー（大学同盟会長）、E・フォン・ヒルゼン（大学督学官）の三者が、「ここに展開された〈マールブルク城計画〉の即時実現を心から支持する者」として名を連ねている。

「計画、その緊急性と内密」なるテーマを冠したこの冊子は、二部から構成されている。すなわち、第一部「プランのドイツ内の考察」は、「聖地」、「宗教学資料館」、「研究所」、ドイツ大学の理想、ドイツ内の諸宗教教団の統一共同研究組織の五章からなり、また第二部「プランの対外政策上の意味」は、われわれの事業の卓越性、外国での反響、対外政策上の宣伝効果、緊急性の四章から構成されている。

このうち、第一部の二つの章（「宗教学資料館」、「研究所」）と第二部終章の総括部分のみ、ここに採り上げておく。

「宗教学資料館」

とりわけ、ドイツならびに外国の全資料を、アクチュアルな学術目的に、すなわち、今日の生ける諸宗教を具体的な観察対象に基づいて比較研究することに役立てたい。異教に取り組む際、これまではもっぱら歴史的考察が採られてきた。しかし今日では――それに反対するのでないが、しかし――それと並行して、（ヘルダー、ゲーテの意味での）「宗教」現象の本質と構造を比較・分類によって把握する目的で、今日の生ける諸宗教を形態論的に比較する方法が出てきている。それに不可欠なのは、あらゆる種類の対象を実際に観察することである。

すなわち、祭具、神像、宗教建造物、儀式、宗教的象徴と表現の本物または優れた複製品、しかも第一級の精選された芸術作品と同様に、見栄えのしない地味な日常の宗教習俗に関してもである。これこそ「宗教学資料館」がもっているものに他ならない。いま実際にある資料に基づいて、現に地球上に生きている諸宗教の主要形態がすでに実際に観察されている。イスラーム、ヒンドゥー教、仏教、東アジアの諸宗教、未開部族宗教——、これら諸部門はすでに展示の準備ができており、その代表的なものの一部は、以下のまったく比類ない実物資料のオリジナルである。すなわち、支那は最善の状態で保存された大きな絵巻物八〇巻、日本は「神道」というテーマの東京産の精巧な模型、未開宗教はわが国のアフリカと南太平洋の古い植民地の資料である。城内に計画された祖国の聖地には、こうした一見に値する多くの基本収蔵品が満ちているが、それらは年とともに寄贈やその都度の購入によって容易に調えられたものである。

「研究所」

「比較宗教学研究所」が課題とするのは、こうした対象を学問に役立てることであり、日本の友人からの大蔵経の贈物や、聖書翻訳その他のコレクションを備えたリファレンス・ライブラリーはすでに自由に使用できる。またここはあらゆる種類の宗教と教団の代表者が集まって学術研究組織をつくることができる処でもある。

（中略）

一方では、歴史的、宗派的に規定された特色のある宗教ではあるが、あらゆる異教的なものに対して心を閉ざしたもの、もう一方では、人類の全宗教状況に対する先見の明ある理解と、諸教団、諸宗教、諸国家間の協力に対するセンスはあるが、しかし残念ながら特徴ある個性を犠牲にして「宗教性一般」というひどく無責任な不真面目な一般感情へと暈《ぼか》してしまう危険に陥りがちなもの、この二者択一の前に最近までたえず晒されていた。いまや（シュライエルマッハーの方向で）、マールブルク資料館の創設者オットー教授がはっきりさせたのは、真面目な信仰は、ぼやけた一般感情としてではなく、はっきりした形の信条としてのみ存在すること、しかも特定の宗教・宗派の自覚的な信者が他の宗教の同じように自覚的な信者と協力して、現代の宗教問題に想いを巡らせ、その解決策を探し求めなければならないような歴史的な瞬間がきているのだということである。その際、実際にまず行うべき仕事は、今日の生ける諸宗教の本質とその多様な現象についての正確な本当の知識を互いに分かち合うことである。現今の生の全領域にわたって、これまで知られていなかったほど大量に視覚的な手段（絵、イラスト、写真、映像）で研究されているから、それには実際に観察するという方法が適当である。今日の人間は、もはやたんに聞くだけでなく、とりわけ自分の目でも見ることができることを望んでいるのだ！　一部は根本的な一部は技術的なこうした考察は、「宗教学資料館」の理念と実践に表れており、われわれの計画に元もと備わっているアクチュアルな特徴を納得させるものである。

緊急性

最後に、つぎのように総括しておきたい。すなわち、マールブルク大学は、これまでの歴史のなかで首尾一貫して、またこのプランの実現による現代の生活問題への断固とした取り組みにおいても、明確な、類稀な際立った特徴をもっているのだと！　大学全体が国内外に遍《あまね》く知れわたった、際立った輝かしい頂点を極めており、精神的宗教的な刺激によって、祖国でかつ祖国のためにその国境をこえて外国にも出ていっている。マールブルク大学の支援と保護のもとに、マールブルク城を宗教学資料館と比較宗教の研究所のために用立てることは、国内では精神的高揚を求め、国外では文化民族としての名声を長らえ強化しようとするわが新国家の基本方針に則した事態である。

宗教学資料館館長　ハインリヒ・フリック

城計画の全貌を尋ねるには、たしかに請願文全体を逐一検証する作業が欠かせない。しかし、もっぱら資料館の動向を追跡し、この計画に占める資料館の位置を確認するには、資料館に比較的直接触れている右の引用の読解で事足りよう。それだけではない。文書全体のストレートな追認は、この請願書の場合むしろ危険でさえある。ここには、第三帝国下では不可避な特異な政治的配慮が込められている。行政当局との折衝のなかで、フリックはそのことを十分弁えていた。言いかえれば、この文書にはナチズムとの緊張した綱引きと妥協が潜んでおり、それは、第三帝国の文化政策をその背後に想定してかかることを余儀なくされているのである。[27]その意味では、この文書を読み解く際には、たんに資料館資料としてよりは、むしろ、かのナチズムの大学政策を背後に宿したある種の「現代史の重要なテキスト」（Kraatz, (C-4). S. 385）として取り組む姿勢が求められる。

ともあれ、請願書からフリックの資料館理念を読みとり、その活動の意味を確認するには、文面に慎重に埋め込まれた政治的思惑を差し引き、その行間を読み解く作業が必要である。いずれにしても、私たちは、プランの実現のために「新国家の基本方針に則した」意味づけを余儀なくされた、その文面の行間に見え隠れするフリックの主張に耳傾けておきたい。すると、政治的思惑の騒音の間隙をぬって、先の講演や宣伝冊子とほぼ同様の、つぎのごとき響きをおびた通奏低音が聞こえてくるであろう。

まず第一に、フリックは、宗教現象の本質と構造を把握するためには、宗教現象の具体的な「対象」を実際に観察すること、すなわち「生ける諸宗教を具体的な観察対象に基づいて比較研究すること」が不可欠であるとし、この「実際にある資料に基づいて生ける諸宗教の主要形態を実際に観察する」ことこそ資料館のテーマであることを、創設者に倣《なら》って重ねて強調している。しかし第二に、創設者が軌道を敷いた資料館のこの基本テーマからフリックは一歩踏み出して、「宗派間の和解」に寄与しうる「ドイツ国内の大きな諸宗教グループ間の実践的な共同研究組織」(S. 7)の必要性を強調し、これらの課題の遂行には、従来のテーマに応えうる「宗教学資料館の拡充」に加えて、あらたにそれに付属する「研究所」が必要であるとも説いている。そしてこの宗教学研究所には、「不信仰と反キリスト教の潮流」(S. 7)との対決という時代の実践的課題に応えるアクチュアルな視点が託されている。あらたに宗教学研究所を要請し、「宗教学資料館からマールブルク城計画へ」のプロジェクトの転身を図るフリックの資料館活動の基調をなすのは、ここでも、創設者の軌道からは一歩踏み出した、アクチュアルな、いわば神学的な主張である。

しかし、資料館理念の変容を告げるこのアクチュアルな階調の出処を尋ねるには、さらにまた別の要因にも触れておく必要があるように思われる。そのひとつとして、ローゼマンは「財政問題」を指摘している。すなわち、「一九三〇年の楽観的な予測は幻滅すべき結果を迎えることにならざるをえなかった。とりわけ財政面で、フリックの努力の結果は、アメリカでは経済危機の兆候のなかで否定的なものとなった。……一九三三年までの努力を総括してみると、経済状態の面でこの企画のスタート条件は極端に悪かったということになる。国内外の積極的な反響のみでは必要な物質的背景をいまだ保障するものではなかった」(Losemann, S. 361ff.)。

資料館への支援の呼びかけは、たしかに、ある意味では積極的な反響を呼んでもいる。たとえば、『クロニーク』誌上の年次報告を繰れば、資料の寄贈ないし寄託の申し出や研究活動面での協力などが容易に確認できる。しかし再三のアピールにもかかわらず、求められた財政的支援の見通しは、ナチズムの台頭に世界的な経済混乱が重なって、すでに一九三三年には悲観的な兆候を呈していた。そしてこの現実を前にして、フリックは財政的支援策を模索して「伝道圏との関係強化」の途を選択している。

教会への唐突な接近を告げるこの選択肢が資料館の変質をもたらしかねないことは、フリック自身が危惧していたことでもあった。すると、リスクをはらんだこの軌道修正の試みは、「財政面」から余儀なくされた不可避の選択肢であったのだろうか。ともあれ、オットーからその精神の遺産管理を付託され、かつその理念の具現をみずからの課題と受けとめたこの後継者は、現実の壁を前にして、創設者が敷いた理念の深化を図るよりは、かの創設者の夢見る精神を現実化しうるその有効な具体策の模索にもっぱら力を振り向けている。あるいは、少なくとも結果的にはそうすることを余儀なくされている。

ここで、「請願書」に見られるアクチュアルな命題への唐突な傾斜のいまだ不透明なもうひとつの要因に、やはり目を向ける必要があろう。時代の宗教思潮との対決というアクチュアルな課題を「宗教学研究所」構想に託したフリックの心裡には、一神学者の時代診断や実存的決意には収斂しえないある特異な問題が控えているように思われる。すなわち、一九三三年に表面化してきたナチズムの大学行政との緊張関係が、それである。

知られているように、ナチズムの大学行政は、「指導者原理《フューラープリンツィープ》」を大学に導入し、大学を統一的な世界観のもとに組み入れようと画策しているが、一九三四年以降、城計画はこれとの緊張した綱引きを余儀なくされている。先の「請願書」は、実は、この綱引きに苦渋する館長フリックが、あくまでも創設者の理念の具現を図るために選択したひとつの現実的な妥協策、すなわち、目の前に突きつけられた国家使命への理念的参画を装ったある種の偽装工作として読むことができはしまいか。このように考えると、請願した「宗教学研究所」がアクチュアルな使命を唐突に装うことになった不自然な理由や、創設者の理念の不用意な拡散をあえてしたその構想の不透明な裸像がいくぶん鮮明に浮かび上がってくるように思われる。

ともあれ、城計画をめぐる折衝は、その後もナチズムの宗教政策との緊張を強いる綱引きのなかで繰りかえされた。そして一九三七年には、「ナチ党の全精神的世界観教育の監督に関する総統代理」を任ずるアルフレート・ローゼンベルクが、この計画に介入の動きを見せ始めている。すなわち、このナチズムのチーフ・イデオローグは、城計画の柱でもある国際的な宗教研究所構想に介入して、みずから構想する「新しい大学《ホーエ・シューレ》」の研究所をマールブルク城に開設しようと目論んでもいる。

いずれにしろ城計画は、こうした一九三三年以降の政治的事件によってその展開は困難となった。そして結局は、一九三九年の戦争勃発により実現は差し当たって考えられなくなり、戦後まで延期されることになった。

ローゼマンの、「ワイマール共和国末期から戦後初年」にいたる「城計画」報告に触発されて、私たちもまた、フリックの活動に強い影を落としたナチズムの宗教政策との緊張関係の追跡に、いささか恣意的な情熱を掻き立てられた。しかしクラーツ氏が、「これらの問題の詳細を証拠書類から信頼できる形で推定することはできない」（C-4. S. 386）と指摘してもいるように、たとえば事実確認に不可欠なこの期の公文書類の保管状況ひとつをみても、この間の事情の確定的な査定はきわめて困難であるのも事実である。ましてや、私たちがこれらの経緯に注目するのは、あくまでもフリックの活動理念の出自を確認するためであって、その経緯の宗教学的意味とはいささか疎遠な現代史の暗い洞窟に興味本位に深入りすることは、いまの課題ではない。それゆえ、さらなる深追いは慎み、いまはただ城計画に向けたフリックの情熱を確認し、現実の宗教学資料館のその後の推移と活動を簡単に辿るにとどめよう。

九―六　宗教学資料館、その後

政治の波間に漂う「城計画」の出口の見出せぬ成り行きとは別に、宗教学資料館そのものは、「特定学部に縛られない大学全体の、宗教学の講義用の小さな教育資料館」（C-4. S. 386）として活動や研究を続けており、とくに実物資料や文献資料は寄贈ないし寄託の申し出や援助によって確実に増え続けている。
その年度毎の近況報告が、『クロニーク』誌上に「宗教学資料館彙報」として連載されている。そのひとつ、創設者の死を報じた一九三六年度報告（Chronik, Rechnungsjahr 1936. S. 75f.）に、フリックは以下のように記している。

昨一九三六・三七年度は、何よりもルードルフ・オットーが亡くなった年として、わが資料館の歴史に残るだろう。一九三七年三月六日、かれは永眠した。資料館の理念はかれの卓越した精神に根ざしており、すでにわが大学四百周年の直後に実現できたのは、かれのイニシアティブのお蔭である。ここの展示資料の最初のものは、オットーのインド旅行に由来するものである。かれはそれからずっと資料館の発展に心傾け、身体的な苦痛ゆえに積極的な協力は次第に断念せざるをえなくなってからも、それは変わらなかった。しかしここは、かれその人やかれの業績の意義を明らかにするにふさわしい場ではない。わが資料館が、マールブルク大学へのオットーの恩義ある遺産であることを確認するとともに、この遺産をかれの精神に則して守り育ててゆくことをお約束することで満足せざるをえない。

諸寄贈に対して、別けてもある大きな寄贈に対して謝意を表しておきたい。それは、ハインリヒ・ハックマン氏の遺産から私共に贈られたもので、一九三五年に亡くなられた故人の遺品のうち、彫刻、絵画、スライド、書物、ならびに草稿類である。ご恵贈いただいたご厚志に私たちは心から感謝している。とくにご尽力いただいたのはズーデック教授（ハンブルク）で、右の諸品の詳細な検討と手間暇かかる判読のためにご配慮いただいた。すでに入手している汗牛充棟もただならぬハックマン蔵書に、さらにこのようにして、一日も早い編纂が望まれる内容豊かな資料を加えることができたのである。その結果、私たちはハックマン・アルヒーフを設立したが、その最初の実務の眼目は、草稿の形で遺されたサンスクリット・中国語仏教辞典の編纂である。ありがたいことに同僚ノーベル教授がこの仕事をお引き受けいただいた。

目下オットー・アルヒーフの設立を検討中であるが、その具体的な結果が期待できるのは、新しい事業年度に入ってからのことである。

館長　フリック

各年度報告には、いずれも館長名義で、資料館主催の特別展や講演会などの事業報告、編集など進行中の学術企画や、新たな収蔵品の紹介が記されている。それ以外の城計画の経緯などは、戦前の彙報にはなぜか原則として報じられていない。

まず展示会、講演会についてみると、一九二九年の最初の展示会以降、「日本芸術・祭祀品展」(一九三七年一二月五日―三八年一月二四日)、「東アジア宗教・芸術展」などの公開特別展や、それらと関連した一連の講演会を催している。

しかし報告内容でとくに目立つのは、多くの寄贈者、寄贈品の紹介で、なかでも目を惹くのは、「日独文化協会」と、ハックマン教授である。

まず日独文化協会は、一九二八年から三四年まで再三にわたって仏教や神道の多くの貴重な資料を寄贈したり、あるいは購入斡旋の労をとっている。とくに際立っているのはグンデルト会長の功績である。

しかしとりわけ文献資料面での寄与として特筆すべきは、やはりハックマンの遺品であろう。すでに一九三四年には約四千にのぼる蔵書のすべてが、また没後は宗教関係の優れた収集品と遺された蔵書、さらには貴重な草稿類など多くの遺品が資料館に寄贈されている。そして、このハックマンの草稿類の、とりわけサンスクリット・中国語仏教

創設者 Rudolf Otto（v. Karl Doerbecker）

辞典の編纂作業はその後の資料館の重要な課題となり、またハックマン文庫は今日でも資料館図書室の基本部分をなしている[28]。ちなみに、オットーが最初の本格的な旅、一八九一年の「ギリシア旅行」の旅仲間として選んだのは、カール・ティンメと、このハックマンである。ここからも窺えるように、このアムステルダム大学教授が、その巨人的な学的収穫のすべてを資料館に託したのは、ほかでもない創設者オットーへの深い敬愛と友情の故である[29]。この点でも、資料館は創設者その人と深く結びついている。

　このハックマン・アルヒーフと並んで文献資料面で資料館に格別な寄与をなすものは、やはり創設者自身の遺品であろう。フリックが目下その設立を検討中と報じた「オットー・アルヒーフ」がそれである。フリックの予告どおり、オットー・アルヒーフは新しい事業年度に入ってからすぐにその設立をみたと思われる。オットーが亡くなった翌一九三八年に、代表的な神学雑誌二誌（ChrW. Jg. 52. 1938. Nr. 13; ZThK. Nf. Jg. 19/1-2. 1938）に、フリックは、ジークフリートと連名で、「オットー・アルヒーフ」“Rudolf-Otto-Archiv”と題した要請文を載せているが、ここからオットー・アルヒーフの創設と設立時の状況を窺うことができる。

　「オットー・アルヒーフ」は、マールブルク宗教学資料館に置かれ、収集の基礎になるものとしてオットーの手稿資料と著作蔵書をもっている。

　その課題はオットーの学的所産の調達であり、その第一の狙いはオットーの著作目録の作成である。オットーの業績の全貌を完全に理解できるようにし、かれの活動が置かれており影響を受けた歴史的連関を理解できるようにするために、かれの論文、著書と、かれについてのそれとを収集することである。その際かれの、たとえば教会、エキュメニイズムや宣教、社会活動など多岐にわたる業績を忘れてはならない。オットー自身の諸業績と、かれについての研究とが雑誌や論文集などで見つかった際にはご教示いただきたい。外国の雑誌、新聞、団体の報告、散《ばら》のペーパーなどのご支援に対しては完全にかつ例外なく送金させていただく。講義録を閲覧させていただきたい。読者がご承知のことは何でもご連絡下さるよう、そしてこうしたご協力を遅らせることのないようお願いしたい。というのは早急にオットーの著作目録を出版したいからである。重要な内容の書簡と手稿類もコピーで結構ですからお譲りいただきたい。

H・フリック、Th・ジークフリート

ここで、クラーツ氏から伺った「オットー・アルヒーフ」のいささか複雑な経緯にも触れておきたい。オットーは、「自分が書いた手紙等は死後焼却してほしい」との「遺言」を遺しており、姉ヨハンネはそれを実行しようとした。しかしオットーを知る研究者たちは、貴重だから是非保存してほしいと要請し、その焼却を免れ、書簡類と手稿類などを纏めて、このフリックの要請文が告げているように、オットー没後すぐに資料館に「オットー・アルヒーフ」が創られることになった。

ところが、その後一九六一年に、オットーの姪がこのアルヒーフを見て不満を覚え、アルヒーフに反対し、その幾つかが姪の手によって流出するという事態が生じる。その結果大学外に出たものは散逸し不明のものもあるが、大学に遺ったものは組織神学の古文書のなかに遺された。それがアルヒーフとして復活し今日に至っている。

こうした経緯をもつ「オットー・アルヒーフ」は、のちに大学図書館に手稿類の特別部門が設置（W. Herrmann, M.

Rade, P. Natorp, Jacob u. Wilhelm Grimm 等マールブルク大学ゆかりの人物の手稿類を収蔵）されるにともない、オットー手稿類の大半はその所轄が大学図書館に移り、かくして「オットー・アルヒーフ」は、大学図書館（Rudolf-Otto-Nachlaß：HS 797）と、宗教学資料館（Rudolf-Otto-Archiv: OA）との二組に分かれ保管されることになった（補遺参照）。

終戦前後の資料館にも目を移しておこう。ほぼ機能停止に追い遣られていた戦争末期の状況と、終戦直後の再開状況を、フリックはつぎのように報じている（*Chronik*, Apr. 1941 bis 15. Sept. 1947. S. 46f.）。

（A）　一九四一年四月から、一九四五年大学再開まで

……研究所の活動の可能性は、戦争状況によってますます圧迫されていった。われわれが発行した「宗教学冊子」は発行停止の已むなきにいたった。書籍類と宗教的対象は増してきた空爆の危機のために疎開し、そのため活動は停止せざるをえなかった。購入機会、展示や講演は、報告年度一九四四・四五年ではほぼ完全に停止した。われわれが最後まで為し遂げることができたのは教育活動と研究活動である。同じように、ハックマン辞典の編纂作業はノーベル教授の指導のもとに中断することなく続けられた。同様に、書籍類と宗教的対象を利用した宗教学と宣教学の演習は占領にいたるまで続けられた。

（B）　一九四五年大学再開から、一九四七年九月一五日まで

防空壕に疎開していた資料館の書物と貴重な祭祀品は、終戦後二、三カ月のうちに資料館に戻され、ふたたび展示閲覧に供することができた。若干のものについては損傷が確認された。それ以外に、盗難と水害によって若干の書物と対象が失われた。岩塩坑に隠蔵されたわが哲学と神学部門の書籍約二百冊は塩穴の火災で焼失してし

まった。こうした損害はまことに残念ではあるが、しかしそれらは全体からするとごく一部にすぎないので、祭祀品と書物という貴重でかけがえのない資料が助かったことに感謝しなければならない。

再開された外国との交流の最初のものとして、かつてのマールブルクの教授カール・レーヴィット氏等による書物の寄贈がなされている。この報告年度でのもっとも重要な出来事は、マールブルク城計画が実現したことである。オットーによって立案されたこのプランは、一九三〇年に認可され、大学同盟の記念祭に際して大学講堂《アウラ》で催された当時の大学督学官フォン・ヒルゼン枢密顧問官の式辞で発表された。詳細にわたって練り上げたプランにしたがって、いまやマールブルク城は宗教学資料館とヘッセンの奨学生施設に、そして城の北翼は諸会議、会合に宛てがわれている。すでに一九四六年初夏には城への引越しを開始することができた。仏教圏域と聖書世界の大きな影像が予定された二つの展示室の一室に納められ、以来日々の城見学に供せられている。さらに一九四七年夏学期には二カ月にわたる伝道展が開催され、アジアとアフリカでの宣教師たちの実践的な仕事と研究活動が、「対象」やまことに多種の言語の聖書翻訳や教科書を用いて展示され、それと関連してわれわれは講演活動も再開した。

館長　フリック

城計画の実現を目指すフリックの努力は戦後再開された。そして一九四七年には、記念館から、かの宿願のマールブルク城への移転が実現した。

しかし創設者が夢見たこの住まいも、現実には、「ロマンティックではあるが、資料館の発展にはほとんど役立たない仮の施設」(Kraatz, (C-9). S. 3) といった代物で、「展示品は博物館学的技術も宗教学的コンテクストも欠いたまま未整備の部屋に展示され、また研究所としても必要な空間とメンバーが欠けていた」[30] (Kraatz, (C-4). S. 387)。そして創立五〇周年には城計画と訣別し、後継者が打ち出した国際的な宗教学研究所構想は結局は断念された。その後さらに一九八二年九月二五日、資料館は現在の方伯官房《カンツライ》に移った。かくして、五五年の長きにわたる漂泊のすえに、宗教学資料館はここに終《つい》の住み処を見出した。

駆け足で辿った「宗教学資料館、その後」の報告を閉じるにあたり、最後に、この「オットーの遺産」に深くかかわり、資料館活動に直接参与した人びとを顕彰し、歴代の資料館関係者と、その在任期間を記しておく。

Direktor …… Rudolf Otto（1927 – 1933）. Heinrich Frick（1929 – 1952）. Friedrich Heiler（1953 – 1962）.

Leiter　…… Ernst Dammann（1962 – 1972）. Martin Kraatz（1968 – 1998）.

Kustodin …… Käthe Neumann（1937 – 1968）.

＊　＊　＊

基本的には、むしろ創設者の死でもって、「宗教学資料館」博物誌を綴る作業をひとまず閉じておきたい。この博物誌は、一見さりげない資料館という装いに託された、「宗教の生ける現実」へのオットーの無垢な共感に注目し、もっぱらこの共感に寄り添いながら、「宗教の理論と現実」をめぐるオットーの類稀な宗教学的遺産を確認しようとするものである。資料館それ自体の史的分析やその宗教学的裁定は、いまの課題ではない。この遺産の中核をなすものとして、私たちは宗教の知覚的な「具象物《もの》」への、「宗教的対象」への深い関心に注目する。

しかし、創設者の慧眼が生み出したこの遺産は、「城計画」の推移のなかで次第に痩せ細っているようにも思われる。その要因を後継者の時代境位との葛藤に求めるのは、必ずしも正確ではない。同時にそれは、後継者の資料館に対する姿勢に、さらには宗教研究をめぐる理念そのものに根ざしているようにも思われる。博物誌が告げているのは、この理念をめぐる創設者と後継者の隔たりでもある。資料館理念の変容もそれと無縁ではない。

あえて言えば、ここには、資料館を巡る両者の姿勢と理念の齟齬が介在しているように思われる。すなわち創設者オットーは、資料館創設を目指し、諸宗教の協調を目指す運動や、時の反宗教的思潮との対決といったアクチュアルな課題は、「宗教人類同盟」の実践的活動や、自然主義思潮との思想的対決といった学的作業のなかで展開し、この資料館にはもっぱら「宗教的対象」の具象的な理解を託した。具象的な宗教的対象を実際に観察することによって、宗教の理念像ではなく、宗教の生ける現実を直観的・具象的に把握することが、オットーが資料館に託した理念の基本であった。

そしてこの創設者の理念は、たしかに後継者においても否定されてはいない。しかしフリックは、資料館の拡充を課題として求められている後継者として、ひとつには、その拡充の現実策を模索するなかで対峙せざるをえない、時の政治状況との駆け引きを配慮して、それが求めているアクチュアルな課題をも資料館理念に取り込む策を選択する途を選んだように思われる。もうひとつには、――そしてこれがより本質的な意図でもあったが――「宗教的ニヒリズム」なる時代の宗教の危機的状況との対決という「神学者」としての思想的課題との取り組みを模索し、このアクチュアルな宣教学的課題を、新たな「研究所」構想に託そうとしているように思われる。

ともあれ、この遺産に託された創設者の理念に、ここで私たちは立ち返りたい。それは宗教の具象的な「もの」への関心であり、その根底には、宗教の知覚的世界への深い共鳴がある。この理念の核心を尋ねるには、資料館のその後を追い続ける途を中断し、その発酵現場に舞いもどる必要がある。その発酵源は、資料館の誕生地ともなった「オットーの旅」のなかに宿されている。資料館の博物誌を追うなかで見えてきたのは、このことである。

かくして私たちは、「宗教の生ける現実」を前にして、おのれの感性の扉をはげしく叩くその知覚的表象に心奪われ、その基層に綾なす宗教的な知覚世界の mysterium に誘われ〈聖の大地〉を尋ね歩く、「旅するオットー」の跡を辿ることになる。

註

第一部　旅するオットー

（1）Vgl. G. Mensching, Rudolf Otto und die Religionsgeschichte. E. Benz,（G-7）; F. Heiler, Die Bedeutung Rudolf Ottos für die vergleichende Religionsgeschichte. Forell-Frick-Heiler,（G-5）.

（2）J. Geyser, *Intellekt oder Gemüt ? Eine philosophische Studie über Rudolf Ottos Buch "Das Heilige"*. Freiburg 1922 ; M. Scheler, *Vom Ewigen im Menschen*. GW. Bd. 5. Bern 1954^{4} ; F. K. Feigel, *"Das Heilige". Kritische Abhandlung über Rudolf Ottos gleichnamiges Buch*. Haarlem 1929, Tübingen 1948^{2}.

（3）HS 797/794 : Edmund Husserl an Rudolf Otto vom 5. 3. 1919.（= Schütte,（G-6）. S. 139-142.）七―四（二七二―三頁）参照。

（4）W. Baetke, *Das Heilige im Germanischen*. Tübingen 1942.

（5）K. Rudolph, *Die Religionsgeschichte an der Leipziger Universität und die Entwicklung der Religionswissenschaft*. Berlin 1962 ; Leipzig und die Religionswissenschaft. *NVMEN* 9. 1962 ; Die Problematik der Religionswissenschaft als akademisches Lehrfach. *Kairos* 9. 1967. あとの二論文は *Geschichte und Probleme der Religionswissenschaft*. Leiden 1992 に一部変更のうえ収録されている。

別の視点のものとしては、Vgl. J. Wach, Rudolf Otto und der Begriff des Heiligen. *Deutsche Beiträge zur geistigen Überlieferung*. 1953 ; J. Hessen, *Die Werte des Heiligen. Eine neue Religionsphilosophie*. Regensburg 1938 ; *Religionsphilosophie*. Bd. 2. Basel 1948. S. 319-351.

（6）オットー宗教学の主題、方法、学説史上の位置づけ、ならびに問題点をめぐる解答は、田丸氏のすぐれた総括の試みによって十全に与えられている。田丸徳善「オットーと宗教学」『宗教学の歴史と課題』山本書店、一九八七参照。

（7）HS 797/582について。提出された最終コピーが失われ、唯一遺ったこの草稿は極端にラフな手書きの判読困難な代物であるが、近年 Margerete Dierks らのテクスト・クリティークによって理解可能になり、かつこの清書テキストは、Alles 作成の OTTO-Website：www.netrax.net/~galles/："RUDOLF OTTO".（1997）に英訳も含めて公開されていた。"Vita zum ersten Examen"（1891）, abgeschrieben von M. Dierks, Martin Kraatz, Margot Kraatz, Gregory D. Alles. cf. G. D. Alles（ed.）, Vita for the first examination in theology. pp. 51-60.

筆者は資料館滞在時（一九九三年九月）、オットー手稿判読作業のため来館した M. Dierks と、オットーの旅とそのテキストをめぐって意見を交わすことができた。またこの時女史が持参し Rudolf-Otto-Archiv に寄贈することになった B. Forell, *Från Ceylon Till Himalaya* の独訳 "Von Celon zum Himalaya".（übertragen v. Ursula Lorenz. 1987）に目を通すことができた。ちなみに訳者 U. Lorenz は、著者 B. Forell のかつての秘書で、M. Dierks の友人である。

（8）兄は七人、姉が四人で、オットーの下にいるのは、妹ではなく弟 Max（1873-1939）である。ちなみに数多く遺されている旅先からの書簡は、母 Caroline（1828-1911）と、ごく一部の姉 Else（1868-1932）宛を除けば、その大部分は姉 Johanne Ottmer（1861-1942）に宛てたものである。姉ヨハンネはオットーがもっとも深く心通わせた肉親であり、かれを生涯にわたって支え続けた。そしてそれはオットーの死後にも及んだ。オットーの遺稿類の多くが遺されたのは、ヨハンネの配慮によるところが大きい。

（9）Darwinismus von heute und Theologie. ThR. 5. 1902. S.483-496 ; *Naturalistische und Religiöse Weltansicht*. Tübingen 1904.

（10）オットー宗教学の基調として、宗教のたんなる理念的世界のロゴスではなく、宗教的表象がどのような感性的形態をとって表現されるか、という宗教の形態 Gestalt への強い眼差しを指摘しうるが、その土壌を培ったのは、豊かな芸術的感性の資性と、この学生時代の芸術領域への強い関心であろう。ちなみに大学生オットーは芸術史のゼミに出席し、――一門下生の回想によると――余暇の多くをピアノ、「迫力ある力強い声」の歌唱などに当てており、その音楽好きは並外れたものであった（Flemming, HS 797/578. S. 8）。ちなみにクラーツ氏は、「オットーの本質はsensibel だ」と語っていたが、これはオットーの世界理解の姿勢の基調を言い当てている。

（11）シュッテ H.-W. Schütte の文献目録（Literaturverzeichnis）――これは今日望みうるもっとも優れたオットー文献目録である――の最初にリストアップされているのが、この雑誌掲載の「旅便り」である。つまりオットーの最初の出版物は学術的な論攷ではなくて、この旅便りである。このことは宗教学者オットーにおける旅の位置・意味を象徴的に告げていて興味深い。Vgl. Schütte,（G-6）. S. 143-157. なおこの文献目録は、邦訳（華園聰麿・日野紹運・J・ハイジック訳『西と東の神秘主義』人文書院、一九九三、三八二―三八九頁）にも補足説明付で収録されている。

（12）「学生時代にも携わったアラム語とアラビア語の言語研究は、かれの将来にとってさして意味をもつものではなかった。いずれにしろかれのアラビア語の知識は、一八九五年復活祭のアラブ諸国への大旅行に、アラビア語の面倒を見てもらうために友人カール・ティンメを連れて行くほどお粗末なものであった」（Schinzer, S. 5. cf. Almond, p. 12）。しかしこの解釈はウイルヘルムの回想を安易に受けとめた結果であって、論拠を欠いている。少なくともオットー自身の記録からは、アラム語とアラビア語の習得がこの旅の目的のひとつであったとは確認しえない。

（13）イスラームに対するオットーの否定的評価としては、ズィクルにおけるデルヴィーシュの異様な振舞いに見られる合理性の欠如とともに、とりわけ「その営利的な側面」への嫌悪が指摘されている。Vgl. Schinzer, S. 8f., Almond, pp. 12-13. しかしこの指摘にはすでに不用意な神学的査定を織りこんだ主観的な解釈の勇み足が見られる。

（14）編者は、脚注に、「宛名は東アジアのドイツ人上海教区の牧師」と認《したた》めている。この牧師は前回のギリシア旅行を共にしたハックマンと思われる。かれは当時（一八九四―一九〇一）、上海でドイツ人教区の牧師を務めている。ハックマンについては、第二部註（28）（29）参照。

（15）旅のなかで発酵した宗教現象のひたすらな観照 das reine Anschauen なるオットーの視線は、のちに宗教の知覚的な「対象」Gegenstand への関心と結びついて、「宗教学資料館」開設への情熱となって現れる。ちなみにクラーツ氏は、この観照 Anschauen に資料館と創設者オットー自身の宗教理解の基本を見ている。Vgl. Kraatz, (C-4), (C-5).

(16) この呟きを、シンツァーは「預覚的な精神高揚の体験」として注目している。しかしオットーの記録から見るかぎり、そうした格別の体験であったとは見なしがたい。この類いの体験は、これまでの旅のなかでも繰りかえし告げられてきたものであり、それはむしろ青年オットーの感性の一般的な特徴であるにすぎない。

(17) Vgl. E. Benz, R. Otto als Theologe und Persönlichkeit. E. Benz, (G-7). S. 36 ; F. Heiler, Die Bedeutung Rudolf Ottos für die vergleichende Religionsgeschichte. Forell-Frick-Heiler, (G-5). S. 15f.

(18) オットーが受領した給費金は、公的資料（「ゲッティンゲン・ドキュメント」）には「一万マルク」と記されているが、シンツァーは、「一万三千マルク」と記している。

この「カーン基金」は、「フランスの銀行家カーンが列強の間に緊張が強まるのを憂い、知識階級が相互理解を深め、平和が実現することを願って提供した」奨学基金である。そしてこの「知識階級」の対象は、ドイツ人、あるいはヨーロッパ人に限られてはいない。ちなみにオットーが受領したのと同じ年（一九一一年）に、日本の研究者もその恩恵に与っている。

たとえば歴史学者、辻善之助は、明治四四年八月から一三カ月にわたって、ヨーロッパを中心に一一カ国を巡回しているが、それはこの基金の奨学金（六五〇〇円）を得て可能になったものである。その際辻に求められた課題は、「欧米の博物館・美術館の運営や文化財の保存について知識を得ること、海外に流失した日本の文化財の状況について調査すること、日本の海外交渉に関する史料を収集すること」などであった。カーン財団について、辻達也（善之助次男）は、「そもそもフランスのカーン財団が日本人にまで奨学金を交付した意図は、世界大戦直前の国際的緊張の高まる中で、つとめて多くの知識人に他国についての知識見聞を広め、国際理解を深めて、破局防止に役立てようとするところにあったと、父から聞いている」と述べている。

ともあれ同じ時に、西と東の二人の若手研究者が、それぞれ東洋と西洋に向けて研究旅行に旅立っているこの事実は、その後二人が成し遂げた仕事に対するその旅の意義を想うと興味深いものがある。（引用はいずれも、姫路文学館『二人のヨーロッパ　辻善之助と和辻哲郎』（「二人のヨーロッパ展」解説書、平成一三年）による。）

(19) 経験を奪われた理念は宗教経験の現実には届かない。宗教経験が理解可能になるのは、概念的に明晰な原理から論証的にではなく、体験レベルの直観的把握においてである。このオットーの宗教解釈の基調は、かれの学以前のコスモロジーの傾向であるとともに、自覚的な学的主張でもあった。『カント・フリース的宗教哲学』書で明確に打ち出され、のちに『聖なるもの』(Vgl. Kap. 20-22)でも繰りかえされたこの預覚論の主張は、しかし、はじめにその理論（フリース）からもたらされたというよりは、一八九五年の旅が告げているように、むしろ旅先で逢着した宗教経験に触発され、それへの学的アプローチの内的要請として具体的に発酵しかつ確信されていった。フリースの理論はその論理的彫琢の過程で援用されたと見るべきであろう。

(20) Vgl. *Das Heilige*. Breslau 1917, München 1936[29-30]. (zit. DH.) Kap. 17.（華園聰麿訳『聖なるもの』創元社、第一七章参照）

(21) 北アフリカ旅行の起点について。「旅便り」の記述（「明朝接岸しようとしているモガドール」）と、「報告書」の記録（「アフリカ西海岸の何処までも続く白砂が現れ、その砂上にモガドールが姿を現した」(S. 4)）などから推して、モガドールに上陸したと思われるが、上陸の正確な日にちは確定し難い。「旅便り」の記述の日付（18. Mai）からすると五月一九日になるが、別の記事（14. 5 : Mogador）からすると一四日にはすでに上陸していることになる。

(22) オットーが口にした「フェズの大きな大学」は、イスラーム神学研究の中心、カラウィイーンであろう。そしてこれを口にしながら、オットーはモロッコ最古のカラウィイーン・モスクやマドラサ・アブー・イナーンなど、イスラーム文化の宝庫、古都フェズへの想いをあらたにしていたであろう。オットーのイスラーム理解を考えるとき、このフェズ訪問断念の事態は、それを尋ねる私たちにとってもまことに残念な事態であった、とあえて重ねて記しておきたい。

(23)　この視線は、かつてエルサレム（一八九五年）で復活祭の祭儀を見つめるオットーにも見られたものである。すなわち、粗暴な喧噪に包まれた復活祭を目の当たりにして、「なんてスキャンダラスな！　これでキリスト教徒を自称するとは、なんてひどい奴だ！」と、その儀礼がおびた粗野な異教的表象を冷笑し批判する周りのヨーロッパ人とは対照的に、オットーは、そうした自己本位の嘲笑や批判の介入の余地などまったくないまでに完全にその奇異な出来事の虜になり、ひたすらそれの「純粋観照」に身を委ねていた（三—七参照）。

(24)　「イスラームの特色は、まさにそこでは、神観念の合理的、とりわけ倫理的側面が、たとえばユダヤ教やキリスト教におけるようには初めから確固とした形で明白に現われ得なかったということである。（中略）アッラーにおけるヌミノーゼ的・非合理的なものが合理的なものよりも遥かに重みをもっており、ヌミノーゼ的・非合理的なものが、合理的なものによって、この場合道徳的なものによって、キリスト教におけるようにはいまだ十分に図式化されたり和らげられてはいないということ」（DH. S. 112）。『聖なるもの』のこの発言ゆえであろうか、オットーはイスラームに対して、とりわけその神観念の合理的、倫理的側面の未熟、ないし欠落のゆえに非共感的、批判的であった、とされている。

たしかにそれは、旅先での現実のイスラームとの出会い、たとえばカイロのデルヴィーシュとの出会い（一八九五年）——それはかれのネガティブなイスラーム観の発端でもある——からも読み取ることができ、とりわけ時処を同じくしたコプトとの出会いの感動と対比すれば、それは容易に確認しえよう（三—四・五参照）。

しかし、この流布したイスラーム批判の図式を鵜呑みにするオットー解釈者の視線は、マルクトでデルヴィーシュのズィクルを「如何様」と見下していた嘲笑者たちの、宗教の闇の深みを覆い隠しそれから目を逸らした近代主義的合理と倫理のレンズの偏向を免れてはいないように思われる。少なくともその偏向レンズをつけた批判者たちの視線とどれほど距離があると言えようか。いずれにしても、この種の黴びたレンズでは見届け難い「如何様とは別もの」の預覚に打たれ立ち尽くすオットーからは、それは遠い。散見するオットー解釈に見え隠れするこの種の屈折した近代主義的な神学レンズは、「旅するオットー」が宗教の生ける現実との出会いのなかで修正を迫られ、かつ自覚的に振り捨てようとも試みたものに他ならない。

ちなみにオットーは、先の記述に続けて、イスラームのファナティシズムの本質を、「合理的要素によって和らげられることのない、ヌーメン的要素の強烈に荒れ動く感情」であり、本来の意味は、「今日の世俗化され衰弱した意味ではなく、ヌーメン的〈熱狂〉の情熱である」と言い添えてもいる。

してみれば、デルヴィーシュを前にして立ち尽くしたのは、イスラームにおける合理的、倫理的「図式化」の研磨の欠落や未熟さへの嫌悪や嘲笑の故ではなく、そうした「図式化」の裁断をいまだ被らぬが故に生々しく発動するヌーメンの荒々しいファナティシズムが、宗教の原像を問う「宗教学者」オットーの琴線に触れたからと見るべきであろう。

ちなみにオットーは、『聖なるもの』(DH. S. 185)において、「今なお宗教が自然のままの、素朴な本源的な姿で生きている」具体例として、「イスラーム世界の辺鄙な片隅」を指摘し、具体的に「モロッコのモガドールやマラケシュのマルクトや街道」を挙げているが、この事例はまさしくこの旅の具体的経験に基づいているのであって、エスノグラフィーのテキストや宗教史の資料分析からではない。また「如何様師だと識者が非難する聖者」にも注目しているが、そこで念頭においているのは、言うまでもなくこうしたデルヴィーシュの存在である。

(25)　フランスの平和的浸透策への警戒でもって、オットーは同時に、フランスと対照的なドイツの中東植民政策への憂慮をも告げているように思われる。しかもこの発言はたんなる旅先の印象にとどまらなかった。翌年アジア旅行中(青島)の講演で、それを文化植民政策として提言するとともに、それはその翌年誕生した「政治家オットー」の課題ともなった。Vgl. Deutsche Kulturaufgaben im Ausland. *Der Ostasiatische Lloyd*. Jg. 26. Nr. 23. 7. Juni 1912. S.

483-485.

ちなみに、一九一三年、オットーはプロイセン領邦議会でゲッティンゲン代表に選出されている。政治家オットーの第一次大戦前の主たるテーマは文化植民主義であったが、北アフリカを旅するオットーの、イスラエル同盟やフランスの平和的浸透を憂慮するこの発言が、すでに政治家オットーの初期のテーマに触れているのは興味深い。してみれば、北アフリカ旅行は、かれの文化植民主義の誕生地ないし発酵場の様相をも帯びることになる。ともあれ、後の政治家オットーの文化的プログラムは、北アフリカにおけるフランスの平和的浸透策の現実に触れたこの旅先の観察と深くかかわっている。

ちなみにアッレスは、「おそらくオットー研究においてもっとも欠けている論題は、オットーの広範な政治的、社会的活動であったろう」と指摘し、政治家オットーに注目している。cf. Alles, p. 102.

(26) 表題には「安息日」とのみ記され、日付はない。しかし「安息日」の前後の表題の日付から推して、五月一八日以降、二五日以前であること、かつこの年五月下旬の土曜日が二〇日と二七日であることから、「五月二〇日」と推定される。

またこのシナゴーグは、安息日の典礼の記述に続く、このシナゴーグがある街の状況を述べた以下の記述から、「モガドール（現在のエッサウィーラ）のシナゴーグ」とするのが正しいように思われる。

街の三つの境界線が、境を接してそれぞれをはっきり分けている、キリスト教徒地区・ユダヤ人区・カスバ、ならびに行政地区・軍人地区・外国人地区と。高い塀がそれらを分けている。定規で引いたように大通りが街全体を貫いて真っ直ぐ一直線に伸びており、其処此処で広場と市場《マルクト》のために広くなっている。このことはモガドールが緩やかに形成されたのではなく、スルタンの命令で特定のプランによって建設されたものであることを物語っている。（Sp. 709.）

なお、このシナゴーグを「タンジールのシナゴーグ」としている論者(Schinzer, Boozer)も見られるが、おそらくそれはベンツの発言(Benz, G-7)の影響によるものと思われる。すなわち、安息日の経験をさりげなく「タンジールのシナゴーグ」(S. 17)の出来事と記したベンツは、同論文の別の箇所(S. 36)で、オットーの聖なるものの最初の経験、「超越的なるものとの原初の出会い」の経験が、机上の聖典の繙読からではなく、むしろかれ自身の旅行中の現実の経験から生まれたものであることを指摘した件《くだり》で、この旅行中の経験を、「オットーみずからが私に語った」(S. 36)こととして報じているからである。しかし厳密に言えば、この直接オットーから聞いたと記した箇所では、「聖なるかな」の三唱の経験を、「旅行中のモロッコの、とあるシナゴーグで」とのみ記していて、それを「タンジールのシナゴーグ」とは記していない。

ともあれ、オットー自身の旅便りの報告内容や書簡の日付と、かれの北アフリカの旅程からすると、安息日（二〇日）にはまだ次の滞在地サフィーにも到っておらず、ましてやタンジールはその遥か先の予定地であって、安息日にすでにタンジールに移動していると見なすのは困難である。ちなみに別の論者（Almond, Alles)は、「モガドールのシナゴーグ」と推定している。

(27)　たとえば先のイスラームとの出会いなどは、北アフリカの旅のなかでも重要な経験であった。しかし流布したオットー解釈では、イスラーム体験の意味も、この「聖」のルーツというひとつの特異な経験の偏重によって霞んでしまっている。ちなみに、この「旅便り」の英訳（Alles, Letters from North Africa. pp. 61-92）でも、この「安息日」の翻訳(On the Sabbath)は見られるが、かのマルクトのデルヴィーシュの記録はなぜかカットされている。ここにも、流布した先入観によるオットー解釈の不幸な屈折が読みとれる。

(28)　「ヌミノーゼの表出方法」（DH. Kap. 11. bes. 1. Direkte. S. 79f.)で展開された、ヌーメン的感情の表出模様の原風景をここから読みとることも可能であろう。

(29)　オットーがテネリフェ島の旅便りで、「自然の瑞々しい描写を繰りかえし提示」したのは、かれの感性の自然な発露ではなく、「宗教的なものの意味を美的なものとは違ったものとして読者に喚起することを意識的に試みた」

ものであった、との興味深い解釈をアッレスが提起している（cf. Alles, p. 62）。

しかし、テネリフェ島で饒舌に繰りかえされた麗しの自然の描写は、かりに結果的には「美的なものは宗教ではない」ことを読者に喚起する有効な修辞法として機能しえたとしても、それをオットーの自覚的な修辞法の展開と判定するのは妥当ではない。この種の饒舌な自然讃歌は、テネリフェ島報告特有の現象ではなく、この旅以外の記録でも繰りかえし綴り重ねられているものである。それらが如実に語っているように、自然美の饒舌な描写は、基本的に、あくまでも旅するオットーの自然理解、世界理解の基調として発露したものであり、それはまたオットーの宗教理解の発酵土壌でもあった。

（30）ちなみに、オットーはいつサンスクリット語を学び始めたのか、かれ自身は語っていないが、ハイラーは、それはヒマラヤ滞在中であろうとみている。Vgl. F. Heiler, Die Bedeutung R. Ottos für die vergleichende Religionsgeschichte. Forell-Frick-Heiler, (G-5). S. 17. しかしクラーツ氏は、「オットーはブレスラウ（1915-17）でサンスクリットを学んだ」と語っていた。

（31）日本での受信ハガキのひとつ（HS 797/572a. 25. Pk.: K. Hori. Imperial Univ. library. 4. 2. 1912）には、つぎの表記が見られる。「（明治）四五年四月二日。本郷　帝国大学図書館。K. Hori. 小石川区上富坂街二三独乙神学院。シュレーデル氏方　オットー博士 Prof. R. Otto 殿」。

（32）この「六大新報」四五二号については、華園聰麿氏から教示いただき、その資料も配慮いただいた。なお邦訳『西と東の神秘主義』の華園氏による「解説とあとがき」では、あえて「日本とオットー」なる章（第三章）が立てられ、日本旅行（一九一二）の意味も含めて、オットーと日本との関わりが詳細に論じられていて貴重である。またそこにはこの「六大新報」も収められている。

（33）日本での収集冊子のひとつ「真理」（発売元、教文館など）は、オットーの講演予告を載せている。「同人消息：オットー博士、三月《マ》一《マ》日京都に入り帝國大学、其他に於て講演ある筈、委細次號に報ずべし。」（「真理」第十七號。

明治四五年三月一日）。ただしこの予告期日は、事実と検証してみれば変更されたと判断せざるをえない。

（34）R. Otto, Über Zazen als Extrem des numinosen Irrationalen. *Aufsätze das Numinose betreffend.* Gotha 1923. S. 121.

（35）E. Benz, in: Ueda, *Die Gottesgeburt in der Seele und der Durchbruch zur Gottheit.* Gütersloh 1965. S. 16f.

（36）オットーの禅理解を巡っては、木村俊彦『ルドルフ・オットーと禅』大東出版社、二〇一一参照。

（37）R. Otto, *West-östliche Mystik. Vergleich und Unterscheidung zur Wesensdeutung.* (Gotha 1926), München 1971^3. 華園ほか訳、人文書院、二頁。

（38）しかしフォーレルは、すでに一九二〇年夏学期、神学生としてマールブルクに籍をおきオットーの倫理学講義を聴講している。それは、『聖なるもの』を読んだがためでもある（Kraatz, (C-13). S. 1f.）。したがってこの旅行中にはじめてオットーと面識を得たとは見なしがたい。ちなみに筆者は資料館滞在時（一九九三年）、M. Dierks にこの旅の存在を指摘され、その資料(OA 1051：Absichtsk. M. Pugliti. (?)《ママ》 Otto, Besuch in Chiavari. 15. 12. 25)を識ることができた（註（7）参照）。なおフォーレルについて、とりわけフォーレルとオットーの関係については、Kraatz, (C-12), (C-13)参照。

（39）この講演は、翌年のインド旅行での研究成果を踏まえて、*Die Gnadenreligion Indiens und das Christentum.* München 1930として結実する。

（40）*Ibid.* ここでオットーは、この旅で世話になり教えを受けた人たちの名をあえて明記して謝意を表している。すなわち、マイソール侯（ラーマーヌジャの信者）。スブラマニヤ・アイアー（マイソール大学管財官）。シャマ・シャーストリー博士（マイソール考古学博物館長）。パラカーラ・スヴァーミン・グル（パラカーラ・マタ僧院長、マイソールのラーマーヌジャ教団長）。ゴーヴィンダ・グル。ジャガッド・グル（シュリンゲーリ）。

（41）おそらく"Religiöser Menschheitsbund". *Deutsche Politik.* Jg. 6. 1921. Heft 10のことであろう。

（42）「一二月一二日にはじめて、フォーレルとオットーはマイソールのマハーラージャの招きに応じている」

(Schinzer, S. 26)。この発言は事実と符合していない。オットーがマイソールに到着したその日(一二日)に、かれらはまずマイソール大学学長を訪ねたあと、マハーラージャの私設秘書を表敬訪問しているが、それは「来週に予定されているマハーラージャの接見」の打ち合わせのためであって、この日にマハーラージャの接見が実現したのではない。

ともあれこの点を確認するには、このインド旅行を報じたフォーレルの二つの記録(④HS 797/735, ⑤OA)を検証することが求められる。両記録の関係は、④が⑤の準備ノートという性格を帯びており、内容的に両者の間に多くの齟齬が見られ、かつ④の記載内容が、⑤では大幅に修訂されてもいる。そこで正確を期するため、フォーレルの記録をオットー自身の資料(①②③)とも照合して検証すると、フォーレルの両記録の利用に当たっては、同一事実を巡る記述に差異が見られる場合には、⑤をより正確な記録として採用することが妥当であるように思われる。

(43)　この末尾の章"Mahatma Gandhi"は、インド歴訪を綴った他の章と比べ特異である。実は、その作成に当たって「オットーのために、カーボン紙を挟んでタイプで打ったタイプ写し」(Kraatz)と推定される草稿(HS 797/735)には、この章に該当する記述は見当たらない。したがって、この章は草稿とは独立にあらたに書き加えられたものであろう。おそらく、タイプ写しの草稿を見たオットーが、みずからは参加できずフォーレルに託さざるをえなかった接見内容を、ガンディーをめぐる諸状況も含めて纏めることを望み、オットーのこの要請に応えてフォーレルが付加したのであろう。

第二部　オットーの遺産

(1)　Vgl. J. Wach, *Religionswissenschaft. Prolegomena zu ihrer wissenschaftstheoretischen Grundlegung*. Leibzig 1924. S. 118. 田丸徳善『宗教学の歴史と課題』山本書店、一九八七、二三、二三八頁参照。

(2)　Vgl. J. Hermelink, Evangelische Religionskunde. RGG^3.V. Sp. 996-999.

（3）阿部謹也『中世の星の下で』ちくま文庫、一九八六、二九八―三〇三頁参照。

（4）R. Otto, Ist eine Universalreligion wünschenswert und möglich? Und wenn, wie kann man sie erreichen? ChrW. Jg. 27. 1913. Sp. 1237-1243.

（5）オットーはそれを、責任を自覚した神学に今日求められている重要な三つの課題とみていた。Vgl. Forell-Frick-Heiler,（G-5）. S. 4f.

（6）Vgl. Th. Siegfried, Die Theologische Fakultät. Philipps-Uni.（hrsg.）, *Marburg. Die Philipps-Universität und ihre Stadt.* Marburg 1952. S. 65. ただしその訪問客の多くは、たしかに『聖なるもの』の名声にもよるが、しかし彼の広い交誼は旅によって培われたものの方がより基本的である。

（7）I. Schnack（hrsg.）, *Marburger Gelehrte in der ersten Hälfte des 20. Jh.* Marburg 1977. S. 362-382 ; *Catalogus professorum academiae Marburgensis.* Bd. 2. Marburg 1979. S. 40-41 ; Th. Siegfried, op. cit. ; G. A. Jülicher, Zur Geschichte der Theologischen Fakultät. *Die Philipps-Universität zu Marburg 1527-1927.* Marburg 1927. 1977^2 ; I. Schnack, Die Philipps-Universität zu Marburg 1527-1977. *450 Jahre Philipps-Universität Marburg.* hrsg. v. W. F. v. Bredow. Marburg 1979. S. 97 ; W. Kessler, *Geschichte der Universitätsstadt Marburg in Daten und Stichworten.* Marburg 1984^2. S. 124 usw.

（8）「彼の講義に魅せられ従った学生たちは、彼を〈聖人〉der Heilige と呼んでいた。」J. Wach, Rudolf Otto und der Begriff des Heiligen. *Deutsche Beiträge zur geistigen Überlieferung.* 1953. S. 201.

（9）拙論「ハイデガーと神学」『実存主義』（以文社）第六九号、一九七四参照。

（10）H. - G. Gadammer, *Philosophische Lehrjahre. Eine Rückschau.* Frankfurt 1977. S. 36f.

（11）Vgl. J. Wach, *op. cit.*, S. 201. cf. Almond, pp. 6-7.

（12）H.-G. Gadammer, *op. cit.*, S. 26.

（13）Vgl. J. K.-Mermberg, Religionswissenschaft in Marburg. 2. Materialien. 1977.

（14）G. A. Jülicher, *op. cit.*, S. 573.

（15）Vgl. H.-G. Gadammer, *op. cit.*, S. 25f. 70f.

（16）とくにシンツァーは、オットーのこの期の重要なテーマとして、この「外への働きかけ」に注目している。Vgl. Schinzer, S. 20.

（17）Vgl. R. Otto, Religiöser Menschheitsbund neben politischem Völkerbund. ChrW. Jg. 34. 1920. Nr. 9. Sp. 133-135 ; Religiöser Menschheitsbund. *Deutsche Politik*. Jg. 6. 1921. Heft 10.（ThB）; Ein Bund der guten Willen in der Welt. *Die Hilfe*. Nr. 13, 5. 5. 1921. S. 193-208.（OA 1266）; *Mitteilungsblatt des Religiösen Menschheitsbundes*. 1922. Nr. 1.（OA 1282）, Nr. 2.（OA 1283）; Religiöser Menschheitsbund. RGG^{2}. Ⅲ, 1929. Sp. 2122f.

（18）Vgl. F. Heiler, Religiöser Menschheitsbund. RGG^{3}. Ⅳ, 1960. Sp. 876.

（19）Vgl. Boozer, S. 372f.; H. Frick,（B-11）. S. 134 ; Th. Siegfried, *op. cit.*, S. 64 ; I. Schnack, *Marburg. Bild einer Alten Stadt*. Hanau 1974. S. 97.

（20）Vgl. M. Dierks, Eine religiöse Bruderschaft der Erde? Erinnerung an die Zusammenarbeit von Rudolf Otto und Jakob Wilhelm Hauer. *Alma mater philippina*. WS. 1987/88. S. 24ff.

（21）B. Forell, Rudolf Ottos Persönlichkeit. Forell-Frick-Heiler,（G-5）. S. 2.

（22）この展観活動は、特別展にかぎらず日常活動においても今日にいたるまで遵守されている。それは、宗教的対象を実際に観察することをとおして「宗教の生ける現実」を具象的に理解することを意図した創設理念の基本に沿うものとして、クラーツ氏が資料館運営にあたってもっとも重視しているもののひとつでもあった（Vgl.（C-3），（C-4）. S. 388）。

ちなみに、『クロニーク』の「資料館彙報」には、解説員つきの展観記録や、観覧をともなった入門講義や講演の記録が繰りかえし報告されている。なお観覧者への展示品の解説、案内役は、歴代館長はもとより、フリック夫人、ノイマン K. Neumann 学芸員なども務めている。Vgl. *Chronik*（Rechnungsjahr 1937, 1941-47, 1947-50, 1950-54. Berichtszeit 1954-58, 1958-63 usw.）

(23) V. Losemann, Der Marburger Schloßplan 1927-1945. Zeitgeschichtliche Wandlungen eines Forschungsprojekts. *Academia Marburgensis. Beiträge zur Geschichte der Philipps-Universität Marburg*. Marburg 1977. S. 353-405.

(24) Vgl. H. Hermelink u. S. A. Kaehler, *Die Philipps-Universität zu Marburg 1527-1927*. Marburg 1927. 1977^2. S. 546.

(25) Vgl. Heft : Marburger Universitätsbund. Marburg 1961. S. 32.

(26) 「このプロジェクトは、一九三〇年一月にマールブルクでプロイセン文部大臣ベッカーに上申し、のちにフリックとオットーによって、ひとつの共同報告書（R. Otto, u. H. Frick an Becker, 10. 4. 1930）のなかでより詳しく解説されている」（Losemann, S. 357）。

(27) この点に因んで、ある「覚書き」に関するローゼマンの報告(S. 363ff.)が興味深い。すなわち、この前年九月、オットーとフリック連名の「覚書き」（Memorandum: R. Otto u. H. Frick, Das Marburger Schloß als Forschungsinstitut f. Religionskunde mit Sammlung u. Weihestätten. Marburg Sept. 1933）が提出されているが、この「覚書き」に添えられたフリック名義の「資料館と研究所規約の一般方針」（Frick, Entwurf, abgeschlossen am 6. 9. 1933）では、宗教学資料館の現存部門の解説から、実在しているユダヤ教部門がカットされており、そこには「第三帝国の人種立法の反映を如実に物語るアクセントの移動」が見て取れる。また「覚書き」には、「聖地を特別に愛好するナチズムの熱をおびた言葉に近づいた」表現が登場しており、「宗教学的な目標設定が、もっぱら国家主義的な思想によって基礎づけられている」のも事実である。しかし、こうした国家主義的パースペクティーフの強調を匂わせた文面を額面どおりに受けとることは賢明ではない。他面では、こうした政治的配慮の行間から「ナチズムの宗教政策に対する批判も読みとれる」からである。

ともあれ「覚書き」の基調は翌年の請願書と類似しており、またここでも、資料館の本来の目的は、「宗教を具象的に見えるようにすること」に置かれている。（なお、この「覚書き」のオリジナルは資料館の公文書（RSA）にも欠けており、ローゼマンの間接的な報告に依拠せざるをえなかった。）

（28）筆者は、資料館滞在中図書室の資料調査を進めるにつれて、このオランダ宗教学の巨人の膨大な学的所産に触れ、そのデモーニッシュな学的情熱に驚嘆の念を禁じえなかった。なおハックマンについては、Vgl. R. F. Merkel, Heinrich Hackmann. *Nieuw Theologisch Tijdschrift.* Afl. 4. 1934. S. 299-315.

（29）ハックマンの、とくにオットーとの関係を訊ねた時、クラーツ氏は、資料館が誇る「ハックマン・アルヒーフは、資料館への寄贈というよりは、むしろ人間オットーへのハックマンの深い敬愛の情から、友人オットーその人に託したのだ」と語っている。ちなみに現在、宗教学図書室 Bibliothek Religionswissenschaft の特別室には、ハックマン蔵書とヴィトゲンシュタイン蔵書とが収められているが、この室にはオットーが生前使用していた机が置かれ、壁面にはオットーの肖像画（v. Karl Doerbecker. 三一七頁参照）とともに、ハックマンの写真が掲げられている。

なおヴィトゲンシュタイン蔵書は、一九五〇年に、フリックがマッククロイ寄付金からの六千マルクで、ヴィトゲンシュタイン城のザイン＝ヴィトゲンシュタイン侯の個人蔵書の一部――一七―一八世紀のプロテスタント宗派史のうちの約千巻――を購入したもの。Vgl. *Chronik.* Rechnungsjahr 1950-54.

（30）かつてマールブルクに学んだ一宗教学者の目には、それはつぎのように映っていた。すなわち、「オットーによって始められた宗教学資料館は、マールブルク外での名声とは裏腹に内部ではひどい機能麻痺に陥っていた。それは初めはひどく狭い部屋に、のちには大学から離れて何年もの間暖房もない方伯城の広間にその展示品と優れた図書が保管されたためである」。G. Lanczkowski, *Einführung in die Religionswissenschaft.* Darmstadt 1980. S. 77f.

あとがき

本書にはあえて「序論」なるものは添えていない。論じるべきことは本論の具体的な論述に込められておくべきで、大上段に構えた前口上で著者の恣意的な願望をあらかじめ読者に求めるのは妥当ではないように思われるからである。著者の手を離れたとき、読み方はすべて読者の判断に委ねられている。とはいえ、長きにわたって少しずつ書き続けた論文をもとにした本書の場合、少なくともその成り立ちと構成については説明しておくことが求められよう。

本書には、一九九〇年以来、「オットー・アルヒーフ」読解作業をすすめるなかで少しずつ纏めてきた以下の論文と、あらたに書き下ろした論稿（五・六章）が収められている。（＊は本書該当の章－節）

「オットーにおける宗教の理論と現実――「マールブルク宗教学資料館」博物誌（一）」
　『文科報告』（鹿児島大学）二六号、一九九〇年　＊七・八章

「オットーの遺産――「マールブルク宗教学資料館」博物誌（二）」『文科報告』二八号、一九九二年　＊九章

「オットー宗教学の原風景――「旅するオットー」（一）」『文科報告』三〇号、一九九四年　＊一・二章

「聖地を巡る――「旅するオットー」（二）」『文科報告』三二号、一九九六年　＊三章

「聖の原郷」『宗教研究』三一四号、一九九七年　＊四章

「聖の原郷ノート（一）――「旅するオットー」（三－一）」『人文学科論集』（鹿児島大学）五四号、二〇〇一年　＊四章－一・二

「聖の原郷ノート（二）――「旅するオットー」（三－二）」『人文学科論集』五五号、二〇〇二年　＊四章－三

著者がこの研究に取り組むことになった経緯については、本研究の最初の論文を収めた第七章一節（はじめに）、および第九章末尾に、また本書を導いている問題意識なり方法・解釈視角については、第一章一・二節に記している。これらはいわば本書の序文に当たるものでもある。

あらたに書き下ろした論稿（五・六章）以外の各章は、基本的にはこれら既発表論文に基づくものであるが、その後の調査で判明しえた新たな資料による検証を踏まえ全体にわたって大幅に修訂、改稿を施し、その多くは既発表稿の原形をとどめぬまでに書き改めている。とりわけ初出論文では詳論した書誌の具体的な考証作業は、本書を編むにあたっては基本的に削除し、代わりにその内容を判読しうるように解説を施す改稿を試みている。この「オットー・アルヒーフ」書誌の煩瑣な考証作業は、著者にとっては本研究の基礎作業として不可欠な、いわば研究準備ノートに当たるものであるが、しかしそれは一般読者には、また多くの研究者にとっても、過剰な忍耐を強いる障壁とはなりえても、必ずしも必要なものとは思えないからである。このような大幅な改稿をあえて試みたのは、本書が宗教の専門研究者にかぎらず、むしろ広く宗教世界に関心をもつ一般読者にも読まれることを望むからである。

想い起こせば、まず午前中は宗教学資料館で主としてオットー・アルヒーフ（OA）の調査にあたり、午後のコーヒー・ブレイク後は大学図書館に移り、夕食を挿んで深夜まで図書館所蔵のオットー手稿類（HS 797）の読解作業に明け暮れたマールブルク滞在の日々が懐かしく蘇ってくる。そして夜半の手稿類調査時には、読解作業に行き詰まり絶望的な想いで深夜図書館を後にすることも稀ではなかった。しかし今ではそれらも、閉館間際になってようやく疑問が解け、小躍りする想いで深夜の石畳を宿舎へと帰途を急いだ日々とともに、懐かしい想い出となっている。

とはいえ、本書の出版はあまりにも遅きに失した。深い慚愧の念でこのことを振り返らざるをえない。

あれは、最初のマールブルク滞在時（一九八八年六月）のことであった。当時IAHR事務局長であったミヒャエル・パイ教授のもとで催されたIAHR事務局長会議に、田丸徳善先生が日本代表として出席されていた。「旅するオットー」読解作業への想いを先生にお話したのはこの時であった。以降、学会などでお会いするたびに研究の進捗状況を尋ねられ、「まだ了えていません」との苦しい弁解を繰りかえすことになった。

歳月を経て二〇一二年一〇月、マールブルク大学神学部で開催されたオットー国際会議に参加することになった。世界のオットー研究者が一堂に会するこの会議は、オットー研究の現況を窺い知るいい機会だとの想いが建前上の理由ではあったが、しかし私の本意は、長く停滞している研究を纏めるに不可欠な、オットー手稿類の未検証資料の調査を完了させたいとの想いにあり、またノイエ・ピナコテーク（ミュンヘン）にも足を運び、青年オットーをギリシア冒険旅行へと駆り立てた、かのロットマンのギリシア風景画シリーズを改めて確認しておきたいとの想いからでもあった。帰国後、会議報告をかねて認《したた》めた書簡に対する先生からの返書には、「完成を楽しみにしています」との言葉が添えられていた。しかし一四年暮、先生の訃報を手にすることになった。それは懸案の仕事をようやく纏め上げた時でもあった。ともあれ本書を先生にお見せする機会を逸してしまった。このことを深い慚愧の念で記さざるをえない。

本書を纏めるには多くの方々のお蔭を蒙っている。まず我が国のオットー研究の第一人者である華園聰麿氏（東北大学名誉教授）には、オットーに関してはもっぱら存在論の暗闇から批判の矢を射る的《まと》としてしか見ていなかった、オットー研究とは無縁であった筆者に、オットーに取り組むことの重要性をそれとなく指摘され、研究を始めて以降も終始問題点をご指摘いただいた。そして本書の刊行も氏との相談から出発している。またオットー研究に新たな光を当て続けている澤井義次氏（天理大学）には、常々オットー解釈を巡って貴重な視角と刺激を蒙っている。さらに、近年カイロで在外研究中であった気鋭のイスラーム研究者澤井真君（日本学術振興会特別研究員PD）には、古今エジプトの宗教状況や、「旅するオットー」に頻出するイスラームを巡る発言の不明箇所について種々ご教示いただいた。

本研究では多くの方々のお世話をいただいており、公平を期して個人名を漏れなく枚挙することは困難であるが、まずは鹿児島大学在職時の知友同僚たちに改めて謝意を表しておきたい。なかでも長年にわたってお世話になっている二人のゲルマニストに。まず山原芳樹氏には本研究の出発点となった宗教学資料館での研究生活の準備段階から終始ご助力いただくとともに、とりわけ語学面で長年にわたって親身なご教示を忝くしている。また中島大輔氏にはドイツの文化と言語を巡って筆者の度重なる問いかけに終始真摯にお応えいただいている。

本書の刊行は、近年『イタリア宗教史学の誕生』を世に問うた気鋭の宗教学者江川純一氏のご配慮に負うている。出版社への紹介、折衝、面倒な出版作業の全般にわたって親身になってご配慮いただいた。氏のご助力に心からお礼申し上げたい。また奥山倫明氏（南山大学教授）からも出版の実現に向けて親身なご配慮を忝くしている。さいごに、厳しい出版事情のなかにあって、本書の出版を快諾いただいた国書刊行会編集部長清水範之氏に、そしてとりわけ、希望に添うよう編集作業をすすめ、また大学院でインド学を修めた方ならではの貴重なご指摘も含め、細部にわたって種々ご助言いただいた編集部の今野道隆氏に感謝いたします。

二〇一六年　　鹿児島にて　　前田　毅

著者紹介
前田　毅（まえだ　つよし）
1938年　姫路生まれ.
1968年　東北大学大学院文学研究科博士課程単位取得．宗教学専攻.
鹿児島大学教授．マールブルク大学客員研究員.
鹿児島大学名誉教授.

聖《せい》の大地《だいち》――旅《たび》するオットー
ISBN978-4-336-05998-7

平成 28 年 9 月 5 日　初版第 1 刷発行

著　者　前田　毅
発行者　佐藤今朝夫

〒174-0056 東京都板橋区志村 1-13-15
発行所　株式会社　国書刊行会
電話 03(5970)7421　FAX 03(5970)7427
E-mail: sales@kokusho.co.jp　URL: http://www.kokusho.co.jp

落丁本・乱丁本はお取替えいたします。
装幀 鈴木正道（Suzuki Design）
印刷 三松堂株式会社
製本 株式会社ブックアート

人名索引

あ行

アイアー　Iyer, S.　337
アッレス　Alles, G. D.　328, 334, 336
アル - サダト　el-Sadatt　77-78
アルモント　Almond, P. C.　174
アントニウス　Antonius（総主教）　249
アンドレアス　Andreas, F. C.　262
イスマイル　Ismail, M. M.　223-24, 230
ヴィーズィンガー　Wiesinger, A.　55
ヴィトゲンシュタイン侯　Wittgenstein, Sayn　342
ウイルヘルム　Wilhelm, R.　206
ウイルヘルム　Otto, F. Wilhelm（父）　17
ヴィンシュ　Wünsch, G.　289
ウーデ　Uhde, F. v.　27-28, 50
エイレナイオス　Irenäus（主教）　249
エルゼ　Else, H. A. R.（姉）　143, 214, 328
オクスナー　Oxner, H.　273
オルデンベルク　Oldenberg, H.　262

か行

カーネギー　Carnegie, A.　216
カーン　Kahn, A.　330
ガイザー　Geyser, J.　8
ガダマー　Gadamer, H.-G.　270, 272
桂太郎　199, 202
カロリーネ　Otto, Caroline（母）　17, 328
ガンディー　Gandhi, M. K.　238-40, 338
カント　Kant, I.　139, 169
キィスナー　Küssner, K.　274
クノーケ　Knoke, K.　55
クラーツ　Kraatz, M.　201, 253-56, 266-68, 296, 314, 318, 321, 329-30, 336, 340, 342
クルティウス　Curtius, E.　40
クルト・ルードルフ　Rudolf, K.　8
グレシャート　Greschat, H.-J.　254-55
グンデルト　Gundert, W.　316
ゲーテ　Goethe, J. W. v.　308
ゲルトナー　Geldner, K. F.　237
ゴードン　Gordon, C.　92

さ行

西園寺公望　199
ジークフリート　Siegfried, Th.　289, 317-18
シェラー　Scheler, M.　8, 272
シッラー　Schüler　197
シャーストリー　Shastri, S.　337
釈慶淳　203
釈宗演　203
シュッテ　Schütte, H.-W.　270, 329
シュライエルマッハー　Schleiermacher, F. D. E.　136, 139, 169, 310
シュルツ　Schultz, H.　55-56
シュレーダー　Schröder, E.　200, 202, 336
ジョンソン　Johnson　209
シラー　Schiller, M.　15, 200, 202-03

シンツァー　Schinzer, R.　21, 24, 273, 330, 340
スヴァーミン，ゴーヴィンダ　Swamin, Govinda C.　227-28, 337
スヴァーミン，パラカーラ　Swamin, Parakala　226-29, 231, 337
ズーデック　Sudeck, P.　315
スメント　Smend, R.　55-56
スワミ　Swami, R.　219
ゼーダブローム　Söderblom, N.　304
ゾンネマン　So (nemann), E.　58
孫文　198

た行

ダーウィン　Darwin, C. R.　138
竹田黙雷　203-04
タゴール　Tagore, R.　304
田丸徳善　327
ダムマン　Dammann, E.　321
ダライ・ラマ　Dalai Lama　194
チャッカート　Tschackert, P.　55
ツヴィングリ　Zwingli, U.　302
辻善之助　330
辻達也　330
ティール　Thiel, A.　278, 287
ディエルクス　Dierks, M.　328
ティティウス　Titius, A.　262
ティンメ, カール　Thimme, K.　23-28, 30, 38, 42, 46, 58, 61-62, 108, 118, 317, 329
ティンメ，ウイルヘルム　Thimme, W.　23, 26, 58, 61, 329
ドゥ・ラガルデ　de Lagarde, P. A.　55
床次竹二郎　199, 202
友枝高彦　304
トレルチ　Troeltsch, E.　138

な行

ナトルプ　Natorp, P.　272
ノイマン　Neumann, K.　321, 341
ノーベル　Nobel, Joh.　316, 319
乃木希典　199

は行

パートン　Paton, W.　245
パイ　Pye M.　254-56
ハイダリー　Haidari　224
ハイデガー　Heidegger, M.　270, 272
ハイラー　Heiler, F.　143, 234-35, 271, 274, 278, 281, 321, 336
ハウアー　Hauer, J. W.　243, 281-82
バウアー, ハンス　Bauer, H.　244
バウアー, M　Baur, M.　308
バジラコス　Basilakos, G.　108
ハックマン　Hackmann, H.　24-27, 30-31, 50, 89, 315-17, 329, 342
ハッセンプルーク　Hassenpflug, H. D.　296
バトラー卿　Butler Sir　195
華園聰麿　336
バルト　Barth, K.　270
ハルトマン　Hartmann, N.　272
ヒルゼン　Hülsen, E. v.　278, 287, 308, 320
ファイゲル　Feigel, F. K.　8
ファッセル　Vassel（領事）　146
ブーツァー　Butzer, M.　302
フォーレル　Forell, B.　211-12, 214-18, 222-23, 225, 231-33, 236-37, 239-43, 245, 248, 282, 328, 337-38
フッサール　Husserl, E.　8, 272
フラッシェ　Flasche, R.　254-55
フランク　Frank, F. R. v　22, 56
フリース　Fries, J. F.　139-40, 169, 331
フリック　Frick, H.　208, 257, 260-61, 288-92, 294-300, 302, 304-07, 310-22, 341-42
ブルトマン　Bultmann, R.　270-71
ヘーリング　Häring, T.　55-56
ベッカー　Becker　287, 341

ベックリーン　Böcklin, A.　27-28, 34-35
ベトケ　Baetke, W.　8
ヘメリンク　Hemeling　207
ヘルダー　Herder, J. G.　308
ヘルマン　Herrmann, W.　269
ヘルメリンク　Hermelink, H.　278, 281
ベンツ　Benz, E.　143, 176, 204, 270, 335
ホイザー　Haeuser, A.　308
ホルマン　Hollmann　61, 78, 108

ま行

マイヤー　Meyer（牧師）　27
マクニコル　Macnicol, N.　232
マックス　Otto, M.（弟）　27, 328
モット　Mott, J. R.　246

や行

ヨアヒム三世　Joakim　124-25
ヨハンネ　Johanne（Ottmer）（姉）　27, 143, 190, 200, 204, 214, 318, 328

ら行

ラーデ　Rade, M.　143, 157, 289
ルター　Luther, M.　134, 154, 302
レーヴィット　Löwith, K.　320
レックス伯　Rex　199, 201
ローゼマン　Losemann, V.　280, 296, 312, 314, 341-42
ローゼンベルク　Rosenberg, A.　313
ロットマン　Rottmann, C.　27-29, 41
ロレンツ　Lorenz, U.　214, 328

補遺　ルードルフ・オットー：文献目録

謝辞

オットーのオリジナルテキスト・関係資料の調査・研究にあたり、筆者はクラーツ博士 Dr. Martin Kraatz（マールブルク宗教学資料館・前館長）のたび重なる親身なご配慮を忝くしている。三〇年の長きにわたって資料館館長を務められたクラーツ氏は、オットーの自筆書簡などを収めた Rudolf-Otto-Nachlaß と Rudolf-Otto-Archiv をもっとも熟知しているひとりである。氏は館長在任時、筆者の客員研究員（1987. 10.－1988. 8.）としての受け入れをはじめ、その後も資料館におけるたび重なる研究機会（1989. 9, 1993. 9, 2012. 10）をご配慮いただき、オットーのオリジナルテキスト、関係資料の調査・分析にご教示いただいた。氏のご教示といつもながらの親身なお心遣いにあらためて謝意を表しておきたい。

また大学図書館のオットー手稿類 Rudolf-Otto-Nachlaß の利用にあたっては大学図書館の手稿類責任者ブレデホルン氏 Dr. Uwe Bredehorn（1987－1988, 1989, 1993）とライフェンベルク氏 Dr. B. Reifenberg（2012）のお蔭を蒙っている。さらに1993年の調査ではショルツ氏 Dr. Hans-Jürgen Scholz にお世話いただいた。またこれら基礎資料のほかに、宗教学資料館図書室のオットー蔵書と関係資料、大学図書館、神学部図書館の関係資料も利用させていただいたが、これらもまたクラーツ氏の親身なご配慮に負うている。

略号表

（HS）：Rudolf-Otto-Nachlaß（=HS 797）

（OA）：Rudolf-Otto-Archiv

（RSA）：die Akten d. Religionskundlichen Sammlung（宗教学資料館公文書）

（UB）：Universitäts-Bibliothek Marburg（マールブルク大学図書館）

（RS）：Marburger Religionskundliche Sammlung（マールブルク宗教学資料館）

（ThB）：Bibliothek Evangelische Theologie（マールブルク大学神学部図書館）

ChrW：*Die Christliche Welt*

DVRG：*Deutsche Vereinigung für Religionsgeschichte*

RGG：*Die Religion in Geschichte und Gegenwart*

ThR：*Theologische Rundschau*

Uni.-Zeitung：*Marburger Universitäts-Zeitung*

ZThK：*Zeitschrift für Theologie und Kirche*

Ⅰ．オットー・アルヒーフ：HS, OA.

① **Rudolf-Otto-Nachlaß**（**HS 797** / 1-956）　：（UB）

② **Rudolf-Otto-Archiv**（**OA** / 1-2381. St. 2374）：（RS）

オットー・アルヒーフは、① Nachlaß（HS 797）と ② Archiv（OA）の二組に分かれ、いずれもマールブルク大学 Philipps-Universität Marburg に収蔵。（経緯については、九－六参照）

① **Rudolf-Otto-Nachlaß**（**HS 797**）：マールブルク大学図書館（UB）蔵。

オットーのオリジナルテキストの基本。多くの書簡（900余点）を中心とした手稿類 Handschriften の大半、旅関係では旅の書簡や日記、スケッチ、写真、旅先で収集した諸資料、あるいは旅の同行者、友人たちの記録や回想など。（引用では、マールブルク大学図書館収蔵手稿類の引用慣例にしたがい、記号 HS（Handschriften）とオットー手稿類代表ナンバー（797）、および枝番号をスラッシュの後に記す。（例：HS 797/591））

（注）手稿類の編集作業：Margarete Dierks（1914－2010）は書簡類の収集につとめ、ドイツ各地の図書館、古文書館等から発信・受信を含め 947 通の書簡を収集。近年 M. Dierks, Martin Kraatz, Margot Kraatz, Gregory D. Alles の共同作業により、書簡類の編集・出版計画が進められている。

② **Rudolf-Otto-Archiv**（**OA**）：マールブルク宗教学資料館（RS）蔵。

オットーの関係書類、公表資料、所持品、著作など、旅関係では旅の報告書類、雑誌掲載の旅日記、旅便り、旅先の諸収集資料、旅行用品など。

（注）Archiv（OA）の現況：クラーツ館長在任時は宗教学資料館の所轄であったが、改組（1998年）にともない Archiv の所轄は宗教学研究室に委託され、蔵書類（資料館図書室）の所属も宗教学図書室に移行。（ただし引用では、オットー研究諸文献との整合性を配慮し旧方式（宗教学資料館蔵）を踏襲。）

上記オットー・アルヒーフ（HS, OA）には、それぞれの管理責任者（括弧内）による手書きの詳細な目録①②がある。またオットー生誕百年記念展示会の展示品カタログ（F-3）にも手稿類の目録の一部が記録されている。

① “Handschriften-Repertorium. MS. 697-839.” HS 797/1-956. S. 429-485.
（Uwe Bredehorn）

② “Verzeichnis Otto-Archiv.” OA. 1-2381（St. 2374）. S. 1-75.（Martin Kraatz）
（注）目録①②はクラーツ氏の調査により近年も随時増補されている。
（数字は2012年現在）

オットーの経歴を記すオリジナルとして、神学試験志願のため提出した二つの履歴書のオリジナル①②があり、二次資料としては、所属した大学の二つのドキュメント③④がある。

① HS 797/582 : “Vita zum ersten Examen.” Göttingen WS. 1891/92.（Hildesheim 29. 12. 1891）.（zit. Vita）（第一部註⑺参照）

② “Curriculum vitae, Lic. theol. Karl Louis Rudolf Otto, Privatdozent.” Juli. 1898. Uni.-Archiv, Göttingen, 4 II b 96a.（zit. Curriculum vitae）

③「ゲッティンゲン・ドキュメント」: *Die Religionsgeschichtliche Schule in Göttingen. Eine Dokumentation* von G. Lüdemann u. M. Schröder. Göttingen 1987. S. 75-78. これには “Lebenslauf Rudolf Ottos vom 7. 3. 1898” の写真コピーも収録（S. 76）。（RS）

④「マールブルク・カタログ」: *Catalogus professorum academiae Marburgensis*. Die akademischen Lehrer der Philipps-Universität Marburg. Bd. 2 : Von 1911-1971. Marburg 1979. S. 40-41.（UB）

Ⅱ.「旅するオットー」：HS 797, OA, ChrW.

HS 797/591 : R. Otto, Eine Reise von Hildesheim-Erlangen über England. 1889 Sept. [3. Tagebuchblätter mit 8. Anlagen.] <Eigenh. Manuskript. 41 Bl. kl. 4°quer>

HS 797/566 : R. Otto, Reise nach Griechenland. Tagebuchblätter und Briefe. 16. Aug.-9. Okt. 1891. [Eigenh. 42 Bl., dav. Bl. 1. 2. 34ff. leer. -10 gepresste Blätter und Blumen. 21S.]（Maschinenschriftl. Transkription von Dr. Günter Strachotta. Bremen.）

ChrW. Jg. 55. 1941. Nr. 9/3.3 : Reisebriefe Rudolf Ottos aus Griechenland. 1891. Sp.197-198.（= OA 384）

*OA 383 : *Die freie Volkskirche*. Jg. 29. Nr. 9/10. Leibzig, 3. 5. 1941. S. 101-102.（= ChrW. Jg. 55. 1941 の Sonderausgabe）

HS 797/580 : Briefe von der Reise nach Cairo Jerusalem und dem Athos um Ostern 1895. Zusammen mit Thimme und Hollmann. / Rudolf Otto, Cand. min.

OA 352 : Briefe von einer Reise nach Ägypten, Jerusalem u. dem Berg Athos um Ostern 1895. von R. Otto.

**Der Hannoversche Sonntagsbote. Evangelisch-lutherisches Volksblatt für Stadt und Land*. 1. Jg. Hannover 1897.（Nr. 5, 6, 8, 9, 10, 11, 14, 15, 16, 22, 23, 29, 31, 32, 35, 36）の原稿。

OA 353 : KARFREITAG IN GROSS-LAFFERDE. von R. Otto.

HS 797/577 : Wilhelm Thimme, Erinnerungen an Rudolf Otto.（Eigenh. m. H. 14 Bl.）S. 1-28.

HS 797/578 : Karl Flemming, Erinnerungen an Rudolf Otto. 16 Bl. Detmold.

HS 797/579 : Emil So, Meine Erinnerungen an R. Otto. 16. 4. 1941. Hamberger. 8 Bl. 4°. m. einem Brief an J. Ottmer. u. einem Zusatz zu Bl. 6. von Ottmer.（1. Bl.）

HS 797/590 : o. D. Persönliche Erinnerungen an Rudolf Otto.（Erinnerungen einer Schülerin Ottos.）4 Bl.

HS 797/692 : R. Otto, Briefe aus Reise nach Rußland. 1900. Semesterferien im Aug. u. Sept.（13 Bl. m. 9 Anlagen.）

HS 797/567 : R. Otto, Reise nach Teneriffa, Marokko, Italien. 1911. März 26. -Juli 5. Tagebuchblätter und Briefe.（46 Bl. 8°.）

ChrW. Jg. 25. 1911. Nr. 26, 30, 31, 32, 33 : R. Otto, Reisebriefe aus Nordafrika.

*（G-11）に再録

HS 797/572 : R. Otto, Reise nach Indien, Japan und China. 11. Okt. 1911 - 3. Juli 1912.（2 fast. Druck mit hs. Text.）

① Briefe von Otto : Reise nach Indien, Japan, China.

*Brief von R. Otto an seine Schwester Johanne Ottmer. 1. 5. 1912.

/572a : ② Briefe an Otto : 1-30.（betr. Reise von Unterwegs.）

③ Gedruckte Anlagen 1-28 : Reise nach Indien, Japan, China.（28 Anlagen.）

OA 379 : R. Otto, Bericht über die Reise des Professors der Theologie D. Dr. Rudolf Otto als Stipendiaten der Kahnschen "Stiftung für Auslandsreisen deutscher Gelehrten".（Typoskr. S. 1-27.）

OA 380 : R. Otto, Aus das Kuratorium des Stipendiums für Auslandsreisen deutscher Hochschullehrer. Berlin, Kultusministerium. Göttingen, den 28. 12. 1912.

OA 386 : R. Otto, Deutsche Kulturaufgaben im Ausland. *Der Ostasiatische Lloyd.* XXVI. Jg., Shanghai, den 7. Juni 1912. Nr. 23. Sp. 483a-485.

OA 1051 : Absichtsk. M. Pugliti（?《ママ》）. Otto, Besuch in Chiavari. 15. 12. 25.

HS 797/705 : R. Otto, Reise nach Indien und Ägypten. 27. Okt. 1927 - 24. März 1928. Briefe an Verwandte. Nr. 1-7, 8, 9-16, 17-19, 20-22, 23.

OA 378 : R. Otto, Bericht über eine Studienreise zu religionskundlichen Zwecken vom 18 Oktober bis 14 Mai 1927/28 nach Indien, Ägypten, Palästina, Kleinasien und Konstantinopel. Marburg, den 6. 11. 28. An die Notgemeinschaft der deutschen Wissenschaft.（Typoskr. S. 1-7.）

ChrW. Jg. 52. 1938. Nr. 24 : Briefe Rudolf Ottos von seiner Fahrt nach Indien und Ägypten. Sp. 985-990.

*OA 382 : *Die freie Volkskirche*. Jg. 26. Nr. 4. 17. 12. 1938. Sp. 609-613.

HS 797/735 : Birger Forell, Auszug aus der Reise Prof. Otto's nach Indien.

*Bd. 1 : 155 Bl. 4°. in kleinen Mappe. 10. 10. 1927 - 14. 1. 1928.

<Maschinenschriftl. Manuskript（Durchschlag）, unvollständig. >（Kraatz）

OA（Sep. 1993）: Von Celon zum Himalaya. v. Birger Forell.

Aus dem Schwedischen* übertragen von Ursula Lorenz, 1987.（Dem Otto-Archiv übergegeben im Sept. 1993. Frau Margarete Dierks.）

*B. Forell, *Från Ceylon Till Himalaya*. Stockholm 1929.（RS）

*B. Forell, Waar Oost en West Elkaar Ontmoeten. 1930.（ThB）

HS 797/715 : Brief. Baroda College an R. Otto. Baroda, 4. 1. 1928. 1 Bl. 8°. 1S.

HS 797/716 : Brief des Indian Philosophical Congress（N. N. Sen Gupta）an Rudolf Otto. Dat. Calcutta, 21. Nov. 1927. 1 Bl. 4° 1S.

HS 797/739 : Fotografieren. 1-47.

1-16 : Einzel Fotos v. R. OTTOs.

17 : R. Otto in Gruppenbild. Bangalore, Indien, 9. 12. 1927.

18 : Gruppenbild ohne R. Otto. Kyoto, 26. 7. 1924. R. Kiba.

19-33 : Otto in Gruppenbildern.　*19：明治45年3月23日.（203頁参照）

34-40 : Bildnisse von Ottos.

41-47 : Verschiedenes.（建物など）

OA : Photographie.

*Rudolf Otto und Birger Forell bei indischen Gastgebern.

*Rudolf Otto und Birger Forell in Bangalore.

Ⅲ．「マールブルク宗教学資料館」：（所属は1993年時点）

「マールブルク宗教学資料館」関係の基本資料《オリジナルテキスト》は「宗教学資料館公文書」“die Akten d. Religionskundlichen Sammlung”（RSA）として（RS）に収蔵。

(A) 一次資料：Antrag, Prospekt, Denkschrift, Heft（RSA）

（A-1）Antrag（1926）：“Betr. Lehrsammlung für Religionsgeschichte und Konfessionskunde”.（Brief Rudolf Ottos an den Preußischen Minister für Wissenschaft, Kunst und Volksbildung v. 29. 4. 1926.）（maschinenschriftl. S. 1-3.）

（A-2）Prospekt（1926）：“Die Marburger Sammlung”, unter Leitung d. Prof. d. Theologie u. d. Vergleichende Religionsgeschichte Rudolf Otto. Nov. 1926.（S. 1-2.）

（A-3）Antrag（1927）：Antrag der beiden Vorsitzenden d. Marburger Gesellschaft d. Wissenschaften. v. R. Otto u. A. Thiel an d. Finanzminister. v. 21. 3. 1927.

（A-4）Prospekt（1928）：“Die Marburger Religionskundliche Sammlung”. v. R. Otto u. A. Thiel. Nov. 1928.

*Prospekt（1929）：Marburg Religionskundliche Institut der Philipps-Universität. 1929.

（A-5）Heft（1930）：“Der religiöse Horizont der Gegenwart als Anspruch an Leben und Wissenschaft”.（Festvortrag gehalten anläßlich d. 10 jährigen Bestehens d. Marburger Uni.bundes am 15. 6. 1930. Uni.bund Marburg e.V.）Sonderdruck aus Nr. 29 d. *Mitteilungen d. Uni.bundes Marburg e. V.* v. H. Frick. Aug. 1930.

（A-6）Heft（1931）：“Marburg a. d. Lahn Religionskundliches Institut der Philipps-Universität”. v. H. Frick. Jan. 1931.

*Memorandum（1933）：R. Otto u. H. Frick, Das Marburger Schloß als Forschungsinstitut f. Religionskunde mit Sammlung u. Weihestätten. Marburg, Sept. 1933.

（A-7）Denkschrift（1934）：“Interne Denkschrift zum Marburger Schloßplan.” v. H. Frick. 19. 4. 1934.

（A-8）Quellen der Religionsgeschichte：

OA 1194 : R. Otto, Quellen der Religionsgeschichte. 19. Januar 1913.
Brief an : Seine Excellenz den Königlichen Finanzminister, Herrn Dr. Lentz, Berlin. Göttingen.
1196 : Quellen der Religionsgeschichte. Programm. S. 1-12.
1202 : Quellen der Religionsgeschichte.（告示冊子）
"Haus der Abgeordneten 70. Sitzung am 2. Mai 1914."

(B) テキスト：Rudolf Otto, Heinrich Frick

（B-1）Otto, Sinn und Aufgabe moderner Universität. Rede zur vierhundertjährigen Jubelfeier der Philippina zu Marburg. *Marburger Akademische Reden*. Nr. 45. Marburg 1927.（UB）

（B-2）Frick, Die Marburger Religionskundliche Sammlung. *Der Morgen*. S. 306. 5. Jahrg. 3. Heft. 1029.（RSA）

（B-3）Otto, *Die Gnadenreligion Indiens und das Christentum. Vergleich und Unterscheidung*. München 1930.

（B-4）——, *Das Gefühl des Überweltlichen (Sensus Numinis)*. München 1930. 1932$^{5\text{-}6}$.

（B-5）Frick, Die Religionskundliche Sammlung. *Studienführer der Universität Marburg*. Marburg 1932. S. 19-22.（UB）

（B-6）——, Die neue Aufgabe des Universitätsbundes. : Das Schloß für eine Religionskundliche Sammlung! *Oberhessische Zeitung*. 6. 6. 1932.（RSA）

（B-7）Otto, Die Marburger Religionskundliche Sammlung. *Marburg. Die Universität in der Gegenwart*.（Sonderausgabe der Mitteilungen des Universitätsbundes Marburg. Heft 3, 29.）Marburg 1933. S. 29-30.（ThB）

（B-8）——, *Reich Gottes und Menschensohn. Ein Religionsgeschichtlicher Versuch*. München 1934. 1940^{2}. S. 347-348. Vorwort zur 2. Aufl. hrsg. v. H. Frick.（ThB）

（B-9）Frick u. Siegfried, Th., betr. Die Religionskundliche Sammlung der Universität Marburg. ZThK. 1938. S. 162.

（B-10）Frick, Die Religionskundliche Sammlung der Universität Marburg. *Zeitschrift d. Deutschen Morgenländ.* Gesellsch. Bd. 92. 1938. S. 369-377.（RSA）

（B-11）——, Die Religionskundliche Sammlung im Marburger Schloss. *Marburg. Die Philipps-Universität und ihre Stadt*. hrsg. v. Pressestelle d. Philipps-Universität. zusammenstellung u. redaktion v. K. Goldammer. Marburg 1952. S. 133-137.

(C) テキスト：Martin Kraatz

（C-1）Der X. Internationale Kongreß für Religionsgeschichte in Marburg. *Alma mater philippina*. SS. 1963.

（C-2）Gezeigt werden Kultgegenstände aus zahlreichen Religionen der Erde. Die Reigionskundliche Sammlung blickt zurück auf eine 50-jährige Geschichte. Uni.-Zeitung. Nr. 76. 19. 5. 1977.

（C-3）Forschung-Lehre-Präsentation. Die Religionskundliche Sammlung der Philipps-Universität wird 50 Jahre alt. *Oberhessische Presse*. 21. 6. 1977. Beilage : 450 Jahre Philipps-Universität Ⅲ /26.

（C-4）Die Religionskundliche Sammlung, eine Gründung Rudolf Ottos. *Marburger Gelehrte in der ersten Hälfte des 20. Jahrhunderts*. I. Schnack（hrsg.）Marburg 1977. S. 382-389.

（C-5）Wirkungsstätten der Religionswissenschaft. Die Religionskundliche Sammlung in Marburg. DVRG. 12. Mitteilungsblatt. Okt. 1979.

（C-6）Reigionskundliche Sammlung noch attraktiver. Uni.-Zeitung. Nr. 143. 14. 10. 1982.

（C-7）Die Religionskundliche Sammlung der Philipps-Universität. *Alma mater philippina*. SS. 1983.

（C-8）Religionswissenschaft an der Universität Marburg. DVRG. 15. Mitteilungsblatt. Juni 1983.

（C-9）Religionskundliche Sammlung 60 Jahre alt. Uni.-Zeitung. Nr. 191. 12. Nov. 1987.

（C-10）“Opium-Sammlung” —— Opium? Mitteilungen. *Ein Journal des Hessischen Museumsverbandes*. 1/88.

（C-11）Heft : Religionswissenschaft / Religionsgeschichte in der Bundesrepublik Deutschland. Informationsblätter. hrsg.（v. M. Kraatz）v. d. Religionskundlichen

Sammlung d. Philipps-Uni. Marburg.（RSA）

（C-12）Birger Forell 1893-1993. Schüler und Freund Rudolf Ottos, Marburger theologischer Ehrendoktor. *Alma mater philippina*. SS. 1994.

（C-13）Forell, Birger : Der Mensch —— in seinen Marburger Wurzeln und in dem, was daraus wuchs.（Berlin, *Vaterunser-Kirchengemeinde*, 7. Juli 2008, aus Anlaß seines 50. Todestages.）

（C-14）新田義之（訳）「ドイツ・マールブルク大学宗教学研究資料館創立八十周年記念式典におけるマルティン・クラーツ博士の講演」ノートルダム清心女子大学 生活文化研究所年報第25輯、2012.

（C-15）„［…］meine Stellung als ‚modernistischer pietistisch angehauchter lutheraner mit gewissen quakerneigungen‘ ist eigen［…］" ——Bio- und Epistolographisches zu Rudolf Otto. Lauster J., Schüz P., Barth R., Danz Ch.（hrsg.）: *RUDOLF OTTO. Theologie-Religionsphilosophie-Religionsgeschichte*. Berlin/Boston 2014.

（D）"Chronik der Philipps-Universität Marburg"（betr. RS.）（RS）

［タイトル名はJg.により異なる。Vgl. "Chronik der Preussischen Universität Marburg"（Jgg. 36-40）, "Chronik der Philipps-Universität zu Marburg"（Apr. 1938-März 1941）］

36 Jg. Das Rechnungsjahr 1930.（R. Otto, H. Frick）（括弧内は執筆者）

37 Jg. Das Rechnungsjahr 1931.（R. Otto, H. Frick）

38 Jg. Das Rechnungsjahr 1932.（R. Otto, H. Frick）

39 Jg. Das Rechnungsjahr 1933.（R. Otto, H. Frick）

40 Jg. Das Rechnungsjahr 1934.（R. Otto, H. Frick）

41 Jg. Das Rechnungsjahr 1935.（H. Frick）

Das Rechnungsjahr 1936.（H. Frick）

Das Rechnungsjahr 1937.（H. Frick）

Apr. 1938 - März 1939.（H. Frick）

Apr. 1939 - März 1940.（H. Frick）

Apr. 1940 - März 1941.（H. Frick）

Apr. 1941 bis 15. Sept. 1947.（H. Frick）

Sept. 1947 bis 31. März 1950. (H. Frick)

1. Apr. 1950 bis 15. Okt. 1954. (F. Heiler)

Berichtszeit v. 10. 1954 bis 14. 10. 1958. (anonym)

Berichtszeit v. 15. 10. 1958 bis 14. 10. 1963. (E. Dammann)

(E) "Religionskundliches Beiblatt", In zwangloser Folge hrs. v. H. Frick. (RSA)

Nr. 1. (Jan. 1931). Nr. 2. (Apr. 1931). Nr. 3. (Aug. 1931). Nr. 4. (Okt. 1931). II. Nr. 1. (Jan. 1932). II. Nr. 2. (Apr. 1932). … XI. Nr. 2. (Juli 1941).

(F) 展示会カタログ (RSA)

(F-1) Fremde Heiligtümer. 1929.

(F-2) Japanische Kunst und Kultgegenstände. Eine Einführung mit Literaturliste. Dez. 1937-Jan. 1938. (v. K. Neumann)

(F-3) RUDORF OTTO. Ausstellung zu seinem 100. Geburtstage veranstaltet von der Universitäts-Bibliothek und der Religionskundlichen Sammlung Marburg. 16. - 31. Juli 1969.

(F-4) YOKIGURASHI. Frohes Leben. Ausstellung über TENRIKYO. 12. Mai - 15. Juni 1975.

(Vgl. M. Kraatz, Interesse am Exotischen wich dem Bemühen um Religionsverständnis. Selbstdarstellung der Tenrikyo: Welchen Wert haben Ausstellungen dieser Art? Uni.-Zeitung. Nr. 52. 30. 10. 1975.)

(G) 関係文献：R. Otto u. H. Frick

(G-1) Frick, H.: Rudolf Otto. Zum Gedächtnis. Trauerfeier für d. am 6. März 1937 heimgegangenen Prof. D. R. Otto und Gedächtnisrede an seinem Sorg gehalten v. Prof. H. Frick. am 10 März 1937. Leipzig 1937. (UB)

(G-2) ——: Kleine Beiträge. Zum Gedächtnis von Rudolf Otto. *Die Furche*. 23. Jg. April 1937. (ThB)

(G-3) ——: Rudolf Otto innerhalb der theologischen Situation. ZThK. Nf. Jg. 19/1-2. 1938. (Sondernummer zum Jahrestag v. Ottos Tod.)

(G-4) Theol. Fakultät Marburg (hrsg.): *Rudolf-Otto-Gedächtnisfeier der Theologischen Fakultät der Philipps-Uni. Ansprachen und Grußworte*. Berlin 1938. (RS)

(G-5) Forell-Frick-Heiler: *Religionswissenschaft in Neuer Sicht*. Drei Reden über Rudolf Ottos Persönlichkeit und Werk anläßlich der feierlichen Übergabe des Marburger Schlosses an die Universität 1950. Marburg 1951. (RS)

(G-6) Schütte, H.-W.: *Religion und Christentum in der Theologie Rudolf Ottos*. Berlin 1969. *Literaturverzeichnis (S. 143-157.)

(G-7) Benz, E. (hrsg.): *R.Otto's Bedeutung für die Religionswissenschaft und die Theologie heute*. Zur Hundertjahrfeier seines Geburtstags 25. Sept. 1969. Leiden 1971.

(G-8) Heinrich Frick: Zum Gedächtnis. *Vitae Professorum Marburgensium*. 1953. (UB)

(G-9) Heinrich Frick in memoriam. *Theologische Literaturzeitung*. 1953. Nr. 7.

(G-10) Neubauer, R.: Heinrich Frick, *Marburger Gelehrte in der ersten Hälfte des 20. Jahrhunderts*. hrsg. v. I. Schnack. (Lebensbilder aus Hessen Bd. 1.) Marburg 1977. S. 75-90.

(G-11) Dietz, Th. u. Matern H. (hrsg.): *Rudolf Otto. Religion und Subjekt.* tvz-verlag. Zürich 2012.

(G-12) Lauster J., Schüz P., Barth R., Danz Ch. (hrsg.): *RUDOLF OTTO. Theologie-Religionsphilosophie-Religionsgeschichte*. Berlin/Boston 2014.

Ⅳ．マールブルク大学

Elster, E.（hrsg.）: Festzeitung. *Philipps-Universität Marburg 1527-1927*. Marburg 1927.（ThB）

Hermelink, H. u. Kaehler, S. A.: *Die Philipps-Universität zu Marburg 1527-1927*. Marburg 1927. 1977^{2}.（RS）

Siegfried, Th.: Die Theologische Fakultät. Pressenstelle d. Philipps-Uni.（hrsg.）, *Marburg. Die Philipps-Universität und ihre Stadt*. Marburg 1952.

Heft : Marburger Universitätsbund. Marburg 1961.（ThB）

K.-Mermberg, J.: Religionswissenschaft in Marburg. 1977.（maschinenschriftl.）（RS）
1. Kommentar. 2. Materialien. 3. Literaturverzeichnis.

Schnack , I.（hrsg.）: *Marburger Gelehrte in der ersten Hälfte des 20. Jahrhunderts*.（Lebensbilder aus Hessen Bd. 1.）Marburg 1977.

Bredow, W. F. v.（hrsg.）: *450 Jahre Philipps-Universität Marburg*. Marburg 1979.

Schnack, I.: Die Philipps-Universität zu Marburg 1527-1977. in : Bredow（hrsg.）, *450 Jahre Philipps-Universität Marburg*. S. 89-100.

Personal=Verzeichnis und Vorlesungs=Verzeichnisse. Philipps=Uni. Marburg.（UB）
WS. 1934/35. WS. 35/36 u. SS. 36. WS. 36/37. u. 37. WS. 37/38. SS. 38. WS. 70/71. WS. 72/73. WS. 73/74. WS. 74/75. WS. 76/77. WS. 78/79. WS. 79/80. WS. 80/81. WS. 81/82.

V. オットー：伝記的資料（引用では著者名のみを略記）

Boeke, R.: Rudolf Otto, Leben und Werk. *NVMEN*. Vol. 14. 1967. S. 130-143.

Schinzer, R.: Rudolf Otto—Entwurf einer Biographie. *Rudolf Otto's Bedeutung für die Religionswissenschaft und die Theologie heute*. hrsg. v. E. Benz. Leiden 1971. S. 1-29.

McKenzie, P. R.: Introduction to the Man. *Rudolf Otto. The Idea of the Holy*. v. H. W. Turner. Aberdeen 1974.

Boozer, J.: Rudolf Otto（1869-1937）: Theologe und Religionswissenschaftler. *Marburger Gelehrte in der ersten Hälfte des 20. Jahrhunderts*. hrsg. v. I. Schnack.（Lebensbilder aus Hessen Bd. 1.）Marburg 1977. S. 362-382.

——　: *Bibliographie（S. 283-288）. in : R. Otto, *Aufsätze zur Ethik*. hrsg. v. Jack S. Boozer, München 1981.

Almond, P. C.: *Rudolf Otto. An Introduction to His Philosophical Theology*. Chapel Hill and London 1984. pp. 3-25.

*Appendix 1, 2, 3, 4.（pp. 135-140）, Bibliography of Otto's Works in English.

Alles, G. D.（ed.）: *Rudolf Otto. Autobiographical and Social Essays*. Mouton de Gruyter 1996.

VI. 関係文献

Köhler, W.: *Das Marburger Religionsgespräch 1529. Versuch einer Rekonstruktion.* Leipzig 1929.（RS）

Merkel, R. F.: Heinrich Hackmann（Zum 70. Geburtstag.）*Nieuw Theologisch Tijdschrift.* Afl. 4. 1934.（RS）

Justi, K.: *Das Marburger Schloß.* Marburg 1942.（Veröffentlichungen der Historischen Kommission für Hessen und Waldeck. 21.）（UB）

Neumann, K.: Religionswissenschaft in Deutschland. *NVMEN.* Vol. 3. 1956.

Schnack, I.: *Marburg. Bild einer Alten Stadt.* Hanau 1961. 1974^3.

Waardenburg, J.: Religionswissenschaft in Continental Europe. Excluding Scandinavia. *NVMEN.* Vol. 13. Fasc. 3. 1976.

Losemann, V.: Der Marburger Schloßplan 1927-1945. Zeitgeschichtliche Wandlungen eines Forschungsprojekts. *Academia Marburgensis. Beiträge zur Geschichte der Philipps-Universität Marburg.* Marburg 1977. S. 353-405.（RS）

Gadamer, H.- G.: *Philosophische Lehrjahre. Eine Rückschau.* Frankfurt 1977.

Bezzenberger, G.（hrsg.）: *Marburg im Kontext. Gedenkbuch an das Marburger Religionsgespräch.* Kassel 1980.

Lanczkowski, G.: *Einführung in die Religionswissenschaft.* Darmstadt 1980.

Kessler, W.: *Geschichte der Universitätsstadt Marburg in Daten und Stichworten.* Marburg 1984^2.